新中国往事

XIN ZHONG GUO WANG SHI

策划、主编：刘未鸣　张剑荆

历史发现

中国文史出版社

图书在版编目（CIP）数据

历史发现 / 刘未鸣，张剑荆主编 . -- 北京：中国
文史出版社，2019.6
　（新中国往事）
ISBN 978-7-5205-1121-6

Ⅰ．①历… Ⅱ．①刘… ②张… Ⅲ．①考古工作—概
况—中国—现代 Ⅳ．① K870.4

中国版本图书馆 CIP 数据核字（2019）第 105242 号

执行主编：詹红旗
责任编辑：殷　旭

出版发行：中国文史出版社
社　　址：北京市海淀区西八里庄 69 号院　　邮编：100142
电　　话：010—81136606　81136602　81136603（发行部）
传　　真：010—81136655
印　　装：北京朝阳印刷厂有限责任公司
经　　销：全国新华书店
开　　本：787×1092　1/16
印　　张：21.75
字　　数：302 千字
版　　次：2019 年 8 月北京第 1 版
印　　次：2019 年 8 月第 1 次印刷
定　　价：60.00 元

出版说明

　　1949年新中国成立，开辟了中国历史新纪元。70年，于历史长河只是一瞬，但这一瞬，却是"数风流人物还看今朝"的一瞬，却是"当惊世界殊"的一瞬，却是书写着中华民族从"站起来"到"富起来"到"强起来"、书写着中华民族伟大复兴壮丽诗篇的一瞬。也因此，这一瞬，注定永恒。

　　这套"新中国往事"丛书，主要通过亲历者口述形式，讲述新中国成立70年以来政治、经济、文化、科技、民生、基础设施、考古等领域一些标志性事件的决策、建设或发现的过程，旨在回顾新中国走过的曲折历程，反映70年的发展变化和巨大成就，展望中华民族伟大复兴的美好前景，而亲历、亲见、亲闻，以及较大的时间跨度、较广的内容涵盖，恰是这套丛书的价值所在。

　　本书在编辑出版过程中，借鉴使用了诸多公开出版的文史资料，在此，对相关文章作者致以诚挚敬意。与此同时，疏漏之处亦敬请读者批评指正。

中国文史出版社

2019年7月

历史发现

元谋人遗址发掘记　　　　　　　　　　　　　　　1
　　　郑　良

周口店遗址纪实　　　　　　　　　　　　　　　　6
　　　杨海峰

中国大陆上的远古居民：蓝田人　　　　　　　　　9
　　　贾兰坡

和县猿人遗址发掘记　　　　　　　　　　　　　　21
　　　方笃生

广汉三星堆遗址发掘记　　　　　　　　　　　　　27
　　　陈德安

殷墟甲骨文的两次重大发现　　　　　　　　　　　36
　　　刘一曼

洛阳北窑西周墓发掘记　　　　　　　　　　　　　47
　　　贺官保

西域考古写春秋　　　　　　　　　　　　　　　　51
　　　王炳华

曾侯乙墓发掘亲历记　　　　　　　　　　　　　　95
　　　谭维四

1

信阳楚墓发掘记　　　　　　　　　　　　113
　　裴明相

新都县战国木椁墓发掘　　　　　　　　　118
　　李复华

楚雄万家坝古墓群发掘纪实　　　　　　　123
　　徐康宁

秦始皇陵兵马俑发现发掘记　　　　　　　133
　　袁仲一

探寻汉长安城未央宫宫殿遗址　　　　　　142
　　刘庆柱

法门寺地宫考古记　　　　　　　　　　　149
　　韩　伟

一次轰动世界的考古发现　　　　　　　　158
　　——关于长沙马王堆汉墓的记述
　　侯　良

狮子山西汉兵马俑与楚王陵　　　　　　　170
　　邱永生

咸阳阳陵汉俑发掘纪实　　　　　　　　　178
　　王学理

银雀山汉墓竹简出土记　　　　　　　　　194
　　临沂市政协文史委

沉眠骊山两千年　一朝发现惊世人　　　　200
　　赵康民

目 录

马鞍山东吴朱然墓文物出土纪实　　　　　　　　206

　　杨鸠霞

敦煌莫高窟北区探秘　　　　　　　　　　　　　213

　　彭金章

贺兰山洞窟彩绘岩画发现敬记　　　　　　　　　225

　　李祥石

长沙走马楼吴简发掘纪实　　　　　　　　　　　234

　　邱东联

中国瓷器釉下多彩发源地唐代古窑发掘经过　　　248

　　周运坤等

南唐二陵　　　　　　　　　　　　　　　　　　252

　　杭　涛

重庆涪陵白鹤梁"石鱼"题记　　　　　　　　　259

　　龚迁万

唐安公主墓清理记　　　　　　　　　　　　　　269

　　陈安利

宝丰清凉寺汝官窑　　　　　　　　　　　　　　276

　　赵青云

南宋官窑——中国青瓷的瑰宝　　　　　　　　　283

　　沈芯屿

后渚海船发掘记 286

　　郭慕良

龙兴寺"佛光再现"记 295

　　夏名采

明玉珍墓发掘及保护 303

　　吴德智

南京明故宫出土的时代遗 310

　　萃霍华

定陵发掘简记 320

　　赵其昌

水下考古漫忆 328

　　栗建安

元谋人遗址发掘记

郑 良

元谋盆地位于我国西南边陲云南省东北部，是滇中高原上最低的盆地。盆地气候炎热，物产丰富，还因其新生代地层出露完美，盛产脊椎动物化石，很早就成为我国研究第四纪地质的著名地点。1927年柯尔柏特把格兰阶在元谋采集的马化石命名为"云南马"，1938年卞美年将盆地内巨厚的河湖相沉积的第四纪地层命名为"元谋组"。

1972年2月22日，新华社向全世界发布我国南方云南省元谋县发现早更新世人类化石的重大新闻。《人民日报》报道说："这是继我国北方发现的北京猿人和蓝田猿人之后的又一重要发现，对进一步研究古人类和我国西南地区第四纪地质，具有重要的科学价值。"元谋人的发现立刻在国内外引起强烈的反响。

元谋人的发现

1965年5月1日，一支由地质部地质研究所钱方、赵国儿、浦庆余、王德山等组成的地质考察小组，穿行于元谋盆地东上那蚌村附近的山丘之间。为配合成昆铁路的勘察设计，地质先行者们已经开始了工作。

5月初的元谋盆地早已是赤日炎炎，无情的太阳烘烤着大地，地面上蒸腾着阵阵热浪，这一带被水冲刷的光秃秃的小山包一个连着一个，愣是找不到一个可以避阴凉的地方。这草都几乎没有的光光的山丘倒也成为观察地层和寻找化石的最佳场所，考察组不时会有许多新奇的发现。每一块新的化石都会使钱方这位年轻的地质学家欣喜若狂。毕竟这块红土地藏着太多的宝藏，也给人以太多的遐想。下午5时许，钱方喝下仅剩的最后一口水，从刚休息过的土坡上站立起来，想乘凉快点再工作一会儿。刚绕过土坡，几颗云南马的化石映入眼帘，他蹲下用地质锤尖小心地挖掘出来，并仔细找寻，很快，他发现身旁一颗小小的牙齿半露地表，特别小心地取出后，用地质锤在仅相距10多厘米的地方又挖出同样的一颗。手捧着这两颗小小的浅灰色的牙仔细观看，他的古生物知识提示他这是一个重要的发现，这时，浦庆余和王德山也先后到来，大家认真讨论后认为可能是原始人类或猿类的一对门齿。

晚上，大家又聚到一块，拿出小心收藏的两件标本反复琢磨、讨论。大家联想到北京人和蓝田人化石，并张开嘴和自己的牙对比，大家认为这两颗牙很可能是猿人的牙齿，所有人都为此兴奋不已。最后把这件化石珍宝精心包装，以便带回北京请专家鉴定。但他们谁也没有想到这个意外的发现竟揭开了中国古人类研究史上崭新的一页。

科学的研究

两件珍贵的化石被送到地质部所属地质博物馆的古生物学家胡承志先生手中。胡先生是老一辈古生物学家，早年曾和北京人化石的研究者，著名学者魏敦瑞先生共过事，现保存的制作精美的北京人化石模型就出自于他的手中。先生慧眼识真金，鉴定出这两颗牙是猿人化石，分类上属直立人，是同一成年男性个体的左、右中门齿，命名为直立人，元谋新亚种（Homoerectus yuanmouensis，subsp.nov），简称元谋直立人。

胡先生说："我国是世界上人类化石极其丰富的国家之一，继北京猿人和蓝田猿人之后，又在我国南方云南元谋发现一个新的猿人化石产地"，"元谋猿人化石采自我国西南金沙江畔的元谋，是我国华南第一次发现的猿人化石，早于北京猿人和蓝田猿人，因而这一发现具有重大意义。"

1979年，北京自然博物馆古人类学家周国兴教授和胡承志先生再次研究了元谋人门齿化石，认为这两颗牙齿化石代表了一个成年男性个体，牙齿粗硕，切像扩展，底结节发达，具铲形结构，是我国南方迄今发现的早期类型直立人代表，具有从纤细型南猿向直立人过渡的特点。

元谋人化石的发现吸引了国内外诸多单位和学术机构前往考察。1973年10月，中国科学院古脊椎动物与古人类研究所、云南省博物馆、元谋县文化馆对元谋人遗址进行大规模发掘。发掘期间，我国著名考古学家裴文中教授亲临现场指导。从原生地层中找到了元谋人使用的旧石器，并发现可能为用火证据的炭屑，进一步证实了元谋人的存在，同时出土大量的哺乳动物化石，更确证含元谋人地层属早更新世。元谋人的石器是我国目前已发现的最早的与人类化石共存的石器。

1976年，地质力学所、地质研究所用古地磁学方法测定元谋人的年代在距今170万年前。使元谋人确立为我国已发现的最早的人类，中国历史的开篇从元谋人起始，元谋人的出现推开了中国历史的帷幕。

1980年年初，国外有的学者对中国历史的悠久表示怀疑，并撰文说中国人类历史充其量不超过90万年。

1983年，我国著名地质学家刘东生先生对学界发表论文，认为元谋各地在第四纪曾发生过强烈的新构造运动致使早期动物化石混杂到较晚的元谋人地层中，因而对测定的古地磁地层做了重新解释，提出元谋人的时代为中更新世早期，不是早更新世，距今60万—50万年，最早不超过73万年。因刘先生是我国第四纪地质学的权威，因而在学术界产生了很大的影响，元谋人的地位受到严重挑战，这种影响也扩大到社会各阶层人士中。我们亦收到来自各方面的函件、电报、电话，询问有关元谋人年代事宜。如有的中学教师问，历史教科书的第一章是元谋人，如今我们讲课时应当怎样来解释给学生们听呢？可谓一石激起千层浪，元谋人问题牵动了国人的心。

为此，各学科从中央单位到地方机构的综合考察研究在元谋盆地更加深入展开。以元谋人遗址为中心的考察紧张进行，中科院古脊所、地质所，北京自然博物馆，北京大学，南京大学，地质大学，云南省地科所、省博物馆，贵阳地化所等诸多单位的专家、学者先后对元谋组地层进行考察。1984年8月至1986年10月，地质力学所钱方先生等、云南省地质科研所江能人先生等的考察队分别从元谋组地层中采样，采用古地磁方法重新测定，结果元谋人生存时代仍为距今170万年前，各科研单位研究结果也和此结论大致吻合。

1984年12月，北京自然博物馆的考察组在元谋人遗址——元谋人牙齿化石地点东约300米的郭家包发掘出人类胫骨化石一段。1991年周国兴教授发表"元谋人胫骨化石的研究"论文，认为这段胫骨属元谋人，称之为元谋人胫骨，时代比元谋人牙齿稍晚，约在距今100万年前。对此，国内学者有不同的看法，认为该胫骨表现出若干进步特征，其归属和年代尚需进一步研究，但这毕竟是元谋人遗址人类化石的新发现，这也使元谋人的研究更加丰富多彩和更富于其学术研究上的诱惑力。

我曾多次到元谋人遗址考察，更有幸担任考察队长前往元谋人遗址，对其进行大规模勘探，野外队奋战近2个月，使我们对元谋人遗址有了更深的了解，并对今后遗址保护和研究工作的深入开展有了新的设想。

继往开来

1995年5月1日，"元谋人发现卅周年纪念会暨古人类国际学术研讨会"在元谋人遗址现场隆重召开。云南省、英雄州、元谋县有关领导，国内外专家学者，各族各届代表500余人参加了纪念会。来自国内外地质、古生物、古人类、考古界专家、学者约40人参加国际学术讨论会并进行了野外考察。会议云集20余家新闻单位，进行了采访报道。这是一次对自1965年发现元谋人化石以来，第四纪地质研究诸多学术领域科研成果的全面检阅，是一次较大规模追溯人类起源、弘扬民族文化的盛会，将对元谋、云南乃至全国古人类学、考古学及第四纪地质学研究起到继往开来的作用。

元谋人的发现和研究使中国历史大大提前，使人类起源于亚洲南部的理论增添了有力的证据。我们可以相信，云南包括中国西南地区是人类起源的重要区域。元谋盆地的新生代地层和古生物化石，在研究地球进化史和生物进化史，特别是新生代哺乳动物的演化和现代动物的特性上都具有重要意义。特别是近年来和人类起源有密切关系的元谋古猿化石的发现，使这一地区更为世界学术界所瞩目，我们的工作将为世界古人类学研究增添异彩。

（选自《考古发掘亲历记》，中国文史出版社出版）

周口店遗址纪实

杨海峰

我从1998年开始从事文物保护工作，2003年任周口店北京人遗址博物馆馆长至今。任馆长以来，认真研读了很多关于周口店遗址的史实书籍、文献资料，为推进遗址的进一步发掘、保护、管理、科研科普等工作，为遗址发展、文化传承作出了积极的努力。在此期间，我亲闻和亲历了很多让人难以忘怀的事情。现将周口店遗址的发现、考古发掘、研究成果进行梳理，让更多的人了解周口店遗址，解读人类起源，这也是我的义务和职责。

周口店遗址的考古发掘、科学研究，是中国考古史上的重大事件，在世界科学史上占有重要地位。然而遗憾的是，1941年12月8日，日军偷袭了美军在太平洋上的海军基地——珍珠港，与珍珠港相距万里之遥的周口店龙骨山也在劫难逃——保管在北京协和医学院内的全部"北京人"化石和山顶洞人化石，从此下落不明了！"北京人"化石的失踪如"北京人"化石的发现一样又一次震惊了世界，成为20世纪考古学界最大悬案之一。

周口店遗址的发现、发掘和研究都离不开中外科学家的辛勤付出。周口店遗址的发现以及初期的研究和国际上的考古学者们对周口店遗址的关注息息相关；早期发掘中，中国的杨钟健、裴文中、贾兰坡等老一辈科学家，为人类考古事业、为周口店遗址奉献了毕生的心血，弥留之际依然惦念着丢失的"北京人"。

1998春季，90岁高龄的贾兰坡先生发起了世纪末的寻找，呼吁大家携起手来，做一次全人类共同的寻找。2005年6月首次以官方名义成立了寻找北京人头盖骨工作委员会，并提出了"百分之一的希望，百分之百的努力""生命不息，寻找不止"的口号，寻找工作仍在继续……

失落的"北京人"你到底在哪里？是流落到了海外，还是留在中国？是早已被毁，还是仍然在人间……

今天，我们寻找北京人化石，更加怀念为周口店遗址的发现、发掘和研究作出重要贡献的中外科学家。如果他们地下有知，也会为我们今天的寻找行动感到欣慰，他们是：

第一个发现周口店遗址的安特生先生

第一个研究"北京人"化石的步达生先生

第一个系统研究"北京人"化石的魏敦瑞先生

第一个主持周口店遗址系统发掘的李捷先生

第一个研究周口店遗址地层和哺乳动物化石的杨钟健先生

第一个发现"北京人"头盖骨化石的裴文中先生

第一个连续发现"北京人"三个头盖骨化石的贾兰坡先生……

1961年3月4日，周口店遗址被国务院公布为第一批全国重点文物保护单位。1985年，世界遗产委员会考察认定，周口店遗址符合文化遗产列入准则的第Ⅲ条与第Ⅵ条，即它能为现存或已消失的文明或文化传统提供一种独特的或至少是特殊的见证，同时又与某些事件、现行传统、思想、信仰或文学艺术作品有着直接和实质的联系。

1987年12月11日周口店遗址被联合国教科文组织列入中国首批"世界遗产名录"，成为世界文化遗产。世界遗产委员会对周口店遗址的评价为："周口店'北京人'遗址位于北京西南48公里处，遗址的科学考察工作仍然在进行中。到目前为止，科学家已经发现了中国猿人属'北京人'的遗迹，他们大约生活在中更新世时代，同时发现的还有各种各样的生活物品，以及可以追溯到公元前18000年到公元前11000年的新人类的遗迹。周口店遗址不仅是有关远古时期亚洲大陆人类社会的一个罕见的历史证据，而且也阐明了人类进化的进程。"

1997年，周口店遗址被中宣部列入"全国百家爱国主义教育示范基地"之一；2006年12月被共青团中央授予"全国青少年教育基地"称号；2007年被国家文物局授予"全国文化遗产保护先进单位"荣誉称号；2008年5月被评为全国首批国家一级博物馆之一；2010年被国家文物局确定为国家考古遗址公园；2011年7月被联合国教科文组织亚太地区世界文化遗产培训与研究中心授予"世界遗产青少年教育基地"称号；2012年被中国科学技术协会授予"全国科普教育基地"称号。

2013 年 4 月

（选自《考古发掘亲历记》，中国文史出版社出版）

中国大陆上的远古居民：蓝田人

贾兰坡

历史一页一页地翻过去，翻到距今大约100万年时，人类便进入了以"蓝田人"为代表的另一个时代，这一时代的人类和文化都向前发展了一大步。

位于陕西省的蓝田县因有蓝田山而得名，由于出产玉石又名为玉山。这里的土地肥沃，物产丰富，风景壮丽。唐代诗人、画家王维（701—761年，一作698—759年）住过的辋川别墅就在离县城东南十余公里的鹿苑寺（今白家坪村附近）。境内丘陵起伏、河道纵横，灞河是县境最大的一条河流，流入西安市与渭河汇合。在距今将近80万年前的时候，蓝田人就在这里生存、活动，他们的遗骸、遗物和遗迹为我们研究人类发展史提供了宝贵的依据。

旗开得胜

蓝田地区的新生界发育良好，引起了有关方面的广泛注意。1959年，地质部的曾河清报道了蓝田地区一个相当良好的剖面图。同年，中国科学院地质研究所刘东生教授等曾到蓝田泄湖镇和西安市郊区调查，并根据所采集到的脊椎动物化石，对第三纪地层进行了划分。根据这些线索，1963年，中国科学院古脊椎动物与古人类研究所张玉萍、黄万波、汤英俊、计宏详、丁素因和张宏等又在这一地区做了进一步观察，

除发现了一批脊椎动物化石外，还于7月19日在蓝田县城西北11公里处的泄湖镇北陈家窝村附近发现了一具完好的人的下颌骨化石和一些石器，因而更增加了这一地区在学术上的重要价值。

这一年，他们跑的地方很多，在发现人下颌骨化石之前的7月4日，他们曾到过蓝田县城（34°05′N，109°12′E）东16公里处的公王岭村。这时忽然下了一阵暴雨，无法前行，于是他们将车停到路旁，到商店里避雨。店里避雨的人很多，和老乡聊天时得知公王岭村背后的半山腰有龙骨，于是，他们就决定在这个村子住下，以便次日去公王岭考察。

傍晚，雨停云散，当大家正忙着安排食宿的时候，一位队员已从公王岭上挖出马、牛、鹿等动物的牙齿，并带来了好消息。原来，天一晴这位队员便去公王岭了解情况，为次日考察做准备。他沿着泥泞的小路向上攀登，走了不远的路，就看到了一块残破的碎骨片。他跟踪搜寻到半山腰，终于找到了产化石的层位。这里埋藏的化石很丰富，几乎是一个叠一个，有的地方甚至成了堆，他们在这里挖掘并收获了十几种哺乳动物化石。

向蓝田进军

经过1963年的调查得知，这里的新生界发育良好，分布很广。就目前所知，由始新统（距今5500万～3400万年）起，一直到全新统（距今1万年起至现代）几乎都有其沉积物代表。一个小地区，能有这么多时代地层发育，在其他地方是少见的。同时动物化石又如此丰富，不仅发现了许多可以鉴定时代的典型标本，而且还发现了原始人的下颌骨和旧石器时代文化层等。当然不会把这样好的地点随便放过去，因为它对于研究新生代地层发育史、古生物学、人类进化及原始社会史都有重大意义。

在1963年调查的基础上，1964年4月初，古脊椎动物与古人类研究所和其他的科学研究单位、生产部门、高等院校等11个单位组成一支综合考察队，由我任队长，来到蓝田县，准备集中力量，进一步弄清新生代时期的地层情况。这个考察队除了参加调查新生代地质情况外，还担负了古脊椎动物学、古人类学和古文化的发掘和研究。公王岭的发掘工作是由一个小队进行的，参加人员有黄慰文、吴茂林和武文杰等。

5月23日，天气时阴时雨，傍晚，公王岭发掘小队长黄慰文和技工武文杰忽然跑到蓝田县城大队部来找我，黄慰文笑呵呵地从怀里拿出一个纸包来。我接过纸包，剥开一看是人牙，心情十分激动。

既然发现了人牙，说明这里还可能有原始人类的其他材料，如果发现更多的人化石，那将是对古人类学的一大贡献。公王岭的发掘工作从此引起全体工作人员的高度重视，第二天清晨我们就赶到了现场。

从牙齿到头骨

公王岭是一条土岗，前临灞河，后依秦岭，距西安市区66公里，由西安通往商县的公路就从公王岭山边经过，过灞河桥就是公王岭村，公王岭村就在公王岭的下坎。

穿过公王岭村，登上公王岭的山坡，就可看到厚30多米的砾石层。砾石层之下露出了一层棕红的砂质泥岩，砾石之上覆盖着厚达约30米的夹有几条土壤的土状堆积，我们称它为"红色土"。黄慰文获得的那颗人牙和大批的哺乳动物的化石，就是在红色土下部的一条比较清楚的古土壤之下的钙质结核及红色土层中发现的。

这一地点的哺乳动物化石成堆地埋藏在地层里，重重叠叠地堆在一起，几乎可以说，只要遇到化石就是一堆。可是就在同一个地层里，有的地方则干干净净，连骨头碎片都难以找到，所有的化石几乎都没有留下被水冲磨的痕迹。从这种埋藏情况看，说明这里不是原始人居住过的地方，而是经过水流搬动，搬运的距离也不远。这里的化石很糟朽，有时一碰就碎，而且化石又密密地重叠在一起，如果一件件地取来那是十

分困难的。经过商议，大家决定把包藏人牙的那堆化石采用"大块套箱法"取出，即把成堆的化石套在大木箱里，从地层中挖出来，然后运回北京在室内修理。

100多箱化石标本从蓝田运到了北京，紧张的室内修理工作便开始了。其中单是从公王岭运来的含原始人牙齿和哺乳动物化石的一大箱堆积物，就有800多公斤重。这一箱化石在老技工柴凤岐（已故）的指导下，由技工李公卓负责修理。从8月中旬起，到10月初，李公卓天天坐在工作台旁，专心致志，像绣花一样地修理着这一大箱堆积物。堆积物中有很多坚硬如石的钙质结核，在野外发现的第一颗原始人的牙齿，就是从钙质结构中敲出来的。李公卓知道这个东西的重要性，每一块都要敲开来看看。经过一段时间精心细致的工作，从中修理出了剑齿象、巨剑虎、黑熊、三门马、大角鹿和古野牛等各种化石。最后，800多公斤的堆积物只剩下洗脸盆那么大的一块，也未发现人类的化石。对此他并没有灰心、没有懈怠，继续耐心细致地修理。

10月9日下午，修理出一颗牙齿，古生物学家杨钟健教授得到消息后，匆匆忙忙地来到李公卓的工作室，仔细端详了刚刚修理出来的东西，十分高兴地说："不错，是人的牙齿！"便鼓励李公卓继续仔细地修理。等修理到只剩下有足球那么大一块时，一个奇怪的东西露了出来，大家闻讯纷纷跑来观看，有人说："像灵长类的头骨。"由于化石大部分还被坚硬的堆积物包藏着，没有露出全貌，大家还难以下定论。

10月12日上午11时半，考古学家裴文中教授看了李公卓正在修理的东西，十分激动地说："是人的头盖骨无疑了，眉脊骨已经露出来了！"消息传出以后，古人类学家吴汝康教授和其他研究人员纷纷跑来，十分高兴，互相议论着："这块珍贵的化石是我们自己独立发现的，自己独立发掘的，并且将由中国人自己独立来研究！"

这块人化石只有头盖骨、一块上颌骨和三颗牙齿（包括1个单个的左上第2臼齿和连在上颌骨上的第2和第3臼齿），它们被修理出来的日期虽然不同，但都堆在一起，显然是属于同一个体之上的遗骨。

这是谁的头骨

蓝田地区发现的人化石经人类学家吴汝康教授研究，认为从陈家窝村发现的下颌骨与公王岭发现的头盖骨同属于一种人，复原时应把头骨和下颌骨凑在一起，并建议把学名命名为"蓝田直立人"。这就是说它和北京人以及在爪哇岛上垂尼尔地层中发现的爪哇人都并为同种，认为这些人化石彼此之间的区别只是亚种的区别。

吴汝康研究陈家窝村人的下颌骨后，在他的论文中认为："总的来说，是和周口店发现的北京人相一致的，如具有多的颏孔，有明显的联合部突起和联合棘，二腹肌窝全位于下颌骨的下缘，下颌粗壮度相似，下颌齿槽弧的形状基本上也是一致的，但又不完全等同。陈家窝村的下颌骨与北京人的主要区别是：陈家窝村的下颌骨的前部倾角小，联合部高度与颏孔部高度的差别极大。"

陈家窝村的下颌骨和北京人的下颌骨相比确实十分近似。从吴汝康所做出的测量数字和指数就可得到证明。在吴汝康所举的16个项目的测量数字和指数中找出超越北京人下颌骨数值范围以外的仅有6项，差别都不大，实际上都位于此范围的边缘，中间并没有明显的间距，而且北京人的不同个体的下颌骨彼此之间相差也不小。此外，陈家窝村古人类的下颌骨的前倾角为55°，小于北京人的58°—63°，这个性质是原始的。相反，它具有雏形的颏三角，这一性质又表示为进步的特征。在周口店第1地点的上部堆积中发现的北京人的下颌骨和德国海德堡人的下颌骨也同样存在这种情况。陈家窝人和北京人同种的观点是恰当的，把它定为蓝田亚种我也赞成。因为这块下颌骨确实和北京人很相像。

公王岭人额骨上的眉骨脊硕大而粗壮是明显的特征，尤其是它的左右眉骨脊之间的部分特别向下凹陷，这点与北京人和爪哇人的头骨是不能相比的，眉骨脊之后的收缩部分远比北京人和爪哇人显著。头盖骨的低平现象也是北京人和爪哇人所不能比拟的。根据吴汝康所列的表来

看，更突出的是头骨各部的厚度，北京人的10个头骨和爪哇人的4个头骨在测量的7个部位上，有2个部位的数值相当于北京人的最高数值，有4项超过了北京人的数值，有的部位的数值甚至超过北京人的一倍；对爪哇人头骨测量的4个部位，厚度也都被公王岭人头骨超过，超过的数值还非常显著，脑量也较小，据吴汝康测量为778厘米——这都是公王岭人头骨标本的原始性质。

吴汝康在论文中指出："从眉骨脊的形态和眉骨脊后的明显缩窄、额骨非常低平、头骨极厚、头骨高度很小、脑量很小等一系列特征来看，公王岭头骨的形态比北京人和爪哇人原始……"

这样的结论我是赞成的，但问题是，像公王岭那样的粗壮头骨和陈家窝的那样比较瘦弱的下颌骨凑到一起是不相称的，都称为"蓝田直立人"是不合适的。据我看公王岭人的头骨和陈家窝人的下颌骨不仅不是相同的亚种，看来，更大的可能是种级的区别。因此，我认为，还不如把公王岭发现的头盖骨、残上颌骨和牙齿命名为"蓝田人"；把陈家窝发现的下颌骨命名为"陈家窝直立人"，俗名"陈家窝人"，以示区别。

他们是哪个时代的人

关于蓝田地区发现的人化石的时代问题，在国内屡有争论。根据古生物学家周明镇教授所发表的论文，可以把他的意见归纳为如下几点：（1）公王岭动物群所表现的最明显的特点是带有强烈的南方动物群的色彩；（2）公王岭地点的时代比周口店第1地点（北京人化石产地）和第13地点的时代要早；（3）陈家窝时代的动物大致与北京人时代相当。我认为周明镇的上述论断是合乎事实的。但是他又提出陈家窝地点时代"可能与公王岭的相当"，这样就产生了如下的矛盾：在陈家窝发现的哺乳动物化石是北方类型；而公王岭却带有强烈的南方动物群色彩。这两个地点的直线距离只有22公里，在这样短的距离内，如果时代相同，哺乳动物群有如此大的区别是解释不通的，这两个地点的地层在时代问题上没有任何调和的余地。

周明镇研究了哺乳动物化石之后，对时代的问题又提出如下看法："蓝田动物群的时代在地质年表中应为中更新世早期或第一间冰期，即鄱阳—大姑间冰期。与国外对比，大致相当于印度尼西亚爪哇岛发现的粗健直立人化石的吉蒂斯层。依照阿尔卑斯冰期划分的顺序：属于贡兹—明德间冰期或克罗默尔期。周口店第13地点和第1地点的时代为中更新世晚期，属于明德冰期或明德冰期之间的间冰段，相当于爪哇岛发现的爪哇人即直立人化石的垂尼尔层。"

这个结论，与吴汝康研究公王岭的人头骨后所得的结论大致是相符的，他也认为公王岭的头骨"大致与最早的爪哇粗健人相近，两者地层的层位也大致相当"。

上述结论对公王岭来说，我是赞成的，但必须把陈家窝地层排除在外。1972年10月29日，我被邀在内蒙古自治区呼和浩特市作了一次讲演，针对这个问题曾讲道："过去多认为蓝田人是距今五六十万年的人类。在我看来，头盖骨和下颌骨并不是同时的。把陈家窝的下颌骨归到北京人一起是恰当的，至少，它和北京人相似的程度比和公王岭的头骨要大得多。公王岭头骨的年代经过将来新技术的测定，恐怕比过去所估计的还要遥远得多。"1975年11月16日，在河北省平山县举行的"第三系和第四系的分界和第四系的划分会议"上，我又提出了这个问题："蓝田公王岭化石的时代与欧洲的贡兹—明德间冰期相比，我认为是接近实际的。根据过去冰川地质学家王淑芳、陈茅南、段万倜和曹照垣等人的调查，认为公王岭含蓝田人头骨的红色土之下的泥砾层为冰积物，是否可以建议把这一冰期命名为'公王岭冰期'或'灞河冰期'，因为它就位于灞河的旁边。"

关于蓝田人的时代问题日趋明朗化。1977年4月中旬，中国科学院地质研究所的程国良、林金录和李素玲等到我的研究室，告诉我一个令人兴奋的消息，他们用古地磁方法测出了公王岭人头盖骨的年代为100

万年左右，陈家窝的下颌骨的年代为50万年左右。

蓝田人使用简单的工具劳动

1965年，在吴汝康的指导下，由古脊椎动物与古人类研究所的吴新智、袁振新、韩德芬、齐陶、陆庆伍和陕西省考古研究所的魏京武、张瑞苓等人组成发掘队，在公王岭北坡西段和西坡北段进行了发掘，更详细地观察了蓝田人地点的地层，得到了一些与人化石同时的石器以及以往工作中从未得到的许多小哺乳动物化石。此外，他们还在公王岭附近做了调查，也获得了一些石器和哺乳动物化石。

公王岭及其附近的旧石器是由戴尔俭研究的。从公王岭含人头骨的地层中发掘出的石器有刮削器2件、石片1件、剥落石片后的石核4件。这些石器在地层中都比人头骨的位置稍高，但垂直距离最低者还不到1米，最高者也只有2米多，就水平距离言，离头骨最近者为8米，最远者为25米。

此外，在东距公王岭约2公里的平梁，从相当于公王岭含人头骨和石器的地层中还发现了1件大尖状器，器身长17厘米，最宽处9厘米、最厚处6.2厘米。形状一头尖，一头厚钝，横断面呈三角形，是利用一块石英岩砾石制成。这类石器和以前在山西省芮城县的匼河遗址和襄汾县的丁村遗址所发现的三棱大尖状器非常相像，同时与1963年在蓝田县城东北厚镇公社劳池河沟的中更新统地层中所发现的1件大尖状器，无论在原料、器形和制作程序等方面都很接近。

我们认为这种大尖状器是用以挖掘的工具，一手握着厚钝的一头，用尖头挖掘可食的植物块根之类的食物。同类的工具在西侯度遗址、匼河遗址、丁村遗址直至新石器时代初期山西省怀仁县鹅毛口遗址仍然使用，成了说明石器文化传统的论证之一。

1966年3—6月，中国科学院古脊椎动物与古人类研究所的戴尔俭、许春华等和这个研究所的山西省工作站的王向前、武文杰等再次组织发掘队，在公王岭1965年发掘区之东的公王岭西坡进行了发掘。这次发掘又获得了与蓝田人同时期的许多哺乳动物化石和一些石器。与此同时，在公王岭附近也进行了调查，从红色土层中和地面上也获得了一些石器。

这次发掘的地层相当于曾经发现过蓝田人头骨的红色土堆积，所获得的石器不多，而且很分散。发现的石器共有13件，据戴尔俭和许春华研究，其中有石核、石片（有的具有使用痕迹）、刮削器和大型砍斫器等。构成石器的材料多为石英岩，少数为脉石英和细砂岩。此外，在公王岭附近与上述相同的土层中也发现了一些石器，其中在稠水河沟采到的一件可能是石球，重约490克，它不像是石核，因为剥落石片疤既小且碎，不能作为石片使用。如果这个判断是正确的话，那么这是在我国发现的时代最早的石球。

根据戴尔俭和许春华的研究，认为蓝田人的石器具有很多原始性，主要表现在：经第二步加工的石器数量不多，而且相当粗糙，修理技术较差，器形不够规整，石器类型还不多，并有一物多用的现象。另外和比蓝田人的石器更早的石器相比，也有一定程度的进步，主要表现在：石器在使用上已有相当程度的分工，在打制石片和修制石器上已经显示了一定的程序和方法，这种原始性和进步性体现了石器在发展过程中对立统一的辩证关系，因此不能片面地或过分地强调某一方面而忽视另一方面。

1966年最重要的发现，我认为在含蓝田人化石上部发现了炭末。作者在论文中写道："发现有粉末状的黑色物质——除一处较多外，其余两三处只有很少的分布，其分布范围较大的约为（55×35×25）立方厘米，小的约为（10×10×5）立方厘米。经化验，黑色物质是原始人类用火时，由于树干或树枝充分燃烧，后又被流水搬运到一定距离后而沉积于此的。"

这一发现之所以重要，是可以把用火的历史一步步地连接起来。前边谈到过的元谋人遗址、西侯度遗址都发现过炭屑或烧骨，今又发现，

我认为，完全可以把"可能"字样抹掉，换成"肯定"。

他们的生存环境

现在，蓝田县境内丘陵起伏，平地很少。东、南靠秦岭，西、北依骊山，北跨横岭，西临渭河地堑的南缘。除了高原外，只是沿灞河右岸较为平坦，成了通向西安市的一条走廊。可是，当距今100万年前后的蓝田人在这里居住时可不是这样，地面比现在要平缓得多。地质学家关恩威在研究了骊山—灞河地区的构造运动之后指出："自晚第三纪末一直到第四纪期间，骊山—灞河地区以骊山西麓断层为分界，先是断层以东，接着是断层以西，依次由下沉转为上升。""灞河可能形成于更新世早期到中期之间。"这样看来，当蓝田人在这里生存期间，山地虽然还没有今天这样的高度，但主要的河流已经形成，为蓝田提供了水源和生存的有利条件。

灞河发源于县南的秦岭，以前的河水比现在大。在距今1200多年前，蓝田县的地势和现代相比就有相当大的差别。唐代诗人王维曾住在蓝田县城东南10多公里的辋川别墅，从他的诗中可以知道，当时辋川还有相当大的水流，在他的门前还可通舟，而今天这里几乎没有水，即使有水也很小，一步即可迈过。当时灞河水量也比现在大，在它的右岸有比较宽的"河漫滩"，从滩中曾发现过唐代瓷盘。据当地的老人讲，水最大时也没有漫过滩的地面，现在这些地方多已辟为农田。由于灞河发源地的秦岭逐渐升高，目前灞河水流湍急，已不适于行船了。

当时，蓝田一带的气候比现在要温暖一些，起码气温不会低于现在，说处于间冰期也不必怀疑，因为有适于热带和亚热带的动物存在。例如中国貘就是喜暖的栖息于深林水边的动物。今日的貘只生存在苏门答腊和马来半岛以北地区，其活动的北界大致不超过北纬18°。

当时这里一定有大面积的森林和丛林，因为从含蓝田人化石的地层中发现还有以下动物群化石：硕猕猴、黑熊、巨剑虎、豹、杨氏虎、东方剑齿象、犀牛、李氏野猪、丽牛等。当时这里一定还有大面积的草原，因为在这里还发现了公王岭大角鹿、三门马、更新猎豹和中国鬣狗等适于草原生活的动物化石。

蓝田人就是在这样美好的环境中生活着。他们从事打猎和采集，但打猎只能偶尔有所收获，因为凭他们手中握着的木棒去猎取大兽，胜利的可能性是很小的。采集是最主要的劳动，也最有保证，大尖状器就是他们得心应手的挖掘工具。

这里既有巨剑虎，又有象和犀牛。巨剑虎生长着一对扁而长的犬齿，像一对锋利的匕首突出于唇外。据古生物学家研究，巨剑虎左右两个又扁又长的大獠牙是用以刺杀厚皮动物——象和犀牛的，是象和犀牛的死敌。从腿骨可以看出，巨剑虎并不善跑，但是它能巧妙地潜伏在密林里，悄悄地等候着送到嘴边的食物。当象或犀牛慢腾腾地徘徊到它的身旁时，它猛地蹿到这类厚皮动物的背上，用利剑般的犬齿刺穿对方的厚皮，致其流血而倒在地上，于是巨剑虎便可饱餐一顿。如果蓝田人遇到这种情况，毫无疑问也会捡些剩余。

鬣狗有种怪脾气，专爱吃死尸腐肉，常常寻找猛兽剩食果腹，这种机会蓝田人绝不会轻易放过，虎、豹是牛、马、鹿的死敌，当虎、豹杀伤这些弱者之后，蓝田人就会用火把将这些残暴成性的家伙轰跑，从虎口里夺食。

60万年前黄河岸边的老住户

黄河是我国的大河之一，发源于青海省，流经甘肃、宁夏、内蒙古、陕西、山西、河南等省区，最后经山东流入渤海。它的中游经陕西和山西两省之间自北向南流去，到山西、陕西和河南三省的交界处，形成90°的大转弯向东流去。60万年以前在这个大转弯以东的黄河南、北两岸，就有人类居住过。我们在这里曾发现过多处古文化遗址，尤以黄河北岸最多，根据已发现的遗址来看，在北纬34.25°—35.20°、东经

110.12°—111.50°的范围。

对这一带的遗址有的进行了发掘，有的只做了调查试掘。为了使读者对这一带情况了解得更清楚一些，我想先把读者的视线引向匼河。

匼河的发现和发掘

知道匼河化石地点，还是1935年的事。我的老师杨钟健教授是陕西人，他在西安市探亲停留期间，朋友刘安国送给他一批哺乳动物化石，据称是在山西省西南部匼河地区发现的。这批材料保存得相当完整，从骨面上胶结着砂粒来看，显然是出于砂层中。杨教授看了这批化石非常惊讶，他特别注意了其中的一个水牛头骨，它太像周口店发现的德氏水牛头骨，另外还有肿骨鹿的下颌骨等。根据这批材料，他首先断定，在山西省西南部有大约相当于北京人时代的河湖相沉积。使他疑惑的是，在这批材料中还有剑齿象，而这种巨大兽类在周口店还从未发现过。

本来打算第二年前往晋西南调查，正筹备时，1937年7月7日，日本帝国主义向中国发动了大规模的侵略战争，从此这个计划就搁置下来，一搁就是21年。

为了配合三门峡水库建设，1957年，中国科学院古脊椎动物与古人类研究所派王择义、翟人杰、黄万波等同志组成了一个以第四纪地层和哺乳动物及旧石器为中心任务的调查队，前往调查。

（选自《考古发掘亲历记》，中国文史出版社出版）

和县猿人遗址发掘记

方笃生

　　在安徽境内，与名城南京隔江毗邻的地方，有个和县，县境东南有个乌江镇，就是历史上楚霸王项羽自刎之处。在和县陶店村东南角不到1000米的地方，有座百十米高的低山——汪家山，因发现猿人头盖骨而闻名国内外的龙潭洞就在山北坡脚下。

　　在汪家山东南面有一座大村水库。1973年冬，陶店村乡亲们计划修一条水渠，引大村水库的水灌溉汪家山北坡田地。挖渠时，在山坡北崖边炸开了一个洞穴，里面堆满了动物遗骸。起初，并没有引起人们的重视，只是感到新奇。后来，有位中医到现场参观，说是古代的"龙骨"，能治很多疾病。消息一传开，人们接踵而至，几天工夫，洞里动物遗骸堆积就被挖走一大部分，据说挖出的"龙骨"有数千斤。随着洞里堆积物被挖走，洞顶失去支撑，岩层发生变形。1974年3月的一天晚上，当地两个老乡在挖掘"龙骨"时，洞顶忽然塌落，造成事故。从此以后，人们再也不敢挖了，许多乡亲认为不吉利，把已经挖到的"龙骨"都倒到水塘里去了。同年4月，和县文化局认为这些东西可能具有科学研究价值，将部分"龙骨"寄到中国科学院古脊椎动物与古人类研究所鉴定。那时正值十年动乱，研究所只对化石做了一般鉴定，不可能去进行现场考察。直到1979年春，安徽省水文队在和县进行水文地质调查时，在龙潭洞也采集了一些化石。为了确定这里的地质年代，去函中国科学院，希望能派人前来和县，帮助鉴定化石的时代。

1979年10月27日，中国科学院古脊椎动物与古人类研究所黄万波先生前往徐州、宜兴等地考察洞穴后，顺便到和县陶店龙潭洞看看。经过简短的试掘后，黄万波深感此洞非同一般，给他印象最为深刻的，是这个洞的化石密集成层，而且发现鹿角的主枝和眉枝均被折断或砍断。这些现象是神秘的大自然威力造成的吗？不像，因化石埋藏杂乱无章，并无流水冲刷痕迹，所有骨片也未经磨损。"可能这里有远古人类的活动"，黄万波认为龙潭洞值得深入发掘探索。

1980年1月15日，天气严寒，黄万波与省、县文物部门科研人员一行七人，专程来和县再探龙潭洞。这次发掘不到10天，在仅仅四个立方米范围，就发现15种动物化石，其中有大河狸、中国鬣狗、虎、獾、狼、剑齿象、肿骨鹿、猪、牛、斑鹿、中国犀等。洞穴化石特别密集，在4立方米的堆积物里，就找到了上百个鹿角，鹿角的上部都已损失，只保存了角的基部，腿骨和脊椎骨都折断了，没有一块是完整的。很显然，这不是动物的自然死亡，也不是神秘的大自然的威力造成的，答案只有从人类的活动中去寻找。特别令人高兴的是，还发现了几件有明显的人工加工痕迹的骨器。这些材料被带回北京时，得到了我国著名的旧石器专家贾兰坡教授的肯定。汪家山龙潭洞一带有远古人类活动，这个科学的设想逐渐被证实了。

同年10月9日，由中国科学院古脊椎动物与古人类研究所黄万波、彭春，安徽省文物考古研究所方笃生，和县文化局叶永相、范汝强，组成了联合发掘组，决定到龙潭洞进行第三次考察与发掘。

自发掘龙潭洞以后，和县很多人关心这里的工作，县水利局秦万炬同志就是其中一个。1980年7月他在龙潭洞的土堆里拾到几颗牙齿，把其中四颗牙齿寄到了北京。黄万波在临来和县前见到了这四颗牙齿，他意外地发现，这里竟然有一颗人牙！这就更坚定了联合发掘组要在龙潭洞找到人类化石的信心。发掘组一到陶店，陶店乡干部和乡亲们就大力支持。为了早日清除覆盖在化石层上的岩石和表土，乡里专门组织民工突击队，只用了六天时间，就完成了任务，给发掘工作顺利进行打下了良好基础。

10月19日，发掘工作正式开始了。为了详细记录化石的出土位置，我们在水平层划出一米见方的方格20多个。上午9点半左右，发掘组成员、人称"活筛子"的叶永相首创纪录，在12号方格砂质红色黏土里，找到一片只剩下五分之二的人类牙齿齿冠，不过大青豆那么大小。当黄万波确定这是颗人牙化石时，我们极为振奋。第一次亲手挖掘出来的人类牙齿，虽然标本破碎，可是证实了龙潭洞真有人类化石。接着，10月21日和23日，分别在10号和8号方格找到了更为完好的人类牙齿。这些珍贵化石，对我们有极大的鼓舞作用：既然有牙齿，那么就有可能找到牙床。到10月31日，已经有三颗半人牙被发现了。可是，1956年就从古脊椎动物与古人类研究所第一期训练班毕业出来的我，还没有找到一颗人牙呢。我的心里非常着急，希望能找到一块人类化石。这个愿望，终于在11月1日下午2点多实现了。我在西侧6号方格找到了一段左侧下牙床，牙床上还保存两颗完好的牙齿。我一时兴奋得不敢相信自己的眼睛，连稳重的黄万波看到这块化石时也失声欢呼起来。这段下牙床骸孔较大，牙齿个儿也大，齿冠咬面釉质有细小的褶皱，这就确定了龙潭洞的人类化石属于猿人阶段的性质。

金秋季节是沿江一带的小阳春，可在汪家山北坡的龙潭洞，整天见不到太阳，寒风阵阵，潮气逼人。可是寒冷并没有降低大家寻找猿人化石的热情。

11月4日，发掘工作已接近尾声。在20多个方格里，基本上挖完了一米深的一个水平层。为了把已露的化石层清理干净，大家不顾劳累，继续工作，技工彭春还在西边2A号方格细心地刨着。这里，曾经出现过较多的大型动物化石，如大象、犀牛的腿骨和大角鹿的头骨，离11月1日发现的猿人下牙床不过一米多远，两者在同一水平层上，堆积物都是棕红色砂质黏土。同时，在2A号方格南边，还发现了被火烧过的骨头。这些迹象的出现，使人觉得有些苗头，黄万波和大家都有这个想法。这个方格由技工彭春掌镐是再合适也没有了，他参加过蓝田猿人发

23

掘工作，积累了丰富的经验。下午，太阳偏西了，到4点20分，奇迹出现了！彭春刨下一块黏土后，出现了几节犀牛的掌骨，再来一镐，掌骨脱落了。接着，便露出了一个圆形的骨头。是什么东西？难道不是个头骨吗？为了把它完整地取出来，彭春想从上往下挖，试了一下不行，因为骨头上方有块石头。最后还是从左右两侧挖。当他用小铲子仔细地把黏土扒开时，像脑勺一样的化石呈现在我们眼前。一铲、两铲……脑勺的形状越来越清晰，虽然有几块碎片裂开来，可化石还算是完整地拿到手了。原来，它不是一般的脑勺，而是一具猿人头盖骨。在场的人无不欢欣鼓舞！彭春放下手中的化石，激动得拿了一个大顶。黄万波高兴得脱下毛线衣，把它包了起来，小心翼翼地下了山。当天晚上他又给猿人头盖骨包上了大块的脱脂棉，把它放在自己的被窝里，用体温去蒸腾化石中的水分。当夜，大家兴奋得几乎一夜都没有睡。11月5日，我们激动的心情稍微平静一点，黄万波把这具头盖骨拿了出来，小心地打开包裹物，把化石上面所黏的红色砂质黏土细心地修去。仔细地观察，这具头盖骨骨壁较厚、额骨低平，左右两侧眉脊粗隆相连，特征和北京猿人相近，可以确定是猿人阶段。

龙潭洞古人类的遗址只发掘了一部分。为了能为研究早期人类起源和发展提供更多的依据，人们期待再次发掘龙潭洞，取得更大的成果。于是1981年4月中旬，由中国科学院古脊椎动物与古人类研究所以邱中郎、黄万波为首的八位科技人员，会同安徽省文物考古研究所的方笃生、和县文化局的叶永相，再次组成野外发掘队，对和县龙潭洞进行第四次考察发掘。

4月25日，发掘队径往和县陶店。这次发掘工作任务重，面积大，并且前三次发掘出来的堆积黏土要清理。我们工作更加细致，把挖出来的红色砂质黏土，大块分成小块，小块还要仔细地捏一捏，然后，在龙潭边用水冲洗，经过铁筛子筛，像米粒大小的仓鼠、田鼠等小型动物化石都要找出来。5月16日9点左右，在西侧5号方格内找到一颗人的牙齿。接着不久，约10点时，又是技工彭春在洞穴西侧紧靠洞壁边连续发现两颗人牙。虽然人牙的发现没有发现头盖骨那么重要，但根据牙齿的牙冠磨损程度不同，可以区别年龄大小和男女性别，能够说明和县龙潭洞猿人不只是一个个体，意义也是重大的。5月18日，由丰富经验的技工长绍武带一名知青民工在东侧11号方格发掘。日落西山时，发现两块猿人顶骨骨片。这两块顶骨片是相连的，是一个个体，骨壁较厚，是原始人性质。接着在5月21日和22日，分别发现一颗牙齿和一段右侧眉脊骨。尤其是5月28日，在龙潭边用水冲洗黏土后，用铁筛子筛出来一枚上门齿。这枚门齿特征是：硕大、粗壮，石结节凸出明显，齿作铲形，是典型的猿人阶段门齿。这对研究人类起源和发展又增加了新的材料。

这次发掘工作历时40余天，60平方米工作面基本挖掘完了，成果是巨大的、多方面的。发掘队不仅找到了人牙、人的顶骨和眉脊骨等化石，而且又找到了一些古哺乳动物化石，使发现的动物种类增加到40余种，如田鼠、大鼠、大河狸、剑齿虎、虎、狼、獾、猫、中国鬣狗、熊、剑齿象、马、貘、中国犀牛、肿骨鹿、斑鹿、牛、小猪、野猪等。这是个比较复杂的动物组合，与"北京猿人动物群"和"蓝田猿人动物群"相比较，具有一定的相似性。因此，这里存在着一个南、北方过渡型动物群。这些新发现的材料，是可喜的收获，它对于研究第四纪动物的迁徙、古地理和古气候的演变，对于了解长江下游发育历史都提供了有价值的资料。

人们常说，物以稀为贵。和县龙潭洞猿人头盖骨、下颌骨、顶骨、牙齿等人类化石的发现，就属于这种情况。因为人类化石发现得太少，尤其是猿人头盖骨化石。和县龙潭洞出土的猿人头盖骨，是我国目前保存的唯一完整的标本，实在难得。经过多方面的科学测定，和县猿人距今有30多万年，它在古人类研究史上掀开了崭新的一页，对于研究人类起源和发展，研究南方和北方古人类在演化上的共性和差异，探索我们伟大的中华民族文化的渊源，提供了重要的实物依据。

由于和县龙潭洞猿人遗址这一重大发现，引起考古、科研、新闻各界人士的重视。中国科学院学部委员、我国著名的旧石器专家贾兰坡教

授于1981年5月中旬，专程从北京赶到现场进行考察。他说这个遗址发现十分重要，发现完整的头盖骨是科学上的"珍贵"。新华社安徽分社、安徽电视台、安徽日报社、安徽电影制片厂等都先后派专人前往采访，摄制新闻资料片和纪录片。消息传播出去后，很不知名的和县陶店龙潭洞，成为各界人士考察、参观的热点。1985年，国务院批准和县龙潭洞猿人遗址为全国重点文物保护单位。

（选自《考古发掘亲历记》，中国文史出版社出版）

广汉三星堆遗址发掘记

陈德安

四川盆地以其土质肥沃、物产丰富、气候宜人、人文发达而号称天府，盆地中的川西平原更可称得上天府之国的"聚宝盆"。先秦时代的古蜀族就是生活在这个聚宝盆内的居民。

一、古蜀的历史

根据文献记载和考古材料，约在夏商之际，蜀人已建立了国家，在商代，蜀和商王朝已有十分密切的交往。商末，蜀王曾率众参加武王伐纣的战争（《尚书·牧誓》）。根据《华阳国志》和《蜀王本纪》等记载，蜀的帝王包括蚕丛、柏濩灌、鱼凫、蒲泽、杜宇、开明诸氏。其中开明氏统治蜀的时间最长，共传位十二世。公元前316年，在秦统一的战争中，开明十二世为秦所灭，蜀告灭亡。蜀的历史前后长达1000多年。至此以后，蜀文化被融合在汉文化中。

秦以前的古蜀历史是一段模糊不清的历史，其兴衰演变仅在后人撰写的地方志和读书笔记中有少许记载，但其中有些只是撷取的里巷之谈，不足为凭；有的将神话和历史传说互相杂糅，使本来就不甚清楚的古蜀历史事实显得更加扑朔迷离、神秘莫测，令人难以相信。古蜀历史即因未见诸正史而成为千古难解之谜，无怪乎唐代伟大诗人李白发出了"蚕丛及鱼凫，开国何茫然"的感叹。

二、月亮湾解谜

月亮湾附近的文物出土，为解开古蜀历史之谜提供了最直接有力的证据。

1929年春，广汉城西约8公里的月亮湾附近的燕家院子，有一位叫燕道诚的农民，祖孙三代在其宅旁沟内用龙骨水车车水灌田。因水流很小，打不满车，其儿孙燕清宝、燕明良便在沟内用锄头将水车下的水凼掏深。燕清宝掏着掏着，突然"砰"的一声，锄头碰到了石头上，泥浆溅了他一脸。他弯腰扒开一看，好大一块石璧。其父燕道诚闻声跳下沟详细查看，一大坑玉石器出现在他的眼前。燕氏惊异得目瞪口呆，且未作声，遂命家人掩埋起来，待至夜深人静，才将这批玉石器挖出运回家中。

这批玉石器原来被埋在一个长2米、宽1米、深1米的长方形土坑中，出土包括玉琮、玉圭、玉斧、玉璋、玉璧、玉钏、玉珠、玉料、石璧等文物。其中以石璧最具特色，大者直径80厘米，小者直径数厘米，由大至小叠积于土坑中，大者居下，小者居上，形如竹笋，因埋入土中年长日久而略有倾斜；其周围则搁置其他玉石器。燕氏将挖出的玉石器在家藏匿了一段时期后，将部分玉石器卖给古董商，部分赠送亲友，仅隔了四年，便大多散失了。

1931年春，英国神父董宜笃（V.H.Donnithorne）知道了广汉月亮湾出土玉石器的事，他意识到这可能是一批重要文物，与华西大学相关人员四处奔走，最后使其中的一小部分收归于华西大学博物馆。他还与华西大学博物馆地质学教授戴谦和博士及华西大学博物馆一位摄影师在广汉驻军陶旅长的陪同下，对这批文物的出土地点进行了一次详细的考察。

1933年秋，华西大学博物馆馆长葛维汉（D.C.Grahan）提出在玉石器出土地点进行调查和发掘的意见，这一计划立即得到四川省教育厅的批准。但当1934年3月1日葛维汉、林名均抵达广汉时，地方长官罗雨苍已抢先一步雇人发掘了。葛维汉向罗说明了非科学发掘的危害及由此将产生不可挽回的损失，罗雨苍遂命令立即停工，并达成协议，邀请葛维汉主持发掘事宜。发掘即告结束，葛维汉将出土文物全部运回广汉展示，参观者惊叹、赞赏不已。最后罗慷慨地将出土文物全部捐献给华西大学博物馆。当时任华西大学博物馆副馆长的林名均将这一情况写信告诉旅居日本的郭沫若先生，郭沫若极为重视，回信指出："这就证明，西蜀（四川）文化很早就与华北、中原文化有接触。"从此以后，三星堆、月亮湾成为四川考古的一块圣地，几代考古学家在这里为解开古蜀历史之谜进行了不懈的努力。

1951年，四川省博物馆王家佑、江甸潮来到月亮湾、三星堆进行考古调查和征集文物，首次在三星堆周围发现大片遗址。1958年，四川大学考古教研组也到此做了考古调查，再次认定这是一片范围广大的古遗址。

能在这里解开古蜀之谜，是几代考古学家们共同的夙愿。1963年，以著名的考古学家、人类学家冯汉骥为首，由四川省博物馆、四川大学历史系考古教研组抽调人员组成联合考古队，开进了月亮湾。冯汉骥带领考古队员和川大师生，站在月亮湾台地，以他那敏锐的目光，放眼于马牧河对岸的三星堆，提醒大家："这一带遗址如此密集，很可能是古代蜀国的一个中心都邑。"

1970年以后，川西平原的农村砖瓦窑迅速发展，马牧河两岸的三星堆和月亮湾一带遗址内，也建起了几个砖瓦窑。推土机昼夜不停地搬运三星堆和月亮湾台地的泥土，使大片文化遗址被挖掘推毁。面对这一情况，广汉市文化馆文物干部敖天照心急如焚，每天骑着自行车到推土机前劝说砖瓦厂不要把文化层推掉，将推土机推出的陶片、石器、玉器等一一捡回放到文化馆的库房内。所谓库房，只不过是面积10多平方米的单身卧室兼文物库房而已。屋内堆不下了，他就堆在走廊上。他每到现场一次，就一连数天地捡个不停，都有捡不完的国宝。他警觉到问题的

严重性。1980年初春，他冒着凛冽的寒风和蒙蒙细雨，急急赶到成都，在四川省博物馆考古队的办公室中，将这一情况作了汇报，省博物馆考古队因此立即作出了抢救发掘三星堆遗址的决定。

经过数月准备，于当年初夏，四川省博物馆田野考古队的田野考古人员来到三星堆，开始了三星堆的考古发掘。到1980年冬天，已有非常丰富的收获，清理房屋基址18座、墓葬4座，出土了数百件陶器，并获得数万片陶片。考古工作者在发掘期间对遗址进行调查，提出了在三星堆遗址东、西、南面笔直走向的土埂很可能是古代城墙的大胆推测。1984年，中国考古学年会在成都召开，专家们看到这批文物标本时，个个赞不绝口。著名的考古学家夏鼐、苏秉琦对这批标本给予了高度的评价。苏秉琦说："蜀文化的生长点就在这里。"

三、沉睡数千年，一醒惊天下

一号祭祀坑的发掘

1986年7月19日上午，从三星堆南面的南兴二砖厂的工地上，传来了令人振奋的消息：在这个取土断面的下方暴露出玉戈、玉璋等精美的玉石器千余件，并出土经火烧过泛白的碎骨渣。这一重要发现，使得正住在砖厂清理考古资料的考古队员们欣喜若狂，他们立即赶往现场，将出土的玉石器和骨渣全部收集起来。民工们也将捡到的土文物交给了考古队，并协助考古队员重新翻捡泥土，以免遗漏。

面对这一重要发现，考古队员们将坑口以上的文化层清理完毕后，坑内和坑道的五花夯土和原生土有着明显的差别，使坑道和坑的形制清楚地呈现面前。大家看到黄色的生土和棕红、棕褐、浅黄、灰白相杂的五花土区分界线明显，个个欣喜之情溢于言表。摄影人员趁土色鲜艳之时，赶快从高梯上摄下了这一重要场面；绘图人员也立即绘制了平面图，以期完整地记录下这一发掘的过程，以便为日后研究提供最完备的发掘资料。

　　川西平原的7月溽暑蒸人，考古队员们个个汗流浃背，犹如进行蒸汽浴。然而这丝毫不影响他们追逐即将出现的伟大奇迹。天边偶尔传来几声闷雷，倒是考古队员们最担心的事情，如果这时下雨，将淋坏出现的遗迹现象，冲毁发掘坑层位甚至文物，那会是多么大的损失啊。考古队员每天收集气象信息，找老农分析天气，得出近期属于干旱气候的结论，于是抓紧有利时机，在探方上搭起了雨棚，安装了电灯，夜以继日地加班清理。

　　夯土十分坚硬，挖掘特别费劲，7月25日下午，还未等夯土清理完，坑东南经火烧得泛白的骨渣堆顶部暴露出来，骨渣的表面能看见陶尖底盏、器座、铜戈、玉戈残块、玉璋残块。这些器物被火烧过，暴露的迹象表明，这些骨渣是蜀人在祭祀过程中采用了卯（将牺牲用棍棒椎死砸烂）、肆（肢解牺牲）。种种迹象给考古工作透露了一个重要信息，这些物品是祭祀遗物，这个坑并非墓葬。

　　7月26日，坑西最低处的夯土已清理完毕，铜龙虎尊、铜盘、铜器盖、铜龙柱形器、铜龙形饰、铜虎形器等商代前期风格的青铜器徐徐展现在考古队员们的眼前，考古队员们的发掘情绪也因此逐渐高昂。至下午，忽然一个面容温和、慈祥端庄、颇具写实作风的青铜头像（K1：2）在沉睡数千年后，又在队员们的注视下展现其容颜。紧接着，头戴平顶帽、垂着长发辫和头戴双尖角头盔、脸似蒙着面罩的青铜头像也陆续出现在队员们的面前。

　　7月27日凌晨3点，民工们正在小心翼翼地清理坑中偏西的骨渣，在明亮的灯光照射下，眼前一道金黄色的反光格外引人注目。民工们惊奇地说："看，金子！"考古队员们闻讯赶来，互相会意地点头，忙用细细的浮土掩埋住，叮嘱民工不要声张。领队考虑到出土的文物越来越重要，为了防止意外，随即召开紧急会议，决定马上派人前往广汉市委，请求市委派武警战士协助保卫发掘工地现场；又派人回成都向省文管会和考古所汇报这一重大发现，同时留人负责现场保卫工作。27日上午

8时，武警战士、公安干警在公安局长的带领下，迅速赶到现场担负起了保卫工作，考古队员们这才小心地一点点地将金子的浮土揭开，金子前面一端还被骨渣埋着。又继续往前清理，长长的、略呈弯曲的金子已露出1米长，但还未到尽头，在金子的一端还有着人头、鱼凫、箭等图案。最后全部清理出来，仔细一看，啊！原来是一柄长1.42米的金皮杖，这杖上的人头、鱼、鸟不是和传说中蜀国鱼凫时期的历史有关吗？联系就在金杖前的不远处昨天曾发现的一件龙头饰件，这件金杖有可能是一件龙头金皮杖了。

8月3日，一号祭祀坑的发掘工作顺利地结束了。这个坑呈长方形，口大底小，坑口长4.5—4.64米、宽3.3—3.48米。坑底长4.1米、宽2.8米，西南部略高。坑口至坑底深1.46—1.64米。坑口三面各有一条宽1米的坑道，呈对称布局向外伸延。这种形制的土坑，其埋藏性质应不是简单的器物埋藏坑。从出土的各种文物和许多文物被火烧过，以及出土大量的经火烧过的动物骨渣来看，这种埋藏方式不是简单的器物埋藏坑，应和当时蜀人的宗教祭祀礼仪有密切的关系。

一号坑出土的文物有金杖、金面罩、金箔虎形器、金料块等金器；人头像、跪坐人像、人面像、龙柱形器、龙形饰、虎形器、龙虎尊、瓿、盘、器盖、戈、瑗等青铜器；玉璋、玉戈、玉剑、玉戚形佩、玉凿、玉斧、玉斤、玉瑗、玉璧等玉石器；尖底盏、盘、器座等陶器；还有若干海贝、十余根象牙和约3立方米的烧骨渣。

二号祭祀坑的发掘

川西平原的初秋金灿动人。入秋后随着酷暑的逝去，空气也逐渐变得干燥清新了。8月14日，考古队将一号祭祀坑回填完毕后，带着丰收的快意即将凯旋驻地，又一个意外惊人的消息使他们再次激动起来，在一号坑东约20余米处，砖厂工人取土时又挖出了铜头像。他们报告说："铜头像的眼、眉、唇还经过化妆呢！"近乎神话的消息，使所有在场的考古队员吃惊不已，于是立即赶到出土现场，只见在取土断面的下方已暴露坑的一角，铜头像、玉璋拥挤地躺在那里。比一号祭祀坑更丰富的宝库大门已微微开启！在后来的发掘中将这个坑编为二号祭祀坑。

考古队员们经过约7天的发掘准备工作，于8月27日下午正式开始了对二号祭祀坑的发掘。大家沉着、细心，生怕锄头、手铲等发掘工具碰坏了宝物。

在揭完填土后，首先映入人们眼帘的是那件宽138厘米的铜面具。大口阔嘴，长长的眼球向外伸出20厘米，酷似望远镜头，仿佛它在这个世界上可以洞察一切。有人马上把它和传说的古代蜀人始祖神"蚕丛"联系起来，惊呼："那就是蜀人始祖神蚕丛的纵目形象吧？"紧接着数十根长长的象牙纵横交错地出土了，在象牙之下，这个长5.3米、宽2.2—2.3米、深1.4—1.48米的土坑内，还躺着高达2.6米以上的青铜立人像、高3.8米以上的青铜神树和数十个青铜头像、10余件青铜人面具，以及太阳形器、眼形器、铜铃、铜戈、铜罍、铜尊、玉戈、玉璋、金面罩、金箔叶等形饰共计1000余件文物。

和一号祭祀坑的情况相同，二号坑出土的器物也均经火烧过，但没有发现像一号坑那样的烧骨渣，甚至连经火烧过的灰烬也极少带入坑内。值得人们深思的是，这些青铜立人像、人头像、人面像、兽面、铜罍、铜尊等大型铜器和玉石器，除经火烧过外，还进行了有意的砸击毁坏。这些气势非凡的神像和庄重精美的神器为什么要遭到如此礼遇呢？这是一个吸引众多学者来共同揭开的谜。

一、二号祭祀坑发掘后，消息迅速传开。国内多家电台、电视台、报社等新闻单位的记者向三星堆蜂拥而至，争相向全世界披露这一奇迹："这个青铜雕像群和与它们同地点出土的数量众多的重要文物的发现，为研究中国古蜀地区青铜时代的历史提供了罕见的实物资料，填补了青铜艺术和文化史上的一些空白，把巴蜀文化上限向前推进了1000多年。三星堆的发现有力地证明了商、周时期的古蜀国已有高度发达的青铜文化，从而否定了以为古代蜀国文化比中原文化发展缓慢之说。"海外新闻媒介及考古学界也立即作出回响，认为"这是世界上最引人注目

的考古发现"，"比中国著名的兵马俑更要非同凡响"，"它们可能会使人们对东方艺术重新评价"。种种肯定的评语，使三星堆在中国考古学上的地位突出地显示了出来。

四、揭开三星堆和月亮湾的神秘面纱

三星堆和月亮湾的来历，在当地有神话般美丽的传说。据说玉皇大帝从天上撒下了三堆土，落到地上后呈一直线分布，犹如在一条直线上分布着三颗金星，因而当地人把这三个土堆称为三星堆。在马牧河对岸，与三星堆隔河相望，有一处高出周围的台地，呈月儿形，当地人称为月亮湾。在月亮湾台地上，过去曾生长着一株大马桑树，被称为婆罗树，"三星伴月一婆罗"成为当地世代口耳相传、闻名遐迩的胜景。三星堆所在的村子因此而得名为"三星村"。

其实，三星堆并不像传说的那样神秘虚幻。在马牧河南岸台地上有一条长百米的古城垣横截在台地上。这条古城垣经1988年的考古发掘证明，是商代前期的城墙，是三星堆遗址古城的南城垣之一。城墙上不知什么时候开了两个缺口，将城垣分割为三段，因年代久远，城墙坍塌侵蚀而成堆状，这就是后代传说的玉皇大帝撒下的三堆土。可见三星堆的形成历史确实悠久。三星堆一带是古城南面部分。从1980年以来考古工作主要在三星堆南面进行发掘，两个祭祀坑就是分布在三星堆的南面。由于最早在三星堆从事有系统的科学发掘工作，而附近分布在真武村、回龙村、仁胜村、大堰村等几村的古遗址又都是这个古城遗址的一部分，因此将这古城遗址命名为三星堆遗址。

三星堆遗址整个分布面积达15平方公里，月亮湾一带台地是遗址的中心部分。近几年的考古发掘证明，月亮湾台地也是夯土城墙。东面的横梁子和西面的横梁子经考古调查和发掘，已证明是墙体宽逾40米、长达近2000米的城墙，南面王家院至麦家院之间的龙背梁子，经调查和试掘证明也是城墙。在西城墙内侧有一段城墙与西城墙呈"T"字形走向，从分布和走势来看，这是由四个小城组成的，城内面积共3平方公里以上。值得注意的是，三星堆和月亮湾这两个台地都在古城中部的南北中轴线上，1929年在燕家院子发现的玉石器坑和1986年发现的两个祭祀坑正好也位于中轴线的南北两端。考古学家预言，今后寻找三星堆遗址古城的政治中心——宫殿区和祭祀区，应着眼于月亮湾—三星堆一带。这层神秘的面纱，将等待考古学家们去轻轻地撩起。

（选自《考古发掘亲历记》，中国文史出版社出版）

殷墟甲骨文的两次重大发现

刘一曼

甲骨坑（已套进大木箱内）1991年安阳殷墟花园庄东地H3甲骨坑（第4层卜甲）出土情况熟悉殷墟考古或对甲骨学有所了解的人都知道，殷墟甲骨文有三次重大的发现：1936年河南省安阳小屯北地的H127坑，1973年小屯南地甲骨，1991年花园庄东地甲骨坑。我有幸参与了后两次发掘，现将当时发掘的概况及发掘的主要收获做一介绍。

一、小屯南地甲骨

偶然的发现

1972年12月下旬的某天上午，年近六旬的小屯村民张五元，因制作煤球需用黄土，便到村南路边的小沟里挖土。当他挖了几锹黄土时，看到下面的土色逐渐变深，土中夹杂一些小骨片，有的骨片背面有"火号"（小屯村民称卜骨背面的钻、凿、灼痕迹为"火号"）。20世纪30年代，张五元曾在郭宝钧、石璋如先生主持的几次小屯东北地的发掘中当过工人，50年代以来又多次参加中国科学院考古研究所安阳工作队领导的殷墟发掘工作，对殷代的文物相当熟悉。他知道自己看见的是卜骨，便中止了挖土，将有"火号"的骨片捡起，带回家中。他将卜骨上的泥土洗刷干净，仔细观察，发现其中六片刻有文字，便小心翼翼地把这些有字卜骨用纸包好，马上送到考古所安阳工作站。

当时，我与戴忠贤（1972—1976年任考古所安阳队队长，现已逝世）等四位同志正在各自的房间内写1972年秋季小屯西地的发掘记录。张五元一进门就大声喊："老戴！出甲骨文了，快来看！"听到张五元的声音，我们不约而同地奔向老戴的房间，看张五元带来的六片有字卜骨。我记得，那几片卜骨都较小：有五片像邮票或火柴盒那么大，上面只有一两个字，如"吉""大吉""癸卯"等，最大的一片长约6厘米、宽约3厘米，刻有"今日辛不雨"和"……酉卜"等七个字，字大而清晰。大家看后十分高兴。老戴和我立即放下手中的工作，跟随张五元来到小屯村南出土甲骨的地点。我们用小铲轻轻扒开浮土，看到小沟的壁上和沟底还贴着一些碎小的卜骨，其间也杂有少量的殷代陶片，土色浅灰。我们判断，这是一个埋有卜骨的灰坑。由于当时正值隆冬，天寒地冻，气温在零摄氏度以下，不便发掘，便用几车碎土将出甲骨的地点掩埋起来。

甲骨的发掘

1973年3月至8月和10月至12月，考古研究所安阳工作队在小屯村南路边一带（1972年12月张五元发现甲骨文的地点及其附近）进行了两次发掘，发掘面积共430平方米。参加发掘的除戴忠贤和我外，还有曹定云、屈如忠（已故）、王金龙、孙秉根，吉林大学历史系甲骨文专家姚孝遂（已故）先生也参加了部分的发掘工作。

小屯南地发掘的目的是寻找甲骨文，经过七个多月的紧张工作，收获甚丰，发掘到刻辞甲骨5335片，这是中华人民共和国成立以来甲骨文发现最多的一次。

小屯南地甲骨除一部分出在近代扰乱层及殷代的文化层外，大多数出于殷代的灰坑中。这次发掘，共发现殷代灰坑123个，其中58个出刻辞甲骨，少者一坑只出一两片，多者数百片乃至一千多片。出甲骨文最多的一个坑是我主持发掘的H24坑，共出刻辞卜骨1365片，无一片卜甲。

H24坑口部近椭圆形，距地表深0.8米，直径1.8—2.7米，坑深0.8

米，填土灰褐色。此坑被一东西向的近代小沟从中间打破，将它分为南、北两部分。从坑口以下及中部小沟之底部与两壁，发现许多小片的卜骨，有的小如豆粒，有的如花生仁那么大，杂乱无章，毫无规律。我们把这些小片卜骨逐片取出，再往下清理，这时映入我眼帘的是位于小沟南、北的两大堆卜骨，它们密密麻麻地堆放在一起。在坑之北半部，卜骨层厚0.3—0.35厘米，多为小块卜骨；在坑之南半部，厚0.5米，大块的卜骨较多。

那时，我参加殷墟发掘工作才一年，从未发掘到有字的甲骨，一下子就碰上这么多的有字卜骨，心中无比喜悦。但是，发现H24的时间是6月中下旬，白天赤日炎炎，气温高达38℃，而且常有雷阵雨，这些埋藏了3000多年的卜骨哪能经得起烈日的灼炙和雨水的冲刷？可是，清理这么多的卜骨不是十天半月能完成的，这又令我发愁。戴忠贤好像看出了我的心思，派富有发掘经验的屈如忠和技工何振荣帮我清理。

我们一起商定了工作计划。为避免卜骨遭暴晒和雨淋，我们先在H24坑的上方搭一个席棚，每天在棚内工作，晚上负责看守甲骨的人就住在棚内。

H24坑的卜骨叠压得极紧密，我们是根据它们叠压的先后逐层清理的。每清理一层，首先用小竹签或小铁钎剔去卜骨表面黏附的泥土，将每片卜骨的轮廓完全显露出来，然后给卜骨"洗脸"，即用小毛刷蘸上清水将卜骨表面（或背面）清洗干净，令卜骨的文字或卜骨背面的凿、灼痕迹一清二楚。接着进行照相，照相以后绘图：把每片卜骨的形状与所在位置绘在图上。经过这几道工序之后，再一片片编号将之取出。

对多数没有断裂的卜骨，不论大小，逐号包好，放于筐中。对那些保存不好、出土时已断裂成数片或一二十片的大块卜骨，我们用粘贴法。因考古站内原有的纸盒已用完，而新定做的纸盒尚未运到，我们只得找来一沓厚马粪纸，按卜骨的大小裁成一块块纸板，在纸板上铺上一张麻纸，在其上刷上糨糊，把大块卜骨中已断裂的骨片取下，按照各断片原来的位置粘在麻纸上。

每天下午是最炎热的时间，即使在席棚下工作也热得汗流浃背。大家在工作之时全神贯注，精力极集中，时常忘了休息，有时连额头上的汗也顾不上擦，汗水就滴在卜骨上。直到7月中旬，我们花了近一个月的时间才将H24坑的卜骨全部取完。

除H24坑外，还应提到的是H57坑的发掘。在出甲骨的灰坑中，它是面积最大的一个。该坑的形状不大规则，坑口长5.7米、宽3.6米，坑深0.7米，共出刻辞甲骨188片，除1片卜甲外，其余全是卜骨。

H57坑是由曹定云负责发掘的。它发现于探方T53第二层下，坑口离地表仅0.35米。刨去路土层，在探方的北部就见到许多大块的卜骨堆放在一起。卜骨堆积的厚度有0.2—0.6米。曹定云根据卜骨堆下及近旁的填土为灰色、较松软而其周围的土为浅黄褐色、稍硬，细心地找出H57坑东、南、西部的边线，但坑之北部已伸出探方之外，离小屯村民赵金华家的厕所只七八十厘米。若要把该坑发掘完整，必须往北开新的探方。戴忠贤找赵金华商量，赵欣然同意拆去厕所，而且不讲任何条件。老赵带领儿子用了一个多小时便把厕所周围的简易土墙拆除，把茅坑的粪便掏挖干净。在他的大力支持下，发掘工作得以顺利进行。曹定云在T53以北新开探方T52，在该探方的南部将H57坑北部的界线弄清楚了。

功夫不负有心人，H57坑在赵家厕所下面发现的卜骨大多是尺寸大而完整的牛肩胛骨，其上的刻字较多。由于赵家在该处建的厕所已使用多年，故其下的卜骨出土时带有臭味（后经多次洗刷才消除），而且因粪便水的长期浸泡腐蚀，使骨片表面失去光泽，出现许多麻点和斑痕，幸好其上的文字虽较模糊，但经仔细观察尚能辨认。曹定云指着这些内容重要的大块卜骨喜笑颜开地对我说："这些卜骨真是又臭又香啊！"

学术价值

小屯南地出土的5300多片刻辞甲骨，卜骨占绝大多数，卜甲只有75片。在卜骨中，大块的牛肩胛骨为数不少，完整的大骨有上百片，这是前所未有的发现。

这批甲骨文，大部分属康丁、武乙、文丁卜辞（或称无名组①、历组卜辞②），少量属武丁和帝乙、帝辛时代的卜辞。

这批甲骨多出于殷代的窖穴与文化层中，并与陶器共存，对甲骨文的分期断代研究有重要意义。如字体与称谓较特别的"𠂤组卜辞""午组卜辞"，③对其时代，学术界存在不同的看法，有人认为是武丁时代，也有人将它归入武乙、文丁时代。两种意见多年争论不休。这次发现的这两组卜辞，出于小屯南地早期的文化层与灰坑中，伴出的陶器也属早期，这就为判断它们的时代提供了可靠的地层依据。自《小屯南地甲骨》出版后，国内的学者意见渐趋一致，即都认为它们应属武丁时代。

这批甲骨不但数量多，刻辞的内容也很丰富，包括祭祀、田猎、征伐、天象、农业、旬夕、王事，等等。其中有关军旅编制的"左旅""右旅""右戍""中戍""左戍"，有关天象的"月又戠"（可能指月食），关于农业的"上田""湿田"，关于手工业的"百工"等方面的内容，都是过去未见或少见的资料。此外，还发现一些新的方国，新的人名、地名，新的字和词等。总之，小屯南地的甲骨刻辞，对甲骨文的分期断代及商代历史的研究有重要的意义。

---

① 在小屯村中、村南出土的刻辞卜骨，前辞作"干支卜"或"干支卜贞"，无卜人，有的学者称之为"无名组卜辞"。此类卜辞的时代从祖甲至武乙中晚期。小屯南地出土的康丁卜辞就属于名组卜辞中的一种。参见李学勤、彭裕商：《殷墟甲骨分期研究》，上海古籍出版社，1996。

② "历组卜辞"的名称是李学勤先生最先提出来的。这是指出于村中、村南，以卜人"历"为代表的一组字体较大而细劲的刻辞卜骨。这组卜辞的时代，学术界有两种不同的意见：以李学勤为代表的一些学者，认为它属武丁至祖庚（或祖甲）时代（见李学勤：《论"妇好"墓的年代及有关问题》，载《文物》1997年第11期）；以萧楠为代表的另一些学者，则将之称为武乙、文丁卜辞（见萧楠：《论武乙、文丁卜辞》、《再论武乙、文丁卜辞》，载《古文字研究》第3辑、第9辑，1980、1984）。

③ 陈梦家先生将以卜人"𠂤""扶""勺"为代表的卜辞称为"𠂤组卜辞"，以卜人"午""㱿"为代表的卜辞称为"午组卜辞"。这些卜辞的字体、称谓较为特殊（见陈梦家：《殷墟卜辞综述》，145—165页）。

二、花园庄东地甲骨坑的发掘

上文已提到，小屯南地出土的甲骨，骨多甲少，在所获的70多片刻辞卜甲中，多属小片，无一完整的大卜甲。自1973年以后，我曾多少次盼望将来能挖到一批大块的刻辞卜甲，所以石璋如先生发掘的H127坑时常在我脑海中萦绕。那次发掘，共发现刻辞甲骨17096片，其中完整的龟甲达300多片，成为殷墟科学发掘以来的奇迹。

1989年，我在小屯村民张学献过去的菜园中进行发掘。小屯村几位老人对我说，那是一片宝地，20世纪二三十年代曾出土了很多刻辞甲骨。那时，我希望奇迹能再现，幸运之神能再次降临。但一年的发掘，只在乱土层和殷代的文化层中发现了近300片小片的刻辞卜骨。我感到再要挖到一个保存完整的甲骨坑，希望太渺茫了。

甲骨坑的发现

当殷切的期望往往带来失望的时候，不抱希望却有重要的发现，考古发掘中这样的例子不胜枚举。

1991年秋，为配合安阳的筑路工程，中国社会科学院考古研究所安阳工作队在花园庄一带进行考古工作。首先组织人力在该处进行钻探。钻探队在花园庄东地探出一个甲骨坑，初步判断是个直径2米左右的圆坑。三个探眼在距地表2.9—3.1米的深度都发现了无字甲骨，为使甲骨少遭破坏，未继续下探，甲骨埋藏的厚度不明。在花园庄南地，钻探队工人清理一座殷代小墓时，在墓口上的灰层中发现了三片刻辞卜骨。过去，在花园庄一带从未发现过刻辞甲骨。安阳工作队队长杨锡璋对此很感兴趣，决定在这两处进行开方发掘，我和郭鹏接受了发掘任务。

10月3日至9日，我们首先在出刻辞甲骨的花园庄南地那座小墓的周围开了三个探方，发掘面积近70平方米，以期有所发现。发掘之初，我估计起码能挖到数十片刻辞甲骨，结果大失所望，仅仅发现两小片刻辞

卜骨，每片上都只有一字。我们怀着沮丧的心情，于18日转移到花园庄东地探出甲骨的地方发掘。南地收效甚微，东地能抱多大的希望？我曾对郭鹏说："能挖到十多片有字甲骨就很不错了！"

19日下午，在钻探队工人曾画出甲骨坑记号的地方反复铲平，不知为什么却没有发现灰坑的痕迹，这无疑给还在燃烧的希望之火浇上了一盆凉水。越在这时，对人的意志越是一种考验。20日上午，我们在整个探方中一次次地铲平，反复观察，终于在距原来做记号的地方一米多处，发现了两个灰坑，编号为H2和H3。靠北面的H2为椭圆形坑，将靠南面的长方形坑H3的坑口破坏了一小部分。究竟哪个坑出甲骨呢？我们在两个坑的中部各钻一眼，结果在长方形坑中发现了甲骨，露出了微茫的希望。我们先发掘H2，距地表1.8米深时该坑清理完毕。这时H3的整个形状全部显现在我们面前。它是一个十分规整的长方形窖穴，长2米，宽1米。我们立即开始了对H3的发掘工作。10月21日，当挖至距地表2.9米深时，出土了许多小片的卜甲，其中三片小卜甲上发现了细小而清晰的刻字。我们意识到已发掘到甲骨堆积层了，悬着的心顿时兴奋起来，马上改用小铁钎、小竹签、小铲、小毛刷等小工具进行清理，由王好义、何建功等几位技术熟练的工人轮流下坑剔剥。一天下来，取出了不少零星的小片碎甲，再剔去其下较大片甲骨上黏附的泥土，这时坑深已达1.9米，距地表深3.1米。上层的甲骨已被清理出来，出土时有的正面朝上，有的反面朝上，有的紧贴坑边；卜甲与卜骨、龟腹甲与背甲、大块的与小块的、有字的与无字的相杂处，彼此叠压得极为紧密。10月22日下午，我们就开始取甲骨的工作。

艰难的搬迁

甲骨层上部，除了中部那约0.2平方米的一小块地方外，其余全部是甲骨，其中绝大多数是卜甲。由于卜甲埋藏年代久远，极易碎裂，出土时一块完整的龟甲往往断裂成数十片或一两百片，给清理工作带来极大的困难。工作了一天半，才取了54片甲骨。恰逢那时天公不作美，时常刮大风，修公路的白灰、沙子迎面扑来，运土汽车隆隆的奔跑声不绝于耳，工期又十分紧迫，城建局一再催促尽快清理完毕，加上发现满坑甲骨的消息不胫而走，参观的、看宝的人们连续不断，安全问题迫在眉睫。但欲快清理又不可能，这令我心急如焚。队里经过慎重研究，决定终止工地的发掘工作，将甲骨坑来一个大搬迁，运回考古工作站再细致清理。

将一个长2米、宽1米且厚度不明的土坑整个搬家并非易事，既要保存甲骨坑的形状，又要绝对保证文物安全，万无一失。我与郭鹏、王好义反复商量，计划做一个长2.2米、宽1.2米的大木箱，将整个坑套于箱内，但首要问题是确定甲骨堆积层的厚度。工人们将整个探方挖至距地表深3米，然后将甲骨坑周边10厘米以外的土层全部刨掉，再往下挖1米多深，使整个甲骨坑赫然耸立于探方之中。为了弄清甲骨层的厚度，又不能使用探铲下探，以免损坏甲骨，于是我们用小铲子在甲骨坑的东、西两边（长边）中部，从上至下各挖一个长15厘米的小缺口；从缺口往内观察，发现东、西两边往下深60厘米便达坑底，这60厘米全部堆满甲骨。明确了这一点，南、北两边（短边）则改用一个直径2.5厘米的小钢管，由外往内垂直打进，发现南、北两边到了这一深度时也到坑底。这样，木箱的深度以做80厘米为宜。为了便于套木箱，甲骨坑四周再往下挖0.5米深，这时距地表已4.4米了。

10月27日，套箱工作开始了。初时还较顺利，不到一小时便将甲骨坑上部40厘米厚的部分套入木箱框内。可是就在此时，箱子被卡住了，工人们按着箱框四角用力往下压，但箱框纹丝不动。这是由于木箱中部内壁有的木板不够平整，加上甲骨坑坑边中下部四边的生土层留得稍多一些所致。大家想将木箱取出，将坑边中下部的土层刮掉一些，重新套箱，可是费了九牛二虎之力也无法将木箱框取下来。后来，何建功想了个办法，找来两根较长较粗的铁通条，贴着木箱的内壁，从上往下用力捅，一点点地将坑边的生土捅下去。这个办法虽然较慢，但颇见成效，经过两个多小时的努力，终于将整个甲骨坑全部套进大木箱框之中。接着安装木箱的底板，这又是一个艰巨的工作。首先，要掏空甲骨坑的底

部，工人们要弯着腰或蹲着干活。安阳10月下旬的天气，秋凉似水，几个身强力壮的工人不停地挖土，汗水湿透了他们的内衣，但大家的情绪很饱满。每掏空一处，马上插进一块长1.2米多、宽0.2—0.3米的木板，并立即用拐铁、大螺丝钉将它与木箱壁钉在一起，底板下垫上砖块，然后再掏下一处。就这样，用了一天半的时间才将九块底板装上了。为了防止底板不牢靠，郭鹏又叫工人在其下钉了两根南北长近2.3米、宽0.2米、厚0.5米的木条，然后在甲骨层上部铺了几层麻纸和塑料布，将甲骨坑与木箱内壁之间的空隙用碎土填实，最后再钉上箱子的盖板。估计全箱重量近4吨。

最紧张和激动人心的时刻就是用吊车将木箱吊出探方。10月29日下午，天气晴朗，万里无云，一辆起重机和一辆大平板卡车驶进了发掘工地。工人们用钢丝绳将木箱缠好后，人们的目光不约而同转向吊车司机手握的起重开关。司机按动开关，从探方下面传过来"咔噔"的响声和随即发出的"啪啦""啪啪"垫砖落地的声音，木箱徐徐升起，一切正常。眼看要离开探方时，由于木箱离探方边太近，与坑边发生轻微撞击，只见钢丝绳在抖动，木箱在摇晃，喧闹的工地顿时变得鸦雀无声。这时，我的心怦怦直跳，头上也冒出冷汗，真怕箱子散架，前功尽弃。一场虚惊！箱子很快就继续往上升，高出探方边后，往北平移，缓缓地落在平板车上。望着卡车的四个轮子下陷了8—9厘米，卡车司机也感慨地说："这家伙真沉啊！"吊箱成功，大家松了一口气，脸上露出了笑容。

15分钟后，大木箱运至安阳考古工作站。由于它太大太重，不便搬进屋内，只好将它放在院子里。

细致的清理

箱子运到考古工作站后，面临的难题是如何取出这一大坑碎裂过甚的甲骨。现在的人们看到的乌龟壳多是又坚又硬的，谁能想到，这些埋在土中3000多年的卜甲往往裂成许多小碎片，又与泥土粘连在一起，有的看上去散成一片，真让人眼花缭乱，没有耐心是很难完成这一工作的。

我们吸收了小屯南地发掘的经验，逐层清理，每剔剥出一层甲骨就照相、绘图，然后按它们叠压的先后，一片片编号取出。由于此坑甲骨堆积较厚，共画了16次图。

我们的任务不只是取甲骨，还要为今后的粘对、缀合和研究工作打下良好的基础。如果只图快，可以将每片卜甲的小碎片捡到纸盒里，每号一盒，待将来逐片拼对。这样取出是快了，但将来的粘对、缀合工作无疑要耗费大量的时间，而且有些小碎片还容易丢失。为了保存每块卜甲的形状，我们仍然采用发掘小屯南地H24坑用过的粘贴法。由于H24坑粘贴的是卜骨，而这次的对象主要是破裂严重的大块卜甲，所以操作起来要比以前取卜骨时复杂得多。

若是反面朝上的卜甲，在其上刷上糨糊，然后贴上麻纸，用小竹签或小铁钎轻轻地将卜甲下面的泥土掏掉，使它和下面的卜甲分离，然后在卜甲下插进一把（或两把）小薄铲，再将一块硬纸板盖在卜甲的麻纸上，一手按着纸板，另一手用薄铲将卜甲迅速托起，像烙饼那样将它翻转过来，使卜甲正面朝上，把它置于纸盒上，再抽去硬纸板。

若是正面朝上、质地较好、或者其上有字的卜甲，则在纸盒上放一块粘有糨糊的麻纸，用镊子或小铲将一大块卜甲中的已断裂的小片轻轻取下，按照各片原来的位置依次排列在麻纸上。正面朝上，但质地不好、破碎较甚或者其上无字的卜甲，则直接在卜甲正面刷糨糊，贴麻纸，用上述第一种方法将它翻转过来，然后在反面再刷一次糨糊，再贴一次麻纸，做第二次翻转，最后将附于正面的麻纸揭掉。

无论是哪种方法，都要尽快地把甲骨正面的泥土洗刷或剔剥干净。

为了保证甲骨的安全，每天下午下班以后，我们在甲骨箱内安上警报器。

从10月31日至11月26日，取出甲骨856片。因天寒地冻，难于工作，又将甲骨坑的木箱钉起来，上面铺上棉被套，木箱外面再围上砖，砖与木箱之间有十多厘米的空隙，用麦秸填塞。

1992年5月3日，我们开箱继续清理，至6月1日全部清完。从发掘至取出最后一片卜甲，前后费时两个多月。

重大的收获

花园庄东地甲骨坑共发现甲骨1583片。其中卜甲1558片，上有刻辞的574片（刻辞腹甲557片，刻辞背甲17片）；卜骨25片，上有刻辞的5片。共计刻辞甲骨579片。特别珍贵的是，此坑甲骨以大片的卜甲为主，其中完整的卜甲755片，上面有刻辞的整甲近300片，占有字甲骨总数的50%以上。除了整甲外，半甲、大半甲的数量亦多。据粗略统计，半片以上的大块甲骨占此坑甲骨总数的80%。这是继1936年小屯村东北地H127坑及1973年小屯南地甲骨以后又一次重要的发现。

坑中刻辞甲骨每片的字数多寡不等，少者一两字，多的达200多字，一般数十字。刻辞内容比较集中，主要涉及祭祀、田猎、天气、疾病等方面。据甲骨坑出土的地层和共存陶器及刻辞内容判断，这批甲骨属武丁时代。

这批甲骨的一个显著特点是，占卜的主体不是王，而是"子"。甲骨上的字体较细小、工整、秀丽，与过去发现的一些特殊书体与称谓的卜辞有某些相似之处，但也具有自己独特的风格。这说明在武丁时代，不但是王，而且王室贵官、地位显赫的大贵族都可以独立地进行占卜活动。花园庄东地甲骨坑的发现，对研究甲骨文的分期断代，对研究殷代的历史，都具有重要意义。

1997 年 6 月

（选自《考古发掘亲历记》，中国文史出版社出版）

洛阳北窑西周墓发掘记

贺官保

  1962年，我由河南省文物工作队调到洛阳博物馆工作。当时洛阳博物馆与洛阳市文物管理委员会合署办公，实际是两块牌子，一班人马。宗钦贤任中共洛阳博物馆党支部书记兼行政秘书，蒋若是任文管会副主任。我在文物保护组工作，组长黄明兰，组员有我和李献奇。

  1963年初冬的一天中午，我的堂弟贺官贤告诉我，洛阳机制砖瓦厂（以下简称机瓦厂）在挖土时发现了铜器。我问是什么铜器？什么时代的？他都说不清楚。下午一上班，我就赶到机瓦厂，看到了西周时代的铜鼎、簋、觯以及兵器、车马器等。我找到了该厂党总支书记安仲庭和厂长安化均，向他们宣传了文物政策。说："在动土工程中发现文物，应立即暂停局部工程，并及时报告文化主管部门处理。这几件出土文物，我先打个条子带回，向领导汇报后再做下一步打算。"他们同意，我就借了一个麻袋把文物装起来，放在自行车上带回了洛阳博物馆所在地关林。蒋若是看后说："太好了，太精美了，这是西周早期的出土物。"蒋指示：1.带一份公函，和机瓦厂直接建立文物保护关系，并带上国务院《文物保护管理暂行条例》。2.你就盯在那里，配合动土工程清理文物。3.找五名探工在动土范围先探一下，以了解墓葬的分布与深度等。次日，我带着文管会的公函和机瓦厂进行交涉，找到了探工，很快就在动土范围开展工作。据钻探资料得知，墓葬分布十分密集，深度3—6米不等，绝大多数是西周墓，也有一些唐宋墓葬。我配合动土工程

清理了数座西周墓，出土有铜罍、簋兵器等。探出有上百座西周墓葬。蒋若是遂带着文物照片与探出的墓葬分布图，向河南省暨国家文物局报告。国家文物局局长王冶秋对此极为重视，拨给专款，同意招收10名专业毕业生参加西周墓的考古发掘工作。先后参加考古发掘的有蔡运章、陈长安、王恺、徐治亚、余扶危、张剑、苏健、叶万松等。这是洛阳博物馆建馆以来首次开展的田野考古发掘工作。其后，河南省文物工作队洛阳组撤离洛阳，洛阳博物馆就承担了全市的基建动土发掘任务。

1964年夏，上述同志陆续到达发掘工地，我就和机瓦厂联系住房和办公地点。当时机瓦厂的房屋紧张，经过多方努力，才借了两间洗澡堂的休息室，作为我们办公和休息的地点，好在这里有床，我们又从博物馆运来两张桌子和椅子，就餐在该厂食堂。我这个西周墓发掘工地负责人是什么都管。钻探工与发掘工的寻找与管理，新来干部的墓口分配与发掘结束后图纸、资料的审查，架板、工具购买等都得管，同时还要参加墓葬的发掘。最使我头疼的是和机瓦厂打交道，他们要制作砖瓦，而我们要考古发掘，经常发生矛盾。于是我们决定在砖瓦生产的旺季，把发掘重点尽量向各周边转移，待砖瓦停产后再挖。

1964年冬至1965年春，我们的考古发掘工作告一段落。此次共发掘西周墓百余座，出土文物数千件，还探出了200余座墓葬。在砖瓦生产期间，我已将发掘工人减少，把钻探发掘重点移至周边不影响生产的地方去。

这处西周墓早在20世纪前后，就被大肆盗掘过。特别是1927年至1930年韩复榘、冯玉祥部队进驻洛阳时，令洛阳县设立古玩特税局，将大规模挖掘古墓合法化，使其遭受了巨大损失。日军侵占洛阳后，又遭一次浩劫，所以有的墓葬被盗竟达五六次之多。这些被盗文物有的散存在国内，而大量的则被盗运到国外。解放后，党和人民政府对文物保护工作十分重视，先后颁布了一系列法令，使文物古迹得到法律的保护。1952年，河南省文化局文物工作队成立，第二队就驻在洛阳，当时省文物工作队曾派黄士斌配合西周墓现场的保护，但因当时动土量不大，尚未发现西周文物。直至1963年，西周墓葬才得到科学的发掘和保护。

洛阳北窑庞家沟西周贵族墓，位于洛阳老城北1公里处。北窑南北长达4公里，所以又分为上、中、下窑。墓区是在上窑村的瀍河西岸。庞家沟在上窑村辖区，最初由庞姓家族住地得名。沟长70余米，宽20—30米，墓群就分布在沟西两侧的台地上。墓地北高南低，呈梯田形。

洛阳北窑西周墓M161：50太保（菁）戈1963年至1972年，为配合砖瓦生产动土工程（除建筑等占用外），共探墓葬400余座，已发掘的367座，出土文物1.0232万件，其中青铜礼器67件，铜车马器2600件，铜兵器561件，铜生产工具45件，瓷器351件，陶器108件，玉石蚌器6500余件。墓地中除两座带有南北墓道者外，其余均无墓道，分大、中、小三种类型，由此可以看出墓主都是地位不同的奴隶主。1974年，我们又在墓的南面，相隔约20米的壕沟内，发现一处面积为20万平方米的西周早期青铜器铸造遗址，从出土的陶范得知，西周墓出土物都是在这里铸造的。这两次发掘，都为研究西周时期成周城（王城遗址）提供了重要实物依据。

洛阳北窑西周墓是西周高级贵族的墓地，最能说明墓主人身份的是铜器上的铭文，现略举数例如下：

1.王妊：M37出土一件造型精美的王妊簋，器内有铭文"王妊作"四字。这里的"王"，当是指周王讲的，"妊"与"任"古文通用，"王任"如同西周金文中的"王姒""王姜"一样，应是周王的任姓后妃铸作的。

2.太保菁：M161出土一件太保菁戈，造型古朴厚重。戈内正面铸"菁"字，背面铸有"太保"二字。1931年河南浚县辛村卫国墓地出土一件太保菁戟，与此戈相同。洛阳北窑西周墓M215：54丰伯剑太保，本是召公奭的官职名称，《尚书序》说："召公为保，周公为师，相成王为左右。"目前见于著录的铜器铭文，有太保称谓的多达20件。这些文中的太保，有的是对召公奭的生称，有的是追称，还有的用作姓氏的族名。太保与菁同时并存，前者是族姓，后者是名。此戈出于成周，故

戈的主人应是召公奭留成周王室的次子所有。

3.康伯和伯懋父：M410出土一件青铜壶盖内，铸有铭文"康白乍鬱壶"五字。M37出土白懋父内，有墨艺铭文"白懋父"三字。"白""伯"二字古文通用。康伯乃卫康叔之子康伯髦。康叔名封，是周武王的同母少弟。武王灭商后封康叔为卫君，居商故地河、淇之间。成王时任康叔为司寇。康叔卒，子康伯代立，事康王为大夫。可见康伯也是周康王朝中的重臣。康伯亦称白懋父。

4.毛伯：M333出土一件双銎一穿戈上，铸有铭文"毛伯"二字。"毛"是周文王子毛叔郑的封国名，伯是爵称。《史记·周本纪》说：武王伐纣时，"毛叔郑奉明水"。《左传·僖公二十四年》富辰："鲁、卫、毛、聃，文之昭也。"杜注："皆文王子也。"毛伯戈的年代当在成康时期，可能就是周文王子毛叔郑或其子铸造的兵器。

5.丰伯：M155与M215两墓相毗邻，各出土丰伯戈一件。M215还出丰伯剑两件。丰伯出自姬姓，为周文王第十七子丰侯之后，为丰国的国君，是西周时期有名的贵族。丰伯剑的出土，对研究丰国的历史有重要价值。

这次出土的西周青瓷器，品种之全、数量之多是前所未有的。青瓷经过化验和烧造温度的测定都落在了青瓷的范围。有的吸水率只有0.8%，不及红，已经接近现代青器的标准。

出土青铜器数量很多。我们选了一部分兵器、车马器、生产工具和礼器等进行化学定量分析和光谱定性分析，可以认为这时已经能将锡、铅分别冶炼出来，再与铜配制成青铜合金，已经超越用锡铅矿与铜合炼青铜的低级阶段。

1997 年 6 月

（选自《考古发掘亲历记》，中国文史出版社出版）

西域考古写春秋

王炳华

　　西域大地，流沙漫漫。极度干燥的环境，使沉落在沙漠深处的点点废墟，不知埋藏着多少鲜为人知的历史文化信息！自19世纪中叶起，不少西方学者，与其母国的殖民扩张政策同步，闯入了这块当年还是十分闭塞、相对落后得近乎原始的辽阔内陆，并进入茫茫沙海之中。热瓦克、丹丹乌列克、喀拉墩、尼雅、安得悦、楼兰，……一个又一个使世人为之惊愕、难以置信的古代王国城镇、聚落，遍地遗珍的考古消息，在欧洲的学术殿堂中发布。处身在积贫积弱祖国怀抱里的中华学子，眼看着一批又一批沙漠遗珍到了伦敦、柏林、东京，西域史地研究，必须在一卷卷新问世的英、德、日文考古报告中寻觅消息，却丝毫没有力量阻抑事物的发展进程，只能哀婉地呻吟："神物去国，恻焉咎怀！"这后面，究竟是一股怎样的滋味！

　　中华人民共和国成立，百废待兴。直到20世纪50年代末，中国考古学者才得可能慢慢步入这片心向往之的神秘沙漠；进入80年代后，塔克拉玛干沙漠深处，同样响起了建设者的脚步声，塔克拉玛干沙漠考古，这才得可能真正开始了全新的篇章！抚今忆昔，难止翩翩联想：一次次艰难的沙漠征程，一次次令人精神振奋的发现，不论是楼兰、尼雅，还是沙漠腹地的喀拉墩、丹丹乌列克，以至新见的、过去从不为人所知的园沙古城，西方学者曾经步入的禁区，我们走到了；他们没有见到的遗址、文物，经过更细致、科学的工作，我们得到了新的、更大的收获。

塔克拉玛干沙漠考古，中国学者终于以更高大伟岸的形象，站立在了这一令人向往的舞台之上。

39年的新疆考古生涯，静夜沉思，似在弹指一挥间。作为楼兰、尼雅、丹丹乌列克、克里雅河这多处重大考古工地的设计者、主持者、参与者，应该也确有责任将这些鲜为人知的经历，朴素地记述下来，介绍给大家。

一、走进楼兰

考古，一般人都觉得它们离现实生活很远；其实，考古工作的脉动，真是与现实生活十分密切地联系在一起。我们终得可能进入楼兰，又一次真切地体验到了这一点。

1960年，离开母校北大，我满怀激情地到了新疆。当时，十分向往的工作地点之一就是楼兰。记得，是到新疆四五年后，曾以十分随便却是准备甚久的方式向当时的科学分院领导人谷苞提出了去楼兰工作的要求，谷苞同志当时很平静地说："那里是军事禁区，目前还不能进入工作。"

再一次提起楼兰，已经到了20世纪70年代末。1978年，中央电视台国际部与日本NHK准备合作拍摄"丝绸之路"系列电视纪录片。中央台先遣组的同志到了新疆，找到了我，请我帮助介绍丝路概况、踩点，为可能的拍摄做准备。拍摄丝绸之路，实在没有办法撇开楼兰。但进入楼兰，这在当时还是一般人不敢设想的奢望。想不到摄制组却是一口应承，他们有办法通天，可以向有关部门联络、争取到支持。只是如果计划批准，我们则必须承担找到古城楼兰的义务！罗布淖尔荒原，浩渺无涯，面积十多万平方公里，而小小的楼兰城，面积还不到一平方公里。距20世纪初西方学者在这里工作，时间也已过去半个多世纪。这片地区，这期间发生过多少人世的、自然的沧桑，在这样的情况下，要把楼兰古城顺利找到，并进行适当工作，真是谈何容易！但去楼兰，这是深埋在心底多少年的一个夙愿，是一个想起来就让人心跳不止的工作地点，它的吸引力实在太大了，现在，机缘就在眼前，当然，怎样也不能把它放过去。于是，一点没有犹豫地就接受了摄制组的条件：他们办手续，我们找楼兰。

经过近20年的工作，楼兰，蒙在她身上的厚重的帷幕已经彻底揭开了！继我们步入楼兰做过工作后，一批又一批相关学科的学者、国内外的旅游者、记者、作家，都曾进入过楼兰，关于楼兰的报道，可以说已经是连篇累牍，屡见不鲜。楼兰，已经从遥远的天边变得近在身旁。但是，在1979年冬天，在我和所内一批先行者进入罗布淖尔荒原探路时，可真没有这样的轻松，心里没有一点把握，不知道进入罗布淖尔荒漠后，我们会遇到什么情况，迎接我们的会有些怎样意想不到的问题。

计划实施，时间定在1979年11月。经过十分认真的准备，带上了研究所唯一一辆八座吉普车，踏上了自乌鲁木齐至楼兰的征程。

从乌鲁木齐，过天山，进入吐鲁番盆地西缘的托克逊，穿千沟，抵达天山南麓和硕县境乌什塔拉近旁的马兰镇。

进入马兰，休息、准备几天后，我们在解放军战士的帮助下，斜向东南，穿越过库鲁克山，进抵孔雀河下游谷地。因为在马兰，听介绍说，孔雀河下游北岸，库鲁克山前一处不知名的沟谷内，曾经发现过古代墓地，数量不少，保存也好。一条没有人迹的无名沟谷，无法标志，战士们随便称呼它是"古墓沟"。得到这一信息，我们决定先进入古墓沟，既可发掘古楼兰人的遗迹，也可以"古墓沟"工地为依托，进一步走向楼兰城。

库鲁克塔格，维吾尔语意为"千山"。是东西走向、海拔2000米上下的一道低山，实际是天山的前山地带，地理上应为天山山脉的一个部分。在库鲁克塔格地区，震旦系沉积发育十分完整，在更前的寒武纪地层中，还发现这里的寒武世生物群与四川城口—陕西紫阳一带很是相似，它可以说明：当时的库鲁克塔格山地带，是一道海槽，而且与杨子海盆相连通。这真是沧海桑田！一亿年前的海槽变成了今天难以见到一

点绿色的千山秃岭。当然，那个时期人类还远远没有出现在这个世界；现在，人类已凭借自己的智慧掌握了前人根本无法想象的科学技术及改造自然的巨大能力，如何使用这智慧、这能力，使这个世界变得更加美好，变干枯为绿色，真是值得认真去为之努力的。

为了寻找战士们曾经听说过或见过的古墓沟，我们扎营在库鲁克塔格山下一个地势稍平缓的所在。每天以我们那台八座北京牌越野吉普代步，循着孔雀河谷东行。在库鲁克塔格山前，搜求已经干涸的小河沟，寻觅适宜于古代人类活动的处所。大量的历史文献记录说明，汉—晋之世，我们所在的孔雀河谷曾是丝路北道自敦煌西行循天山南麓西走中亚大道的重要路段。在库鲁克塔格山中，曾经路过一处"破城子"；驻地西去不远，有营盘城遗迹；兴地山沟中，有古代岩画；山脊处处，还可以追寻到汉代的"列亭"，加上黄文弼、瑞典学者F·贝格曼当年在这片地区曾经发现过的细石器、古代墓冢、保存完好的古尸，说实在话，我们对自己很快就可以找到古墓沟遗迹，真是满怀信心。

计划、思想是容易的：在孔雀河边有一道沟壑，台地上见过古墓，叫古墓沟，去发掘就可以了，这多简单。但实行计划会遇到什么问题，往往会出乎人们的意料。进入现场一看：老天啊！这是怎样的地形！到哪里去寻找所谓的"古墓沟"？类同的沟壑一条又一条，条条似连若连，地形十分复杂。用地理学的概念，这里实际是一片正在发育中的"雅丹"地，要在这样的一处土台地上寻得一小处古墓葬，真好像大海捞针！

我们有限的几个人，撒在极目无际的土丘林中，上上下下，求索只算得方寸之地的古楼兰人的"天国"，真不知如何下手。但我们已踏脚在古楼兰的土地上，再难，也绝不能不访问一下古楼兰人的神居之所就掉头他去。就这样，在所谓"古墓沟"中，五进五出，最后终于在距驻地40公里外的一处沙地上，发现了一处结构极具特色的古代墓地。当时，我们那种兴奋、激动的心情真难见之于现在的笔墨。

在古墓沟的发掘近一个月。墓地周围，是一片寂静无人的世界。墓地40公里外的驻军，给了我们巨大的支持，数十名战士，每天和我们一道进入墓地，用手推车把沙土运走，这时，出现在我们眼前的是繁星似的立木。由细而粗密密实实圈出七层圆圈，外面是呈辐射状向周围铺展开去的木桩。井然有序，蔚为壮观，让人产生奇妙的神秘联想。它们就是古楼兰人为身后安排的理想的"休憩"地，是他们构想中的天国？立木，直接的效果是固定了沙土，但那种奇妙的结构，是不是还凝聚着又一种信念、一种理想？

就在这片墓地中，一些浅葬的小墓内，我们清理到了几具保存完好的古楼兰女尸。

古楼兰人的形象是很美的。我们看20世纪初斯坦因、斯文·赫定发表的古楼兰女尸照片，留下的这个印象很深。这次，亲手清理，不少时日，天天面对她们似处安睡中的尸体，又更深地感受到这一切。她们脸庞不大，尖圆的下颏、大大的双眼，似乎还可以看到明亮双眸中清澈喜人的目光。眼睫毛那么长，至今还历历可数。高高的鼻梁颇具特点，有力地增加了整个脸庞的造型美。浓密的、黄褐色的、微微卷起的长发，散披肩后，头部则卷压在尖尖的毡帽中。为增加这褐色的尖顶毡帽的美观，不仅在毡帽的边缘饰以耀眼的红色彩线，而且帽上左右分别有致地插上几支彩色斑斓的翎羽。颈部，或者还围拥着一条绒绒的皮裘，既保暖，又美观。真是不仅有着一副天然的、楚楚可人的美好形象，而且有着一个爱美、追求美好生活的善良心灵。这一切，真能唤起人们对她们已经逝去的生活的亲切怀念。

古楼兰人入葬时均裸体，通身包裹在一件毛线毯中。毛毯以精致的骨针或木针连缀。唯双脚外露，穿着皮鞋。皮鞋矮帮或为短腰靴，样式别致，个别的还在鞋帮上插几根禽类羽毛。在包覆尸体的毛毯上，相当人体颈下，往往都利用毯边束出一个小囊，内装细碎麻黄枝。据说，在一些地区的古代民族中，就有以这种麻黄枝随葬的习俗。

除随身衣物外，给死者陪葬的往往还有一件草编小篓，是利用芨芨草之类茎秆，编制成器，并借秆茎用料不同、色泽差异而显示"之"、

菱形等图案，工巧美观。草篓不大，内盛少量小麦粒。麦粒外形饱满完整，不变不朽。这有数的麦粒，当是死者在天国享用之粮食的象征。与之相对照的，还有在棺木上部覆盖的羊皮及多量的随葬羊角。确切说明了山羊、绵羊是墓葬主人当时饲养的主要牲畜，而狩猎库鲁克山内常见的大角羊，也是他们肉食的一个重要补充：它们的大角，也杂列在显示主人生前财富的大堆羊角之中。

这一批古楼兰人墓葬距今究竟有多少年？从考古文化分析，其时代是十分古老的。整个墓区的发掘，未见到一件陶器。在墓地内发现一具男尸，腹部遗留着一件修琢精细的三角形细石镞，镞尖直抵髋骨。看来，它是这位勇士最后告别这个世界的主要原因，也标志着他们生活年代十分原始、落后的生产水平。通观整个墓地，不见一件汉式文物，而自汉代开通丝路后，在罗布淖尔地区汉代遗址、墓葬中，黄河流域生产的丝绸、漆器、铜镜等，是随处可见的。因此，墓葬主人生活的年代，应远早于汉朝。我们曾取墓地内出土的木材、皮张，甚至人骨，分别进行碳十四测年，结论相当一致，大都在距今4000年至3800年前后，与出土文物所显示的原始风格可以统一。

在那十分古远的过去，古楼兰人的社会生产力水平是十分低下的，他们为求得自身的生存、发展，必须付出十分艰辛的劳动。从墓地出土人骨资料分析，他们死亡年龄一般都不大。

在罗布泊东北出土的又一具年轻的楼兰女尸，浑身包覆在褴褛的、十分粗疏的毛毯内，牛皮鞋底破了补、补了破，从生前穿到了死后。她们的形象是美的，但她们的生活充满了困难艰辛。这种艰辛的生活，使她们过早地耗尽了自身的精力，在生命的道路开始不久就走到了尽头。就在这具青年女尸的金色长发内，出土时还满藏着已经死去的虱子，身上还发现了干瘪的臭虫。它们可算是女主人生前艰苦生活的形象写照。

"数千年前的虱子、臭虫！"这对寄生虫学的研究者来说，当然又是十分难得的标本。从显微镜下观察，这些虱子、臭虫的形态完整，体内细小吸管都历历可见。奇怪的是这类趋温性寄生虫，本来应该在人死时就随即逸去的，怎么在人死后还寄生其上，而成了古楼兰人随葬物，这对国内外寄生虫学界公认的"趋温性"特点提出了挑战。

的确，在这处荒凉、寂寞得几乎没有生命的沙漠世界，谁也难说清楚究竟埋藏着多少值得人们探索、研究的问题！

关于楼兰，汉文史籍中留下过大量的记录，但最早不过汉代，主要都是公元以后的资料；而有关楼兰王国境内土著居民开拓、建设这片地区的历史，文献中是一片空白。古墓沟墓地最大的意义，在于通过这批实物资料，揭示了去今4000年前罗布淖尔地区土著居民及其社会物质生产、文化观念形态情况，填补了人们十分关注的楼兰历史上空白的一页。

对照《汉书》中关于古楼兰地区地理、资源、物产的概要介绍，证之以古墓沟所见、发掘所得，还大都相符。文献记述的是2000年前的大概情况，而与近4000年前的原始社会阶段的生产、生活面貌，并无大的差别，古代历史的脚步是迈得十分缓慢的。

就在古墓沟墓地发掘期间，我们派出了一支小分队，根据当年斯文·赫定、A.斯坦因报道的古楼兰城的地理位置，至孔雀河尾闾地段折向南，在盐碱荒漠上步行18公里，终于觅得了倾慕已久的古楼兰城，见到了城里的佛塔，作为古城标志物的三间房！它的经纬位置是东经80°55′22″、北纬40°29′55″。找到了楼兰，我们实现了预期的考察目标！

楼兰，曾有人评价，在公元初始的几个世纪中，它是一座"紧张的世界史的纪念碑"。涉及欧、亚旧大陆历史命运的许多重大事件，曾经在这里展开。匈奴、汉帝国的征骑，丝路上的客使、商旅不绝于途。五彩缤纷的丝绸与闪着寒光的刀剑，在楼兰古城的巷陌中随处可见。汉使王恢曾经在楼兰城下受辱，汉将赵破奴曾以七百名骑兵，孤军深入，勇虏楼兰王。傅介子刺杀"遮杀汉使"的楼兰王尝归，班超率三十六名勇士智取匈奴使臣的故事，同样都发生在楼兰城内的官邸、客舍之中。刀光血影，箭雨纷飞。两汉之世，曾有多少牵动全局的大事，展开在楼兰

城的历史舞台之上。而晋朝以后，楼兰却再不见于文献记录，似乎永远消失在了历史的太空之中。自1900年斯文·赫定在沙漠中发现了楼兰城，也已过去了近一个世纪，今天的楼兰，会是一个什么样的景象呢？

我们踯躅在古楼兰城沟壑纵横、疮痍满目的大地上，无情的大自然力量，一百年来的人为破坏，已经严重地改变了这里的一切，颓垣残壁，虽还可以追寻出土城的轮廓、倾斜的柱梁、破败的屋宇，也可多少指示当日建筑的风貌。但要在这遗址遗迹中看出2000年前"丝绸之路"南道之要冲——古楼兰城的风采来，已是十分困难了。

汉代楼兰，是一个人口才1.4万多人的小小城邦，自然环境相当恶劣。2000年前的汉文记录说它是"地沙卤，少田，寄田仰谷旁国。国出玉，多葭苇、怪柳、胡桐、白草。民随畜牧逐水草，有驴马，多橐它（骆驼）"，人民的经济生活是很困难的。但由于它重要的历史位置："最在东垂，近汉，当白龙堆，乏水草，常主发导负水担粮，迎送汉使。"而自汉代开始，"丝绸之路"又是古代中国和国外联系的主要通道，自楼兰折向西南，沿昆仑山北麓西去，经且末、民丰、和田、莎车、翻帕米尔，可达印度、巴基斯坦、阿富汗、伊朗等地；自楼兰沿孔雀河西北走，依天山南麓而西，经焉耆、轮台、库车、阿克苏、喀什、过帕米尔，进入中亚地区，与南道会合，最后也可通达地中海沿岸和欧洲地区。楼兰，是"丝绸之路"自长安出发，进入新疆后的第一站，是南北道路线的会合点、枢纽地。这一历史形势，自然把它推到了历史舞台的重要一角。使这个沙漠环绕、与外界联系至为不便的小小绿洲，成了使臣、商旅往来不绝的交通要冲，提供向导、给养，不仅"担粮"，还要"负水"，成了楼兰人民身上的沉重负担，也使楼兰成了汉代"丝绸之路"上不可替代的边塞咽喉。

楼兰，在"丝绸之路"上活跃过五六百年，4世纪中叶以后逐渐从历史舞台上消失。当玄奘于7世纪中叶路过鄯善国这片地区时，面对的已是一片死寂的世界。究竟是一些什么样的造物力量导致了这一严酷变化？绿洲成了沙漠，商旅往来不绝于途的通衢，成了今天考古学家们用心搜寻才能觅得踪迹的古址，历史上没有留下记录。

1980年，新疆考古所派出一支考古队，对古楼兰城进行了详细的测量、调查，并在古城郊外清理、发掘了两处汉代古墓。人们现在面对的所谓古楼兰城，已没有什么完整城墙。实测或断或续的堆土残墙，可以看出，土城当时基本为方形，每边约330米，城周约1公里，面积不过10万平方米，规模是很小的，城墙断断续续、并不加夯。墙外濠沟最宽2—3米，依稀可辨。南北城墙中段，各有一个相当大的缺口，可能与古代城门有关。环顾古城，可以说是城郭依然，但王宫、官邸已难觅见完整面目。建筑物残存无几。较突出的一处是土筑的三间房，居古城中部而稍偏南，这三间房，算得古城内最引人注目的一处遗迹，然而除孑然兀立的几堵土墙外，也是房顶无存、门窗已失。断梁残柱，狼藉于旁近地面。仔细观察，在这三间土垣稍东、西南，可见出大片建筑遗迹，屋、室宽敞，粗大的方形木枋，平铺于地面，构成房基，其上榫立木柱。直径近50厘米的圆柱，倾侧一旁。它的宏大规模，只能与汉一晋时期楼兰城内最高贵的建筑相联系，汉代的楼兰王宫，魏晋时期的西域长史府，大概就在于此了。斯文·赫定、斯坦因，当年主要在这片地区取得汉文文书、简牍数百件，我们在清理工作中，又发现汉晋时期断简60多片。城内西南部，残存的又一片建筑，和南疆广大农村土房构筑方法近同，它们以红柳为墙，外部敷泥，可避风沙。部分屋宇门窗可见，聚落内巷道分明。这类建筑在无雨、干燥的塔里木盆地，也不失为因地制宜的形式之一。这些建筑，大概是城内一般居民的住所。古城东部，残存一座高大的佛塔，现存高度仍在10米左右，荒漠中远远可见，是楼兰古城一个显著的标志。斯文·赫定初至楼兰时，对佛塔进行过发掘，发掘时尘土飞扬的照片，曾广为刊布，给人留下深刻印象。经过这番破坏，佛塔虽仍高耸于古城之中，但表面已绝对看不出当年佛教的痕迹了。古代楼兰地区，佛教势力颇盛，区区有数的人口中，据法显行经当地时的统计，"可有四千余僧"，"国王奉法"，势力不同一般。我们在城内漫步，遍地破陶，汉五铢钱也随处可觅。强烈的风蚀作用使古

城地面坑洼不平，斯文·赫定、斯坦因、桔瑞超等当年破坏性的挖掘现场，也都在大自然的修复下消失了痕迹。

在楼兰古城的调查中，除采集到大量陶器、箭镞、丝、毛织物及两汉时期的五铢钱外，还见到了一枚贵霜王朝时期的钱币。钱币一面为骑驼人像，一面有佉卢文。它们，是当日"丝绸之路"上贸易往来的形象写照。尤为珍贵的是调查中新获得60多枚汉文木简及一枚佉卢文简。汉文简牍的时代相当于晋。木简虽残损严重，但还是透露了不少重要的历史信息，反映了当时楼兰地区实行屯田的情况。斯文·赫定、斯坦因等在楼兰取走的数百件汉、晋时期的汉文简牍、文书，内容丰富。当年西域长史府的组织建制、邮传，戍边吏士们对家乡、亲人寄托怀念之情的书函，古代汉文典籍如《战国策》残篇及反映屯田生产的资料均有所见。自西汉进一步开拓"丝绸之路"以来，为保证沿途给养、维护交通安全，在新疆地区大规模开展过屯田。自此，屯垦戍边，成了我国历代中央政权推进、发展西北边疆地区建设事业的一项重要政策。楼兰，两汉时期就是"丝绸之路"上的一处重要屯田基地，随之，在这里开发水利，推广牛耕，使用新的农业生产技术。出土简牍及文献，曾提供过不少生动有趣的史话。它对新疆地区古代经济事业的发展，功不可没。我们在古城周围，曾着意寻找这些在历史上有过大贡献的屯田遗迹，却未能觅得踪影。只是在古城内，见到一条在厉风吹蚀下已严重变形了的古代河道，自西北向东南，贯穿古城。顺着这条古代河道，上下走一走，当会得到一些新的历史信息，但这次因种种局限，未能深入踏查。谈到楼兰出土文物，不能不想起前几年日本、中国史学界又一次讨论得很是热闹的"李柏文书"。李柏是晋朝前凉属下的西域长史，当年驻节楼兰。他上呈张骏的表文及三件书稿，为继斯坦因之后进入楼兰的桔瑞超所获。这几件文书，与西域、楼兰历史研究关系重大。文书中李柏说明当时他身在"海头"。海头是今天的什么地方，成了一件公案。而桔瑞超对他所获这件文书，竟没有留下一个出土地点的具体说明。争论多年，莫衷一是。最后从所留出土遗址照片上，看到了有显著特征的楼兰佛塔，晋"海头"就是汉楼兰，这才算有了一个可以让人信服的结论。

在1980年对楼兰古城调查的过程中，还有一个重要的收获是发掘了古城东北两区汉代墓地，清理了九座汉代墓葬。出土人骨经过体质人类学分析，既见白种人种型，又见黄种人种型。种族不同、民族各异的居民在这里共生共长。而为死者送殉的文物，除地方风格的陶罐、木盆、毛布外，多见汉代锦、绢、绮、刺绣、汉式铜镜、漆器、汉五铢钱，十分强烈地显示了汉王朝与楼兰王国紧密的政治、经济联系。更有意思的是，在一座于20世纪初曾被斯坦因发掘过的汉墓内，竟清理出土了50多件汉代锦、绮、绢、毛织物、地毯、棉织品等，彩色仍然鲜艳的"延年益寿"锦、"延年益寿大宜子孙"锦、"延年益寿长葆子孙"锦、"长乐明光"锦、"长寿明光"锦、"望四海贵富寿为国庆"锦、"永昌"锦、"登高富贵"锦、"续世"锦、"广山"锦等。锦纹图案风格鲜明：各种瑞兽奔走、穿行在云气与蔓草之中，汉文隶书的吉祥词语穿插花草、走兽之间，气氛祥和而信心十足。使人吃惊的不仅是它们彩色仍然鲜丽，国内少见，文物价值不能轻估；更在于这座墓葬，确就是1914年斯坦因在这里发掘过的标号为LC的墓地，我们清理所得的劫余，不少可以与斯坦因刊布的资料互相并合！原来，斯坦因当年只是在墓穴中部掏洞，取得文物，人为扰乱了人骨架与随葬情况，刊布的资料也只能是一座墓葬中的局部。过去，我们不知究竟，真为他在《亚洲腹地》（*Inner most Asia*，牛津，1928）中所刊布的资料所倾倒。经过这番清理，对于应该如何读他们那些大部头报告，又多少增加了一点题外的知识。

1979年，中国考古学者首次进入楼兰，不仅揭开了楼兰考古的新页，也为静寂的楼兰大地带来了新的生命活力。1980年，新疆考古所在楼兰的考古工作，通过中央电视台摄制组的电波，被形象地介绍给了全世界，一股新的楼兰及丝绸之路研究热潮，随即在荒凉的罗布淖尔大地上涌动，不同学科的研究者、探险者，对楼兰、对西域、对古代中亚、对独具特色的丝绸之路文明怀有诚挚感情的人们，一批又一批来到这块

61

充满神秘的土地。今天，进入楼兰，再也不是什么困难的事情，普通旅游都可以实现。步入这座古城，既可以从敦煌西走，也可以由米兰北行，还可以从托克逊穿过库鲁克塔格山南进；可以通过越野车、沙漠车地面走，也可以用直升机自库尔勒空中直飞古城，一小时即可实现进入楼兰的梦想。

1989年11月底，也就是在我第一次进入罗布淖尔10年以后，我再一次徜徉在了楼兰古城的黄土地上。这次，是应邀陪同日本知名画家、中日友好协会现任会长平山郁夫先生夫妇访问楼兰。平山先生自进入楼兰古城那一刻起，几乎立刻就沉入了描绘楼兰的激情之中。他静静地坐在一个小马扎上，凝神不语，随后，在画夹上奋笔素描，从晨曦欲露到冷月西悬，那种对楼兰无限虔诚、纯净的感情，至今还深深印在我心中。后来，看到了平山先生发表的"楼兰三题"。三幅画，是同样的一队队满载的骆驼，伴着晨曦、晚霞、月夜，缓缓地从兀立着的楼兰佛塔、民居前走过，有西去，有东来；经过长途跋涉的旅人，沉沉地骑坐在驼背上。平山先生命名他这三幅画为楼兰之晨、楼兰之夕、楼兰之月。看着这些画，脑海里猛然浮现当年艾青先生在新疆时曾有的低低的吟唱：

> 虽然仅仅是
> 驼马的往来啊，
> 却也驮送过古老的文明
> 一代强盛

至此，我多少领悟了一点楼兰古城在平山先生心中激起的波澜：他是把楼兰与人类曾经有过的崇高的文化交流联系在一起了。

这一点，大概正代表着不少寻找楼兰、朝拜楼兰，认真研究、探索楼兰的人的心。

楼兰，已不再神秘，它距离我们，也并不遥远。但是，保护好现存的楼兰遗迹，透彻而充分地揭示凝聚在楼兰故址上的无比丰富的历史文化信息，还有大量紧迫的工作要做，全世界关注、热爱楼兰的人，还要认真努力。

二、剖析精绝

与斯文·赫定初访楼兰古城差不多同时，1901年1月29日，英国学者A.斯坦因进入了塔克拉玛干沙漠深处的精绝故址——尼雅。

远离现代绿洲120公里、深处沙漠之中、隐没在丛丛沙丘后面的尼雅废墟，怎么突然引起了斯坦因的注意？19世纪后期，英、俄驻喀什、和田的领事馆官员，除政治、经济任务外，重要活动之一就是搜罗文物。深处沙漠边缘的荒僻农村，慢慢也有了风闻：采自沙漠中的古物，可以在洋人处卖到钱。这刺激了一个名叫伊不拉辛的维吾尔族磨坊主，只身闯入了尼雅废墟之中。翻过一些宅院内的积沙，根本不见什么金银财宝。唯一有点奇怪的东西，是一些写字的小木板。他随手拿了6块，返回途中，丢了两块在大玛扎附近的小路上。其他4块带回家中做了小孩的玩具。丢掉的两块小木板，鬼使神差，竟被又一人捡拾卖给了斯坦因。斯坦因早年曾经攻读过古代印度文字，小木板上书写的佉卢文，他当时虽不能立即识读，但曲折的字体，淡淡的墨迹，使用着一种古老的印度文字体，还是很清楚的。他意识到这看似平常的木牍，凝聚着还不为人所知的古代西域文明的消息。当即下定决心，奔向木牍出土的所在地——沙漠深处的尼雅。

1901年的尼雅废墟，大概还基本保持着1600年前精绝王国废弃时的面貌，大大小小的民居、规模宏大的官署、冶炼作坊、储水涝坝及佛寺、果园、林带、篱墙拱围之中的小路，都还可以清楚辨析。这该是多好的考古、历史研究的宝地！

斯坦因这次在尼雅工作了两周，雇用民工50人，放手在遗址中挖掘。只要能挖到文字资料或斯坦因认为珍贵的文物，工资外另有赏金。在金钱刺激之下，群情踊跃。两个星期后，斯坦因带着掘获的佉卢文书

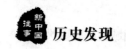

764件、汉—晋时期汉文木简58件，其他如汉式铜镜、金耳饰、戒指、钢印章、丝毛织物及玻璃器、木器、古钱币、漆器等，装了12大箱，运回了伦敦。斯坦因的发掘，使西方学术界为之震惊，过去人们从未想到在塔克拉玛干沙漠中，还有着保存如此完好的古代文明遗珍。

1901年成功以后，1906年和1913年，斯坦因又两次进入尼雅，同样满载而归。1931年，美国哈佛大学福格艺术博物馆负责提供经费，委托他到新疆挖掘搜求文物。但时代终是有了一点变化，中国学术界的揭露、抗议，国民党政府严令金树仁将已经在新疆野外工作了半年的斯坦因撵出境外，所获文物予以扣留，为斯坦因在新疆延续30年的工作，画了一个句号。

自1901年斯坦因第一次进尼雅，尼雅遗址即为国际学术界所关注。

1905年，美国学者亨廷顿在美国地理学会的资助下进入新疆，他从印度越喀拉昆仑山口到和田，沿昆仑山北麓东行，其间进入尼雅，报道了这里出土的佉卢文。

1911年12月上旬，日本僧人桔瑞超到了尼雅。

尼雅遗址工作的第一页，就是这样在西方学者的手中翻开的。

中华人民共和国成立后，中国学术界没有忘记尼雅遗址在20世纪30年代前曾有的种种劫难。在百废待兴、物质条件相当困难的情况下，逐步开展了对尼雅的调查、发掘工作。

1959年2月，中国历史博物馆学者史树青一行，深入尼雅，对遗址进行了考察。调查了佛塔遗存，并对部分遗存进行了简单清理，发现了一处冶炼遗址，采集了相当数量的文物，还收集到一枚"司禾府印"，再次引发了对尼雅遗存工作的关注。

同年10月，新疆博物馆学者李遇春率考古队员10人，在遗址地区工作了9天，共清理了十区房址，一座墓葬。获陶器、纺轮、毛棉丝织物、竹木器、五铢钱、铜铁器物、海贝、角杯、磨石等及象牙、玛瑙、珊瑚、玉石、玻璃等质料的珠饰。在出土的东汉夫妇合葬墓中，男女主人尸体保存完好，穿着丝绢锦绣，棺上覆印花棉布，随葬藤奁、木栉、木筒、碗、盘、杯及弓箭、铜镞、钢镜、铜戒指、铁刀、金饰、纸片等。为深入分析、认识精绝王国社会上层人物的物质文化生活、人种特征、精绝在"丝绸之路"南道上的地位等，提供了第一批相对完整的发掘资料。

我在20世纪90年代深入进行尼雅工作，并以断续6年之时间组织对尼雅遗址进行全面调查、择点发掘，有两个方面的原因。

其一，1983年中国石油勘探队伍在塔克拉玛干沙漠中进行油气勘探，初战告捷：沙漠深处蕴藏有丰富的油气资源。1987年6月，有关中央领导提出利用油气勘探有利条件，组织对塔克拉玛干沙漠进行多学科综合考察。第一年，这一综合考察项目中，没有考古。当时任国家科委主任的宋健同志听取工作汇报，指出：研究塔克拉玛干南缘历史时期环境变化不能没有考古。实在是受惠于宋健同志的关心，使塔克拉玛干沙漠考古迈上了一个新台阶。年底，应综考队之邀，由我负责，组织考古课题组，对塔克拉玛干沙漠南缘进行考古调查、研究。时间为三年。为完成这一课题，我又从考古所约请了刘文锁、肖小勇、张铁男等同志一道进行工作。三年努力，课题组虽交出了一个考察报告，但距比较深入的研究，还差得甚远。稍后我陷身其中的克里雅河考古、尼雅考古，实际与我承担的这一研究课题密切相关，我希望通过一些典型遗址的剖析，能使相关课题研究深入一步。

其二，在这期间，出现了新疆文化厅与日本净土宗僧侣小岛康誉合作进行尼雅考察的事。1988年、1990年，小岛先生在文化厅文物处、外事处官员的陪同下，两次进入尼雅参观。两年中，在遗址内考察虽不到一个星期，但有了双方合作进一步进行尼雅调查的计划。小岛出资，共同调查。我时任新疆文物考古研究所所长，受命为中日尼雅调查队中方学术队长，承担学术调查任务。这对我进一步研究尼雅，自然是一个更好的机会。

自1991年参与尼雅工作，至1996年，先后持续6年。作为尼雅学术队长，做的第一件事，是推动、决定每年在遗址工作的时间不得少于三

个星期。不能兴师动众、浩浩荡荡，进入遗址后，停2—3天即行外撤。更重要的事是，决定把尼雅河流域，作为一个相对独立的地理单元，对这一地理单元内古代人类遗迹进行全面调查，深入剖析，希望能对其递变轨迹有一个轮廓的认识。解剖一只小麻雀，以助分析塔克拉玛干沙漠南缘历史时期人类活动环境的变化，并探求其内在制因。为此，对尼雅河全流域进行了比较详细的调查，但主要力量还是放在踏查精绝，测量、绘图，并选择一些典型遗址、墓地进行发掘。

这些年的尼雅工作，重要的一个收获是脱离了只以觅求文物为目的的狭隘思路。进遗址，求文物，不仅是为了分析一个时段的历史，而且还关注一个时段内人类活动与地理环境的关系。

为了更好地认识尼雅，我们首先关注的是它的生命之源——尼雅河。

1600年前的精绝废墟——尼雅，与今天的民丰绿洲，自然地理环境大略相类，它们都处于源自昆仑山的尼雅河上，享受尼雅河的恩泽。

民丰县，背依莽莽昆仑，面向无垠沙漠，是塔里木盆地南缘的一个小小绿洲。全境沙丘连绵，地势南高北低，自西向东倾斜。尼雅河，是县境最大的一条季节性内陆河，河床平均宽达1公里。源自吕什塔格冰川，出昆仑山口后，奔涌流泻200多公里，年平均流量达1.8亿立方米，溢出泉水达0.36亿立方米，最后没入于塔克拉玛干沙漠之中。由于水源主要是冰川融水及地下泉水，降雨不多，所以河水流量比较均衡。每年5—9月，洪水流量占全年总流量的79%。其他时间，中游以下基本断流，主要靠泉水补给。民丰全县近3万人口，绝大部分居民均生活、居住在尼雅河水系之中，接受着尼雅河的赐予。

在民丰县县城稍北及大麻扎附近，人们可以看到两处大的沙梁。表面看，这是两座因沙漠南侵而留下的沙山，其实，它们是两道地质隆起的岗梁，地质学家们称之为"民丰北隆起"。它们记录着地壳变动中的沧桑，也对尼雅河的流向、人文地理景观产生了重大影响。尼雅河出昆仑山口北流至坎色日克后，为民丰县城北的山梁阻断，迫使河道成90°角折向东流。过民丰县城后，复循自然地势折转向北。河流这一回曲，使民丰县城附近深得灌溉之便，田连阡陌，造就了民丰县城这片绿洲沃土。我们这些年进入尼雅遗址工作，都是以民丰县为后勤依托，在民丰准备好充足的水、粮、肉、菜后，即以沙漠车为代步工具，循尼雅河谷北行。直到卡巴克·阿斯卡尔村，虽河水时断时续，但大部分地段往往都还可以觅见缓缓流动的水流，河谷芦苇漫布，茂密的天然胡杨林丛生，沙生植物遍野。树丛深处，偶见民居二三，羊群出没，时而惊起一只灰兔，箭一般蹿向远方，展示了草木旺盛的平原草场景观，散发安适、平静的农家生活乐趣。与玄奘在《大唐西域记》中的记述"泽地湿热，难以履涉。芦苇茂密，无复途径"景象，可以说是了无变化。

卡巴克·阿斯卡尔是沙漠边缘最后的一个小村，帮助我们工作的维吾尔农民，基本来自这里。所谓"卡巴克·阿斯卡尔"，维吾尔语意为"吊葫芦"。葫芦，是沙漠行人储水、饮水的用具，村子以"吊葫芦"为名，显示了沙漠绿洲小村人们视水的珍贵。

过卡巴克·阿斯卡尔村，北行5公里，为伊玛目·迦法尔·萨迪克麻扎（圣墓），这是一处远近闻名的宗教圣地。每年至此朝圣者总有万人以上。我们每年深秋至此，胡杨一片金黄，丛林中有老人在默默祭祷，大小树枝上，满挂各色布条、羊皮，宗教气氛浓重而强烈。

伊玛目·迦法尔·萨迪克陵墓坐落在清真寺西缘的沙冈上，由此俯视山下，绿色一片。1911年，日本人桔瑞超过此，记述"以麻扎为中心，附近数英里范围内是树木苍翠的深林带……沿着尼雅河下游芦苇茂密的地方，涌出许多滚滚清泉，麻扎山脚下有一个水平如镜的圣池，清澈碧透，架放一桥，涟漪动处漂浮着水禽，透过树间空隙，可见远处的流沙"。今天的大麻扎，尼雅河地表水已经断流，圣池已干，水禽难觅。但因着地下泉水的补给，林木葱郁的景观，并无太大的变化。这自然也是受惠于麻扎山的地质隆起，使地下水位抬升、泉水丰沛而提供的便利。

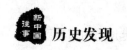

　　而过大麻扎，尼雅河即彻底消失，直至尼雅废墟，景观十分荒凉，途中有一片枯死胡杨林，干径大者一人不能合抱，枝杈扎手。胡杨林中，红柳、沙丘丛丛，大部分红柳在与沙丘的抗争中还有着生命的活力。过枯死胡杨林带后，基本只见漫漫沙丘。沙丘之间，偶尔可见白色淤泥，是过去积水、流水的痕迹。进入尼雅，这种淤泥景象出现得更为经常。一些农田、墓葬，也压在了淤土之下。尼雅在精绝人生活期间，河水可以直接流泻到此，而且水量颇丰，沼泽、水泊连续不断，而在精绝废弃，人民他走以后，河水一度也还可以继续流泻到此，淤覆复盖农田、墓葬的现象是直接的证明。

　　尼雅河流域最早的人类活动遗迹，发现在昆仑山的前山地带。在尼雅河上游乌鲁克萨依河谷，海拔达2000米的一片洪积扇上，我们发现了古人打制的石器，如细石核、细石叶、小石片等共140多件。一般规律，它们大概是去今1万年前古代狩猎人留下的遗物，透露了早期尼雅河流域居民的消息。

　　自精绝废墟向北，我们也利用骆驼调查过4天。进一步深入沙漠腹地达43公里。随身的卫星定位仪显示，已达北纬38° 22′ 10″、东经82° 47′ 58.3″处。从现有记录看，这是考古学者在尼雅河流域深入调查的最北地点了。大家昼行夜宿，骑在骆驼上，警醒地搜索着地表的些微变化：一棵胡杨，几丛红柳沙包，显示痕迹的白色淤泥，均记录在了考察笔记之中。功夫不负有心人，终于还是在一些沙丘底部发现了烧火的痕迹、破碎的陶片、羊粪、马鞍形磨谷器、石镰及一把绿锈斑斑的青铜小刀，甚至还有一件基本完好的筒形几何纹红陶杯！这些文物，显示着青铜器时代考古文化的信息，比较现在学术界关注的尼雅遗址，绝对年代会早出2000年以上。这种脱离营地供应的深入调查，在沙漠工作中是充满危险的。但在尼雅河古道的尾间地带，终是找到了青铜器时代尼雅人的消息。

　　上至昆仑山，下及沙海深处，经过这番调查后，我们可以从比较宏观的角度分析尼雅河流域历史时期人类活动的轨迹，得到的初步概念是：1万年前的尼雅河居民，生活在昆仑山前山或山前地带，采集、狩猎、游牧；到去今4000年前后，他们已经沿尼雅河进入塔克拉玛干沙漠腹地，在尼雅河尾闾地段活动。这里地势平缓，引水方便，因地制宜，可以进行早期原始农业与畜牧。用石镰收割穗实，石磨研碎籽粒。饲养的羊群，可提供肉食与皮裘。

历史发展，人口繁衍，河水量不足，早期农民们不断循尼雅河谷向河流中、上游逆行。到距今2000年前后，在今天的尼雅故址所在，他们建立起了一个小小的绿洲城邦，而且，因应着丝绸之路南道的发展，成了丝绸之路南道舞台上一个占相当重要地位的角色。

这看似简单的认识，凝聚了我们多年的心血，而将这一初步概念验之于相类的克里雅河、安逸尔河绿洲，可以得到同样的结论。

国内外学术界，集中关注的是传统概念上的尼雅——精绝故址。精绝故址，自然是我们这些年尼雅考古工作中的重点。斯坦因进入尼雅四次，自由地发掘过三次，给国际学术界提供的资料除大量文物外，还介绍了他测量过的40多处居址、墓地，提供了一批遗址测量图。进入尼雅工作，他的成果是我们不能不极其认真关注的、居首位的基础资料。在这些资料中，我们有过收获，得到过启示，但也留下了遗憾。他刊布的地图，完成在100年前，基本是准确的，尤其是遗址经度，与我们今天使用卫星定位仪测定的结论可以说完全一致，但纬度，往往有2′左右的误差。斯坦因对不少遗址进行过发掘，取得了重要文物。但每一次发掘的基本特点是只取局部，无视总体。N5，有佛寺、有遗址。他的民工在小佛寺的佛坛中部挖了一个洞，佛寺的布局却全然不管；N37，是四居室的一组建筑，斯坦因当年在这里发掘到了"鄯善郡尉"封泥，我们仔细清理，发现当年的发掘把室内土炕挖掉了一半，而另一半居室则弃之不问。而就是在他发掘过的N37居址内，我们新发现了10多件佉卢文木牍，其中一件木牍上有鄯善王童格罗伽的纪年，这于鄯善、精绝历史研究，自然具有不寻常的意义。

经过多年持续努力，我们对尼雅精绝废墟得到了比较具体、比较清

晰的概念：当年的精绝王国，主要坐落在尼雅河下游两道巨大的南北向沙梁之间。从丛建筑，沿尼雅河主干、支流呈南北方向展布。地域范围在北纬37°50′30″至38°02′10″、东经82°41′30″至82°44′00″之间，南北长约22公里，东西宽狭不一，最宽处可有4公里，整个面积约100平方公里，放在辽阔的新疆地区，差不多相当于一个自然村或较小的乡。

在这么一处范围，迄至目前发现的遗迹，已达100多处，远远过于当年斯坦因报道的41处。这些遗存，性质殊异，大小有别。它们以小集中的形态，四散分布在河谷台地之上。大型建筑遗址，梁柱巨大，规模宏伟，多间住室，大客厅、伙房、储藏间、过道、畜厩等，清楚可辨，少量门、窗犹存。而居址周围，林带环绕，宅邸后面有果园。成行成列的梨树、苹果树排列整齐，林带内一人不能合抱的杨树，高达一二十米，虽已倾倒在地，但规模、气势不减当年。引水渠、储水涝坝也都形态完好。储水涝坝四周环列的桑树，仍然挺立不倒，恪守着防沙净水的责任。佛教寺院之建筑、环境，并不稍弱于这类规模宏大、身份较高的大型宅邸，同样有多间房舍，四围林带，傍近溪流，绝不必虑及河水之匮乏。而贫寒之家，或只有住宅一间，与畜厩为邻。主人社会身份不同，经济状况悬殊的景象，毕现今人的面前。当年的精绝，沙漠紧迫身边，防沙是人们生活中的要务。不少居住遗址周围，除林带外，还有防沙苇篱环绕。为缓解夏日沙漠中的酷热，在一些大型宅院内，还发掘出了深入地下的储冰地窖，在深七八米的窖穴内，存入冬日的冰块，其上覆树叶、枯草，窖穴口部盖蓬木板，冰块可以不化。干热的沙漠生活中，这股冬日的冰凉，真可算是神仙难寻的享受。这种土法存冰工艺，源远流长，直至今天，在塔克拉玛干沙漠南缘的农村中，还不难见到其踪迹。农村小集上土造的冰淇淋，所用的满身披挂树叶的冰块，就来自这种冰窖之中。

精绝王国，在《汉书·西域传》中，有着不足一百字的记录，说是："王治精绝城。去长安八千八百二十里，户四百八十，口三千三百六十，胜兵五百人。精绝都尉，左右将、译长各一人。北至都护治所二千七百二十三里，南至戎卢国四日，行地阸陜，西通扜弥四百六十里。"通过这些文字，自然难以把握精绝绿洲社会生活的具体面貌。这些年的考古工作，大量的实物资料，不仅为我们具体认识精绝人当年的生产、生活、思想观念、宗教形态提供了丰富的资料，而且，汉代丝绸之路兴盛的景况，在汉王朝统治下的精绝社会曾有的繁荣面貌，也都展示在今人的面前。

作为一个实例，我们先看1995年发掘的尼雅一号墓地。这一发现，被评为当年的全国十大考古发现之一。大量、精美的出土文物，曾为当时国内外学术界强烈关注。日本前首相海部俊树在紧张的政治活动中，用半天时间专程来到考古所，目的就在一睹这批文物的丰采。

10月的塔克拉玛干是一年中最好的季节，不冷、不热，无风、无沙，天清气朗，野外工作十分适宜。经过持续5年的沙漠工作，这时我们进入尼雅，可以说已经是轻车熟路。茫茫荒漠、枯死胡杨林、连绵起伏的沙丘，大都似曾相识，再无陌生之感。车应在什么地方拐弯；哪一段沙坡特别松软，需要小心；经过一年的季风吹蚀，沙丘有点什么小的变化，都可以大概感觉、把握得了。记得1991年到尼雅，用沙漠车走了3天，最终还是没有能到达遗址区内，而被迫扎营在了西缘大沙梁下，再徒步翻沙梁入遗址。水，在沙漠车上，深入遗址的考察队员每人每天定量一瓷缸，没有人能洗脸、刷牙，用沙子洗碗，是我们的一大"发明"。5年后，我们已经可以早发民丰，晚到尼雅营地。尼雅，与我们已经结下了深厚的感情，每年一次的进入都感到非常亲切。

进入营地的第二天，中日双方队员的野外工作，有序展开。小岛先生在碰头会上，以很平常、随便的口气，说着他思虑很久、深埋心底的愿望，大意是说，尼雅工作已持续5年，他尽了心力、财力。1996年，是这次工作协议的结束时间，他有一个"战略性"的意见，这两年内，如果能有一个大的、不寻常的成果，对尼雅工作的进一步发展，会有重要意义，云云。我们当然更希望精绝考古中，会有超越既往的发现。

第三天，10月11日晨，像每日一样，怀着新的希望，我和几位中方队员，乘上德产尤尼莫克沙漠车，沿尼雅河谷向西北方向前进，准备再详细观察、分析一下尼雅遗址中具有特殊地位的第14号遗址。斯坦因在这里发现过精绝王室成员互相赠礼的八枚汉文木札；1993年，石油系统的工作人员，在这里找到过"仓颉篇"汉文木简；我们的调查中，见到过小钢印；遗址东侧河滩上，我曾经在两平方米的范围，发现暴露地表的汉式青铜镞十多件；加上居址宏伟，气宇轩昂，总给人"这里的主人不同寻常"的感觉。但要对这处遗址进行全面发掘，时间、人力都需要作出一个比较清醒、接近实际的估计，下决心前，还得再仔细看看究竟。想着、走着，正当沙漠车又趁势冲上了一个大沙包时，突然在左侧车窗外，一处低凹处，发现了一段形如船棺的胡杨树干！停车！观察！果不其然，真是一具已在沙漠烈日下暴露了相当时日的汉代木棺。这一偶然的发现，不仅改变了当时思想深处调查、测量、发掘N14的考虑，而且也改变了1995年尼雅工地的重点安排。

1995年全国十大考古新发现之一的尼雅一号墓地，就这样揭开了帷幕。

这是东汉后期，精绝王国上层统治集团的葬身之所。清除去10米×10米探方内深1米多的浮沙后，八座墓葬井然有序。三座南北向的箱式木棺为五座船形胡杨木棺所围伺。极度干燥的环境，使深埋沙穴中的木棺保存相当完好。棺上覆盖的栽绒地毯，棺内如处睡梦之中的男女主人，他们身上色彩斑斓的锦被，穿着的衣、袍、裙、裤，随葬的弓箭、食品、水果、羊肉都保存良好。近2000年的岁月，只是抽干了这些物品中的水分，使晶莹的葡萄、红艳的苹果、水灵灵的鲜梨和诱人的小羊腿变得干瘪，但它们入土时的位置及曾经寄托的思想、感情，仍然一如当年，可以清楚地感觉到。

精绝子民们发送先人的方式、方法，观察木棺内的细枝末节，使我们感到强烈的印象是，儒家观念竟然也在他们的生活中留着烙印。汉代西域大地，在中原王朝统治者的心目中，是"遐矣西胡，天之外区；土物琛丽，人性淫虚；不率华礼，莫有典书"（《后汉书·西域传·赞》）。是一片既不奉行华夏之礼，又不读儒家典籍、圣人之书的蛮荒地带，民族不同，语言殊异，文化心态有别。而墓中死者覆面衣，男女衣物分别置于各自的椸枷之上，绝不彼此混用，与《礼记》规定完全一致。《礼记·内则》称"男女不同椸枷，不敢悬于夫之椸，不敢藏于夫之箧笥"，《礼记·曲礼》要求"男女不杂坐，不同椸枷"。男女、夫妇有别，衣架不能通用，妻子的衣服，不能悬挂在丈夫的衣物架上，不能收藏在丈夫的箱笥之中。这正是墓内椸枷情况的说明。而且，这类墓葬发现已不止一处。

出土文物中，十分引人注目的一批文物，是主人穿着在身的以各类丝绸为主体的衣物。丝织物主要包括锦、绢、绮，少量绣。锦在丝织物中居十分重要的地位。不仅数量多，而且幅边完整，图案新颖，为过去少见或不见。以M3为例，共出丝织衣物26件，其中以锦为主或只用锦料的衣物为17件，占65%强。居主要地位的17件锦质衣物中，共使用了11种不同花色、风格的锦料。26件衣物中，有14件衣物使用绢。包括了不同密度、不同色泽的绢计23种，另外还有一件绮衣。甚至用作装饰的项链，也是用彩绢缝制，确实算得上穿绸着锦。这些锦、绢大都彩色艳丽，牢度、韧性还相当好。一些锦料，如"王侯合昏千秋万岁宜子孙"锦，"五星出东方利中国"锦，织有老虎、骆驼、龙、狮、孔雀、鹿、豹、马、狗、鸟及单、双舞人形象的"人物禽兽纹"锦等，都是从未发现过的。它们开阔了人们的眼界、思路，对汉王朝曾经达到的物质文明水平，深化了认识。尤其是对中国纺织科学技术史的研究，其价值不可轻估。

大量的、高质量的锦、绢、绮、绣，出现在精绝贵族社会的日常生活之中，人们一般都从"丝绸之路"商品交流这一角度去体会。实际上，这只是一个浅层的、比较表象的了解。丝绸之路通畅，沿途物资交流方便，中原大地的丝织物可以很容易到达西域各绿洲城邦，这是一条途径。但更深层分析，在两汉王朝统属西域的过程中，对西域大地林立

的小城邦，总是审时度势，区别对待，实施不同的政策，既有"兵威肃服"，也有"财赂怀诱"，只要对汉王朝政权臣服，汉王朝中央即赐"印绶、车骑、黄金、锦绣"，"赂遗赠送，万里相奉"。在赂遗相奉的物品中，可与黄金等价的锦绣，是主要的一种。当时，只有中原大地能生产这类光彩夺目的丝织品。拥有这类丝织物是当年人们社会身份、权势地位的象征。也是西域大地大小统治者们追逐、寻求的目标。那"王侯合昏千秋万岁宜子孙"锦被、"五星出东方利中国"锦缎，更不可能是一般商品，而只能是为汉王朝中央政权服务的专用品，它们特殊的吉祥用语，已把一般社会成员排除在享用者之外。墓主人得自汉王朝的特殊赐赠，显示着一种寻常百姓难以享受的殊荣。

精绝，这类沙漠绿洲，从随葬物看，人们主要的食品只是糜谷、小麦、羊肉，葡萄、梨、苹果、沙枣，即使尊为地方贵族，也不过是这一程式。至于盛储食品的装具如手制木盆、木罐、碗、杯、陶罐等，更是十分简单而拙朴，与同墓中显然是来自黄河流域的银光闪烁的龙纹铜镜和油黑晶亮的漆盒，工艺水平之高低，形成鲜明对照。只是毛织物，虽数量不算多，但文物之精、保存之好、织造水平之高，也引人注目。M3女主人之晕纹毛织靴、盖覆木棺之毛毯，均过去所未见。一毛毯显人形图像：戴三角形尖帽、束腰、敞裙，为图案化舞人；又一为菱格十字形几何纹，均是初见之毛编织精品。

墓地所见精绝男子，死后身边都有弓、箭、佩刀。他们生前都是骠悍的骑士，这应该与其国内全民皆武士的组织有关。人口才仅3000的小小绿洲，却有"胜兵"500人。也是凭借这种有组织的力量，才使精绝在公元前后纷乱的西域舞台上，维持着自己的存在。

在精绝遗址内采获的种种文物中，不止一件的还有木制锁钥。生产发展、社会分化、财富不均，自然产生不平与矛盾。木锁做得不是十分精巧，但构思也算不凡，它是人们在私有财产受到威胁情况下的发明，它的普遍使用也透示着社会的危机与苦难。

精绝王国的建筑具有地区特色。他们选择地势稍高的台地，在相对平整的地表放置地梁，根据建筑要求在地梁上凿孔立柱。立柱之间，编苇或红柳作墙。较大型建筑，在室宇的中部，还要另立支柱，柱头架托梁，室顶见藻井。他们睡土炕，用小柜。灶膛置于厨房一侧土壁之内，造型有如今日民丰绿洲农村民居中的灶膛。

巡行尼雅废墟之中，可见大片的葡萄园、小块的田畦、高悬在沙丘上的渠堤。当年来去尼雅河东西的古桥，桥板仍半躺在河岸之上，只是河谷已滴水全无。白森森的骆驼骸骨，倒在黄沉沉的沙地上，使人真切感受着环境的严酷。挺立的桑树，虽无枝叶，枯干仅存，但总还给人一点点细微的温馨，也不时闯入我们的眼帘。在一些民居中，还可见到蔓菁、雁爪、羊肉干、糜谷、小麦，甚至还有一只陶蚕，生活的气息依然浓烈，只是屋主人已在1600年前悄然远去，空留下无限迷茫。

为了寻找《汉书》中明确记录的国王治所"精绝城"，持续多年，中、日双方队员付出了大量精力，在差不多100平方公里的范围，分片走，到处搜求，但直到今天，还没有得到一个满意的答案。当然，从"城"这个概念出发，工作中也不是没有一点收获，我们注意到在遗址中心地区、佛塔东边1公里多处，有19座建筑物遗迹，环列在一个中心广场周围，在这片建筑群的东面，还残存着两条弧形泥墙，好像是圆形古城墙的一段。但是，这十几处建筑，全部规模不大，与王室居址、治所的概念很难统一。1996年，承担遗址南部地区调查任务的阿合买提、真田康道，在隐蔽得很好的几座大红柳沙包中，发现了一座古城遗迹，椭圆形的泥筑古城，长径不过185米、短径150米，墙高3米左右，断续相继，走向清晰。南墙中部有城门，门道宽4米。门柱、地袱构架清楚，曾经火烧，烧痕明显，附近沙土也变成了红色。古城内，沙丘起伏，胡杨挺立，但完全不见建筑遗存。这应是一座匆忙构筑、军事性质比较显明的古城遗迹，透示着社会生活的动荡不靖。

精绝王城今何在？仍然是要在遗址区内丛丛列列的大沙丘中去寻觅的一个问题。

佛教，是与社会苦难联系在一起的，它能给人以精神的安慰。汉晋

时期，精绝国人崇信佛教。在精绝国故址的中心，最显目的建筑是一座高6米多的土筑佛塔，其后的寺院，已深埋在红柳沙包之下，但从沙包一角凸露的梁架和沙包边缘仍然挺立的人工栽植的桑树、围篱，可以看出当年古寺的规模不小。

在这些年的尼雅考古中，经常萦绕心头的一个问题是：世外桃源般的精绝绿洲，突然沉没在沙漠之中，化成了废墟，其内在的制因是什么？

面对尼雅废墟，人们自然的联想往往是：沙漠深处的孤岛，它的覆没肯定与河水的改变有关。在生态环境如此恶劣的沙漠之中，一旦河水减少、河流改道，不能维持有效的灌溉，绿洲会自然面对覆灭之灾。

从一般情况看，这是相当有力的推论。确实也有一些绿洲，就是这样消失在了沙漠深处。但认真分析尼雅情况，当年精绝国之废弃、毁灭，最重要的、起着决定性作用的是社会的因素，是人的作用。

精绝居民，当年散居在河谷各处。我们观察多处小聚落，宅邸周围大多是巨树环绕，树径粗大，一人不能合抱，果园中果木整齐。也有宅邸前路边树木成列。遗址覆灭前的这种景象，肯定不是绿洲长期断水、濒临荒芜的情景。

一些宅院，暗藏室中糜谷厚积，主人走得过急，无法带上这些维持生命所需的最重要物资。这一景象，与缺水导致遗址废弃，有组织、有准备的逐步撤离，也无法统一。

我们这些年发现的佉卢文，与斯坦因当年所见的一样，不少并未开封拆阅。它们或有序放置在平日休息的土炕炕沿，或藏置陶瓮之中，简单掩覆遮盖。收件人主观上绝不是一去不返，而是迫于形势不能不暂时离开。一旦形势转变，他还会回来重新处理有关文件信函，这也是显示着当年的尼雅绿洲肯定还是一块人们眷恋而不愿他去的热土。

精绝绿洲之毁灭主要不是由于自然环境变化，而是另有重要社会原因。我们从现已译读的佉卢文中了解到，当年的精绝统治者惶惶不可终日的是来自东南方的Supis人的攻击，"有来自Supis人之危险，

汝不得疏忽，其他边防哨兵，应迅速派遣来此""现此处听说，Supis
人在四月间突然向且末袭来""现有人带来关于Supis进攻之重要消
息""Supis从侯处将马携走""Supis曾抢走彼之名菩达色罗之奴隶一
名""余已由此派出探子一名，前去警戒Supis人""现来自且末之消
息说，有来自Supis之危险，命令信现已到达，兵士必须开赴，不管有
多少军队……"可以看得很清楚，在精绝王国绿洲废弃前，Supis人入
侵是笼罩在他们头上的浓重阴云。

精绝绿洲之废弃主要在于人类因素，在于社会的矛盾和冲突，还有
一个有力的旁证。在塔克拉玛干沙漠南缘，与精绝绿洲废弃差不多同
时，有另一批绿洲同样遭遇毁灭的命运。克里雅河流域的喀拉墩、安迪
尔河流域的安迪尔古城，也都显示了与尼雅的共同特征。这些古代遗
址，当年，也都同样面对Supis人的威胁，很可能也都在Supis人的侵扰
中受到了致命的打击。

地处塔克拉玛干沙漠之中的这些古代绿洲，生态脆弱。要维持其生
存环境的良性发展，保证人类可以正常生产生活，需要强大的、有组织
的全社会的努力。合理用水，合理保水，防沙造林。如尼雅这样处身沙
漠侵迫之中的绿洲，很难经受社会动乱的打击。一旦发生动乱，社会秩
序破坏，人们有组织的与大自然相抗衡的力量会随即受到极大的削弱，
从而导致生态平衡破坏，以致绿洲毁灭。精绝王国最后的一页，有值得
我们认真吸取的历史教训。

世事悠悠，转瞬千年。安定的社会，和谐的环境，是人们幸福之所
系、前途所关联。这一朴素的真理，古今中外，概莫能离。而在生态环
境险恶的沙漠地区，它的效应尤为突出。尼雅，就是这方面一个生动的
实例。

三、克里雅考古

20世纪80年代以来，在新疆考古工作中，考古所与法国科研中心

315研究组的合作项目，居于一个相当显目的地位。尤其是90年代实施的克里雅河考古，不论在野外，还是在室内研究中都使用了比较先进的科学技术成果，受到国内外同行的关注。

研究中亚，是法国学术界的一个传统。其中对中国，尤其是对中国西部地区的研究，开始得很早。与当年的政治形势密切相关，在18世纪中叶，就有耶稣会士及少数学者开始了这一事业，注意搜集、研究并向欧洲介绍中国历史、民族史、佛教文化史等。自此以后，可以说是代有人出。进入19世纪，作为欧洲研究汉学的一个基地、中心，在巴黎法兰西学院开设了"中国学讲座"，不少法国汉学名家都曾是这一讲座的主持人，在他们的研究中，西域的民族、历史、宗教都居于重点地位。在法国研究汉学的事业中，还有一个重要基地是先在西贡、后在河内的法兰西远东学院，与我国敦煌、西域关系密切的伯希和（Paul Pelliot）就曾在此任职；并从这里出发，进入我国活动。他在敦煌莫高窟、新疆巴楚吐木休克、库车的都勒杜尔—阿胡尔、苏巴什的活动是大家比较熟知的。因为这些活动，伯希和在法国汉学研究中，获得了空前荣誉，法兰西学院为其专设了"中亚语言、历史和考古讲座"，法国作为欧洲汉学研究中心的地位，因此得到更进一步的加强。当然，这对法国、欧洲学术界了解中国传统文化、了解汉学、了解中国西部地区的历史与文化，也产生过积极的影响。

法国科研中心315研究组，与法国这一研究中亚的传统有历史关联，他们肩负的任务是中亚考古。长时期的努力，足迹曾及于印度北部、巴基斯坦北部、乌兹别克斯坦、哈萨克斯坦、南阿尔泰地区，但20世纪80年代以前，始终未得可能进入中国，而不能涉足中国，尤其是亚洲腹地的新疆，从地域上讲，其研究的中亚，就是不完整的，因此，他们一直有强烈的愿望，能在我国西部，尤其是新疆进行考古。

1979年年底，我从罗布淖尔地区归来。这一消息，在学术界小圈子中开始传布，不少学科学者，在为有可能进入这一禁地进行考察、研究而激动。一个偶然的场合，新疆科学分院地理学家梁匡一找到我，说他的一位法国地理学同行皮埃尔·让戴勒听说我去了罗布淖尔，十分希望见面。皮埃尔·让戴勒也是315研究组的研究人员。初次见面，虽只是一般的接触，但他们强烈希望有可能与新疆考古学界合作，进行新疆考古研究的愿望，表达得十分清楚、明白。

生活中，存在很多机缘。我们后来与法国315研究组的合作项目，就是从这一偶然的接触中孕育、产生的。随后几年，他们通过中法文化交流项目，由中国社科院安排，实现了对新疆古代遗址的一般考察，我们也应邀前去法国做了回访。20世纪80年代后期，彼此合作在哈密、喀什等地，进行了一般的考古调查，为可能的合作发掘、研究进行准备。

最后选定在克里雅河流域进行中法合作考古研究，出自我的建议。克里雅河，是纵贯塔里木盆地，由南向北，最后注入塔里木河的唯一河流。对这条河上的马坚勒克、喀拉墩，虽曾有外国学者做过考察，但对全流域考古文化，并没有做过工作。更谈不上深入研究；奠基在克里雅河绿洲的汉代扜弥，《汉书·西域传》说它"有户三千三百四十，口二万四千"，与同书记述的于阗"户三千三百，口万九千三百"比较，人口超过于阗，是可以和于阗相抗衡的大国；还有一点，因为克里雅河纵穿塔里木，是天山南麓的龟兹与昆仑山北麓的于阗、扜弥，可以互相来去的通道，它沟通了丝绸之路两条东西向干道，曾经产生的政治、经济、文化影响，值得研究；此外，克里雅河，地理学界早有所知，它在沙漠中曾数易其道，由此导致的人类生存空间的变化，同样是一个有重要学术价值的研究课题。这些因素及合作研究的动议，法国同行认同，因此，很快向国家文物局呈报了我们希望合作进行克里雅考古的计划，得到了批准。

东西方国家的历史背景不同、文化传统各异，合作开展新疆考古，具体操作方法也不一样。315的法国同行，关注的主要只是业务工作的方方面面，因此，也只与业务对手具体讨论。野外调查、发掘、室内整理、研究，大家一齐动手，分工合作。为了使工作过程中互相能有较好的理解，还采取了一个双方觉得满意的方法：由法方提供奖学金，新疆

考古所分批派出与课题研究有关的业务人员，前去法国进修，对法方的相关理论、技术、分析、修复文物的办法，通过进修取得一定的认识，这样，工作中可以互相配合默契。这种1—2年的进修，语言虽难以全部过关，但至少对于野外、室内工作、交流不会发生太大困难，语言障碍可基本克服。这对双方的合作、交流，发生了相当积极的影响。

至于克里雅河流域考古课题具体实施，通过讨论，双方一致的认识是：首先进行比较全面、深入的考古调查，对克里雅河水系内的古代遗址力求大概把握。在这一基础上，选择适当遗址点，做重点发掘。借此能对克里雅河水系内考古文化遗存及其发展，求得梗概的认识，进而探讨它与周邻地区考古文化的关系。

在实施野外工作前，双方各尽所长，对克里雅河的相关地理、历史文献、考古资料进行准备。这是一般的进入陌生地点进行考古工作的常规。在这一环节中，法方利用了他们的优势，通过法国Spot卫星图片，对克里雅河流域的河道走向、变化、相关地貌特点、可能的遗址迹象进行详细检索，作出分析，以便野外工作的开展。在此以前，多少了解一点"宇宙考古""遥感考古"的书本知识，知道国际考古界已将卫星遥感资料用于考古实践，尤其在沙漠考古中，这一方法有极大的优势。国外也已有过利用这一方法在撒哈拉大沙漠中发现古代城市的成功实践。315的法国同行，在也门等地的沙漠考古中，也有过这方面的经验。而我们对这一方法，当时还只是停留在书本知识阶段，如何实际运作，没有一点体验。但可以想象，在几万平方公里的克里雅河流域，靠骆驼、靠人腿，没有具体线索，去觅求掩埋在沙漠深处的人类遗存，真无异于大海捞针。我们十分希望卫星遥感资料，会给我们的克里雅考古带来奇迹。

1991年秋，我们与法国同行开始进入克里雅工作，由于阗县城抵克里雅河下游的达里雅布依小村。这是远离于阗县城200多公里的一个居民点，深处沙漠之中。当年的统计，全村只有居民1024人，林地面积却有54.8万亩。胡杨、灰杨、柽柳、芦苇构成了宽数公里至十多公里的天然防风固沙屏障。野猪、沙狐、塔里木兔、马鹿、鹅喉羚在野林中出没，野鸭在小河汊中游动，一座座小木屋散落丛林深处。远离外部的大千世界，景色确实怡人。艰难的沙漠地区交通，使这一绿洲小村与于阗县城几乎极少来往。在20世纪80年代以前，它基本是一种孤立的存在。村民依靠自种少量粮食，饲养羊、牛，维持最起码的自然状态的生活。进入80年代，有人在这里还看到过在烧热的石板上烙饼的镜头，一时"野人村"的传闻，在一些报纸上被炒得沸沸扬扬，为塔克拉玛干沙漠深处这一闭塞、落后、被遗忘得太久的小村引来一批又一批的访问者、旅游者。我们在90年代初来到这里时，这里已来过不少批德、瑞典、日本、英国及我国香港地区的旅游者，村社的生活也已发生迅捷的变化，有了一个很小的小学，乡政府晚间可以用柴油机发电，放小电影。现代文明的空气，已在迅速改变沙漠小村人们的生活面貌。但其自然的状态，朴素无华的生活情调，对于长久生活在现代大城市中的人们还是具有极其巨大的吸引力，德国哥廷根大学乔奇·霍夫曼博士在小村稍稍感受几天后，发出的感慨是："我到过世界上许多沙漠，但从来没有见过这里如此迷人的景观。"

穿过达里雅布依小村——这一最理想的进入克里雅沙漠腹地的通道，我们以新疆自产的组装沙漠车为代步工具，向西北方向克里雅河古道行进。我们寄望甚浓的法国同行带来的Spot卫星图片，这次应该发挥作用了。通过卫星图片，可以清楚看到，克里雅河曾经三次改道。每次改道，都在沙漠深处留下了显明的迹痕。千百公里的沙漠，通过卫星图片，展示在了方寸之间，对于调查工作的宏观控制，确有极大的方便。分析卫星图片，达里雅布依小村及它所依托的大片胡杨林地，是坐落在今天的、也是最年轻的克里雅河上，而在它西边相对古老的克里雅河谷台地、河湾、尾闾地段，应该才是古代人类居住、生活的所在。既往考古调查中已经了解的玛坚勒克遗址、喀拉墩古城堡，经过分析、定位，实际坐落在西边的古河床旁。卫星图片提供的这一结论，清楚提示我们：重点工作地区，必须放在现代绿洲的西北。

81

卫星图片给我们在克里雅的考古调查带来了巨大的方便，避免了不必要的弯路。工作，不必仅据老乡的各种传闻，而可以依据科学规律，根据卫星图片信息主动地在茫茫沙海中走向我们希望进入踏看的地点。当然，卫星图片图像，各种信息、线索，有时也会让人产生错觉，最后的结论，只能通过地面踏看才能完成。在1991年11月调查工作中，我们就有过两次这样的遭遇，留下了深刻的印象。进入克里雅古河道谷地后，法国同行享利·保尔·法兰克福谈，他在卫星图片上找到两处可疑的图像，一是起伏的沙浪中，有一条直线图形，是不是人工土垣？二是一处十分规整、如绿豆大小的圆圈。那么整齐的圆形，实在像是圆形的古城。跟着法兰克福的手指，看着卫星图片上清晰无误的圆圈、直线，当时，实在禁不住心脏激烈的跳动。它们，具体位置就在我们判定的适宜于人类活动的克里雅河谷，图像又是那么规整，不把它们与人类活动联系起来，真是太难了。因此，没有任何人表示怀疑，当即决定，把这两处迹象作为我们首先地面勘察的重点！

11月3日，先奔圆形图像点。法方测量工作人员，已精确计算了卫星图片图像点的经纬位置，分析了由我们营地进入这一地点的最方便路线。早晨，我们上了沙漠车，通过卫星定位仪指引行进方向，在古河滩内急行8公里，觅路西行。进入沙丘后，汽车功率不够，只能弃车步行。标定好应该行进的方向后，不顾沙丘跋涉之苦，直奔圆形图像之所在。经过差不多4小时，我们六七个人终于陆续走到了造成圆形图像的地物旁边：一座直径总有500米左右的、圆形的、干涸的古代湖床！湖底红柳包、沙包连绵，自然也搜寻不到一点人类文明的印痕。这一天，基本靠着双腿，我们在野外辛苦了8小时，收获是破译了卫星图片上的圆形图像之谜。第二天，又自营地北向25公里，寻找卫星图片上一道显目的直直的黑线。这次是利用古代河滩，沙漠车穿行并无困难，来到造成黑线的地物边，发现却是一排较为整齐的红柳林！

1991年的克里雅考古，重点定在喀拉墩。营地置于古城东南一处低凹的沙地上，东西北面均为稍高沙梁。屏列的双层彩色尼龙帐篷，为单调的沙丘平添了一点色彩。喀拉墩古城及城址周围，中外学者曾进行过不止一次的调查，也有过少量清理发掘。我们扎营在喀拉墩，既希望对这片遗址进一步全面、完整的踏查、绘图，择点进行少量发掘，在既有成果的基础上前进一步；同时，通过卫星图片分析，在喀拉墩更西北，还存在一处更为古老的克里雅河三角洲。由于地势，克里雅河几次改道，都是由西向东摆移，逻辑推论，在喀拉墩遗址更西北的三角洲，年代自然应该是更为古老。喀拉墩，是公元四五世纪左右的遗存，更早的汉代扜弥国文明遗迹，必须到更为古老的三角洲上去寻觅。扎营在此，可以一边进行喀拉墩的工作，一边以这一营地为依托，向更西北地区做调查。

1991年的克里雅调查，持续两个多星期。主要在喀拉墩城堡遗址以南1公里多的沙地上，发现了断续相继的古代灌溉渠，由南向北，延续差不多有1公里。渠宽约50厘米，淤泥厚积，深不过15厘米上下。当年引水时，将清淤的沙土堆在渠堤上，所以渠堤也是显出灰白色的细泥沙。一些地段，这类引水渠数条并列，究竟是早晚更替，还是并行一段后流泻向不同的田畦，仅据地表观察，难得要领。这些引水灌渠遗迹，在此前的喀拉墩考察中，并未见过报道。它们揭示了古代灌溉农业，曾是南北朝时喀拉墩绿洲的基础产业。

在短短两周的喀拉墩工作中，又一个强烈的印象，是遗址范围极少见到成材林木。只在营地不远处的一处房址旁，见到人工栽植的小树，杆径不过数厘米，虽排列有序，但总显得十分凄凉。我1991年到克里雅，是紧接在尼雅遗址调查以后。尼雅遗址区内随处可见的大树、整齐的果园，印象还相当强烈，对比喀拉墩，反差确实不小。

中法合作在克里雅河的考古，一直持续到1996年。因为野外沙漠工作的黄金时段就是秋天，兼顾克里雅与尼雅课题不胜其负担，1993年后，卸掉了克里雅的队长，具体的组织工作交给了伊第利斯。总结这些年的克里雅考古，前一段，是重点深入开展喀拉墩遗址地区的工作，共调查、登陆了古代遗址点60多处，同时，发掘、清理了两处已先遭破坏、再被风蚀的佛教寺院，两处民居。后一段，在喀拉墩西北那处更其古老的克里雅河三角洲，那片过去从未有考古学者涉足的地带，发现了一座最晚到西汉时期的古城，把克里雅河流域的考古，推向了一个新的阶段。

在喀拉墩清理的两处民居，基本已掩覆在流沙下面，只是柱头稍露于沙表。发掘结果表明，这类民居的建筑形式与尼雅相同，立柱、苇墙，墙外抹泥，室内土炕。这种建筑形式，东到楼兰古城，西至丹丹乌列克，都是一个模式。颇为生动地说明，西域南道上的这些古代城邦，在建筑文化、风格上相当一致。这既表明自然地理环境相同，因地制宜，采用了同样的建筑工艺，也说明这些古代邦国，虽彼此沙漠隔阻，交通并不方便，但历史上有着多方面的文化交流。这类风格的建筑，取材于本地，施工简单，适应着沙漠地带干旱少雨的气候特点，因此具有强大的生命力，直到今天，在塔克拉玛干沙漠边沿的农村，差不多还是以这种建筑作为居住的主体。这是一个很小的例子，但可以帮助我们认识文化传承的内在根据及力量。

清理的喀拉墩佛寺，早期严重破坏。残存遗迹，可以判定基本布局是中心塔柱，四边双层回廊。塔柱外壁、回廊基部还残存一点壁画，主题都是坐佛或立佛像。壁画施绘于薄石膏层，线条娴熟，佛像面容丰满，双眼微眯，稍下视。壁画虽十分残破，但这里出土还是第一次。因宗教信仰的冲突，这些地区曾盛极一时的佛教寺院，古代都受到极其严重的摧残，极少有实物保存。因此，这有限的资料，学术价值也就超乎它们的自身，对研究3—4世纪塔里木南缘的佛教思想、艺术、与周邻地区的关系，均弥足珍贵。这些残破过甚的壁画碎块，经过十分细致的并合、加固，得到了相当好的保护，法国队的修复专家们，在其中倾注了很大的心血、精力。

1994年在喀拉墩遗址西北古三角洲上发现的古城，距离喀拉墩达41公里，地理坐标为北纬38° 52′ 2″、东经81° 34′ 9″处。可能因为这片地区的沙丘呈圆形，维吾尔语称呼这一地区为"尤木拉克库木"，意为"圆沙",因而新疆考古学者将这一古城名称为圆沙古城。古城所在与于阗县城的直线距离达230公里,已深处塔克拉玛干大沙漠的腹心地区。

圆沙古城,从今天的行政区划看,实际已在策勒县境内。它西傍克里雅河古道,几乎已全部被流沙掩覆,城内仅见少量已经干枯的胡杨、柽柳。当年曾有的建筑物,残存无几。古城形状也不规整,一定要用一个几何学概念来表示,可以说它是"不规则四边形",墙体并不平直,可能与长期风蚀有关,城墙转角处城垣大部不存。实际测量,南北向最长330米,东西最宽不过280米,按残迹走向,城周全长约995米,不足1公里,并不算大。古城墙残留最高达11米,一般高只3—4米,顶部宽度也有3—4米,可称宏伟。最富特点的还有古城的构筑方法:竖插两排胡杨木棍作桩,其间平铺柽柳枝,这构成城墙主体。墙外垒砌泥土块,或胡杨枝、芦苇夹河泥、畜粪,五花八门,用料不拘,形成护坡状。这种样式材料的城墙,可以说是仅见的一例。城门缺口有两处,一处居南墙中部,又一处在东墙北半段,按其方位,可以称为南门及东北门。南门曾进行解剖发掘,与尼雅新见古城南门相类,城门框用木料,门道两边有两排列柱。推想,当年城门上部应有过小的门楼,两排列柱,当是主要的支撑柱。

流沙覆盖下的城内,找到过六处建筑遗迹,发掘两处,残存木柱排列有序,高不足50厘米。表层堆积物主要是大量畜粪,还有一些袋状窖穴。城内采集到的遗物,除陶片外,有小麦及羊、牛、骆驼骨骼,具体说明着克里雅人农牧业结合的经济形态。

古城活动的时代,可能早到西汉。取古城墙中及门道内的木材、炭料进行碳十四测年,四组数据基本一致,多集中在距今2100年前后,与少量文物,尤其是陶器显示的时代风格也可以统一。古城西汉时期还在利用,是可以信服的。

克里雅古道下游发现的这座古城,在克里雅河考古文化研究中,算得一个意义重大的新进展。它不仅填补了考古文化中的一大段空白,汉

代活动在克里雅河流域的扜弥国人的行踪，通过这批资料，也获得了具体的消息：最西一条河道上三角洲地带，曾是西汉扜弥国人的活动中心，建立了城市；到南北朝阶段，公元四五世纪，他们的活动中心迁移到中间一条古河道，居于中间古河道一个河湾处的喀拉墩古城堡及佛寺、民居残迹是一个证明；而现代人，又居住、生活在更东的现代克里雅河上。因为地势西高东低，河流不断向东偏移，2000年中，已变化了三次。直线距离，已东移差不多60公里。人不能不随水走，因此，从基本原因、基础背景去看，这可能是最主要的克里雅河流域人类遗存变迁的根据。但在这一大的自然地理背景下，人类自身的活动，对环境恶化产生的影响，也绝对不能轻估。前面提到，在喀拉墩遗址区，基本不见成材的林木，但在遗址东、西，都发现过森森的胡杨林。遗址区人类的过分砍伐，植被破坏，难以阻止流沙的侵入，在当年，肯定构成了对人类生存活动的严重威胁。清理喀拉墩遗址的居民住址，发现了一个重要现象，居民他徙后，河水仍可不断继续流入，屋舍内水淤、水浸的痕迹十分显明。因此，从这一具体环节看，水并不是当年居室主人弃屋他走的直接根据。我们在克里雅河工作期间，还看到一个十分让人忧心的观象：从于阗县城去达里雅布依绿洲，我们走了一天，路上遇到的装柴骡车有6队，每一队装柴骡车有10多辆，最多达20辆。车上装的是红柳，包括红柳粗根。后来向当地干部了解，说是每天都是如此，因为这是主要燃料，人们日常炊煮、冬日取暖，都有需要。今天的这种砍林伐木现实，自然也会是古代人们曾经面对的景象，而在沙漠地区，如是砍伐林木，它对现存绿洲的致命威胁，是不言自明的。

四、访问丹丹乌列克

在斯文·赫定发现丹丹乌列克遗址后的100年，我们第一次进入丹丹乌列克，是在1996年11月26日至12月9日，但真正在丹丹乌列克的工作时间不过一天。

进入丹丹乌列克的路，漫长而遥远，充满了想象不到的阻难。

丹丹乌列克遗址开始为世人关注，应该归功于斯文·赫定。1896年1月14日，他偕三名随从、两名向导，带着三峰骆驼、两头驴及大量食品，由玉陇喀什河北行，1月19日由塔瓦齐尔进入沙漠，第6天，即1月24日，在向导指引下发现了丹丹乌列克。在遗址地区停留了一天，发现一些佛像和佛教壁画以及铜器、瓷器。收集了散布沙漠地表的文物、古代文书及出自名手的一尊佛像。斯文·赫定是到达这处废墟的第一个欧洲探险家，深以唤醒千年沉睡的古城而"自豪"。稍后，他将考察所获向欧洲学术界作了报道，直接诱发了四年后斯坦因的丹丹乌列克之行。

斯坦因进入丹丹乌列克的时间同样选定在冬天，他于1900年12月10日，同样由玉陇喀什河畔沙漠小村塔瓦齐尔，在当地找宝人和猎户的引导下，向丹丹乌列克进发。他雇工30名，被雇农民并不乐意在隆冬季节进入沙漠，但斯坦因得到和田按办潘大人的支持，严令他们随行。期坦因有骆驼7峰，在当地买驴12头，运输辎重，人员则步行。稍经周折，于12月17日抵达丹丹乌列克，开始了工作。

据斯坦因测量，他所工作的丹丹乌列克遗址南北长2.5公里，东西宽1公里多。地表有一些建筑遗迹出露。他在遗址区工作了14天，发掘了12处建筑遗址，部分为佛寺。佛寺的布局是中部为佛坛，四周绕回廊，佛坛上耸立泥塑佛像，佛像脚下或有不同内容的木版画，回廊内外绘饰壁画。在他掘取的文物中除相当数量的梵文佛经、古于阗语世俗之书残片外，还有汉文资料17件，部分文书上署唐王朝大历、建中纪年（相当于8世纪60年代至80年代），文书表明唐代这里地名为谢镇，知镇官将军名杨晋乡，文书内容涉及兵器修整、借贷契约、百姓诉状等；文书中还表明，有一座名为护国寺的佛寺，僧人经营着高利贷活动。

斯坦因发掘出土的木版画，是人们关注的重要资料。内容涉及和田地区鼠神传说、东国公主将育蚕缫丝技术引入和田、波斯菩萨罗斯坦及《大唐西域记》中记述的"龙女求婚"故事等，这些木版画是当年本地居民作为一种奉献敬呈在佛像脚下的。它多方面的文化内涵，比较具体

87

地反映着这里土著居民们的文化心态，表现着这沙漠深处小小绿洲与周邻地区的关联。

丹丹乌列克的废弃，斯坦因提出这是一个渐进的过程，主要与水有关。水利灌溉工程不能正常运行，使绿洲生存受到威胁。而最后的弃毁则与吐蕃入据和田地区紧密关联。

1996年冬，中国学者组成一支小小的考古队，进入丹丹乌列克遗址做探查。这次考察得以进行，有赖于罗杰伟先生（Reger E.Coveg）及他创立的唐研究基金会（The Tang Research Foundation）的真诚支持。罗杰伟先生对中国、中国文化尤其是唐代历史文化怀有深厚的感情。对唐代遗址丹丹乌列克蕴含的丰富文化信息早有所闻，对中国学者切望进行但始终未得可能进行的丹丹乌列克考古，深深理解并满怀同情。这使我们的夙愿得到了实现。

经费得到保证，对丹丹乌列克遗址的工作，我们决定分两步走。1996年，做预备性考察。毕竟，距斯文·赫定进入这里，已过去了100年。沙漠深处，100年的风吹沙移，地貌究竟会有怎样的改变，谁也说不清楚。这一次预备考察，主要任务是找到遗址。稍作简单勘察，取得现场资料后，再展开第二步的工作，组织多学科的学者，对遗址的地理环境、性质做深入解剖。那时参与工作的将不仅有考古，还要有历史、地理、沙漠、水文、佛教艺术、生物及古代语言等相关学科的学者通力合作，从不同学科研究着手。中国学者，一定要在20世纪的最后几年中，把既有的研究推向一个新的阶段，不希望把中国学者在丹丹乌列克遗址上的遗憾带进21世纪。

参与预备考察的人员，除笔者外，还有北京大学教授罗新、社科院考古系博士生巫新华、新疆考古所研究人员张铁男及测量专家伊力·里迪夫、后勤工作负责人张树春。至和田后，和田文管所阿迪力也参加了进来。求万无一失，我们事先不仅认真研究了斯文·赫定、斯坦因进入丹丹乌列克的路线、刊布的地图，确定了我们应该重点进入的地理方位；同时，还请法国科研中心315研究组的专家帮忙，通过Spot卫星照片对相关地区地貌图像进行了十分细致的分析、判断，提供了他们计算、确定的最有希望的工作地点是北纬81° 04′ 6″、东经37° 46′ 8″。这一地点，地势比较开阔，沙丘低缓，沙链中断，而且有一条不同寻常的阴影——可能存在的高大墙体或林带。而这一位置，与斯坦因、斯文·赫定提供的遗址位置差不多一致。这大大增强了我们的信心：既然卫星图片上显示了这片地区地貌异常，说明我们寻求的丹丹乌列克，还没有被移动的沙丘覆盖。路虽难，有希望。

11月26日，考察队离开乌鲁木齐，踏上了前去丹丹乌列克的征途。考察队员分乘两辆越野车，穿过库鲁克塔格山中的苏巴什沟，进抵和硕、库尔勒、轮台。经沙漠公路纵穿塔克拉玛干大沙漠，28日至昆仑山下的民丰，复缘昆仑山西行到策勒。

根据Spot卫星照片及斯文·赫定等的测图，丹丹乌列克遗址位于策勒县北部大沙漠中，距最近的绿洲居民点达磨沟村直线距离为91公里。我们进入遗址的办法，基本可以有两种。第一种办法，循当年斯文·赫定、斯坦因等外国探险家的老路走，自和田河下游的沙漠小村塔瓦齐尔出发，利用骆驼，东向沙漠，距离大约60公里，三天可以到达。或者方向相反，由克里雅河流域相同纬度地点出发向西，利用骆驼，进入丹丹乌列克，工作结束后，继续西行，返抵塔瓦齐尔。这样走，比较保险。为此委托和田文管所工作人员到塔瓦齐尔进行现场调查，但未得可信线索，当年给斯坦因当向导的老乡杜狄、乌斯曼阿訇等早已谢世，其子嗣中没有人对此继续怀有热情，对丹丹乌列克遗址的准确方位，进入路线已没有清楚概念；另外，这样走，对丹丹乌列克绿洲当年的水源情况不能取得更多的信息。

第二种办法，就是由达磨沟绿洲北行，力求沿达磨沟河道深入沙漠。这条路，从来没有人走过。优点是可以不仅对达磨沟河，还可以同时对与达磨沟河平行的策勒河、古拉哈玛河北泄路线及与丹丹乌列克遗址的关联作出判断。因为，有关孤悬沙漠腹地的丹丹乌列克，当年究竟是依存于克里雅河还是依存于前述几条小河，历史地理学界一直存在歧

见。走这一考察路线，只能凭借卫星定位仪，在沙漠中寻路北走，会遇到的问题难以预料，但从学术研究角度分析，好处较多，所以决定采取自南而北这一探险路线。因为要在沙漠中长途行进，中国天然气总公司物探局二处的领导给了我们很大的支持，派出一辆德产尤尼莫克沙漠车，作为交通工具。

12月2日，利用沙漠车，装足了水、干粮、蔬菜、羊肉，我们离开策勒县城，到达磨沟，择路北行。距离不大，即进入荒漠。丛丛红柳沙包扑面而来。穿行沙包之间，又见到一队队装柴驴车，确实令人忧心。据了解，这里还有打柴、卖柴以盈利的老板，他们雇用临时工打柴，用拖拉机卖柴。听说，只须每担柴交1元管理费，即可自由营作。名义上是规定只能挖死柴，实际上则顺手而砍，并不以死树为限。沙化已如此严重，而破坏仍如是酷烈，它对现代沙漠边缘绿洲会产生怎样的致命影响，真令人不敢想象。

行约20公里，进入沙漠，沙丘松软，行进艰难。稍一不慎，即陷车于沙窝。7时半，天已断黑，挖车近两小时，体力消耗很大，即择一处稍平沙地扎营。白天，丽日高照，不觉凉意，入夜，即感寒气难当。拾干柴一堆，升起篝火。篝火上羊肉汤一锅，方便面、干馕就羊肉汤而食，别具情趣，完全忘记了挖车之辛苦、疲劳。夜间，打开睡袋，环绕篝火，谁都不愿架帐篷，于是席沙而眠，夜空中繁星灿烂，更是他处难见。这夜空、星辰、篝火，静谧、清冷却干净的空气，让我们忘却了沙漠行路难，也无暇细想明天征途中可能还有的阻障。

12月3日，早餐后，继续北进。行进不足10公里，一次又一次陷车、救车，人人疲惫。北望丹丹乌列克方向，高大沙丘连绵起伏，几条小河故道，偶尔露出一段，旋即隐没在沙丘之下。卫星定位仪测算，至丹丹乌列克还有60公里之遥。这种境况下，以单车强行，一旦深陷于沙中，自救困难，考察计划将难以完成，当即决定返回，再觅良策。

经过三天努力，得到石油天然气总公司塔克拉玛干油田物探前线指挥部领导的大力支持，派出两辆功率强大的"八哥"车，帮助我们工作。这种车，小头宽身，它轮胎宽达1.6米，135匹马力，是沙漠中执行特殊任务的专用运输工具，没有它过不去的大沙包。抽出两辆"八哥"，石油前指已尽了最大的努力，而这种"八哥"除驾驶员外，只能再坐一人，这种情况下，我们考察队只能忍痛"裁员"，只派两人作为先遣队员进入丹丹乌列克。斟酌再三，决定张铁男和伊力前去，他们一人录像，一人测图。交给他们的任务是尽可能获取最详尽的资料，全面录像、测出简图，为制订1997年的全面考察计划提供基础素材。

12月8日上午，两辆"八哥"车，离开策勒县固拉哈玛乡，由东经81°00′25.2″、北纬37°00′14.4″处直向北行。下午7：20于东经81°04′23.2″、北纬37°13′42.0″处宿营。营地周围，沙地也是松软，而且沙丘高大，偶见红柳沙包，但相当稀疏。如是地貌，尤尼莫克车绝难进入。贸然深入，会有危险。我们变更计划，是正确抉择。

12月9日晨9：30，继续北行。气温降到零下20℃，由于气温太低，卫星定位仪不能正常工作。沿途沙梁相对高度可达200米。但"八哥"车翻越了无困难。车窗外，可观察到数条南北流向的河床、枯死并倾倒在地的粗大胡杨，偶见的红柳沙包，红柳也都枯死。中午在东经81°04′38.5″、北纬37°33′29.7″处，见南北向的河床及大面积河谷台地，但不见植被。

晚7：00，抵东经81°03′46″、北纬37°46′04″处扎营。这里地势稍低，北望，前方横亘一道东西向沙梁，左右为两条东西向沙梁拱伺，沙丘低缓，呈星月形。沙丘之间，见一道南北向河床。河床内及河谷台地，有许多直立的干枯的胡杨树干，也有一些胡杨树干已经倾倒在地。河床内还有少量活着的红柳和一棵胡杨。这里，距古拉哈玛绿洲已90公里，但河床深处仍有地下水可以补给，维持着这少量胡杨及红柳的生命。夜里，气温极低。

12月10日，晨起，对遗址周围进行踏查。东北方向行进300—400米，发现一片古代居住遗址，差不多1平方公里的范围，有民居、寺院6处，也见到枯死桑树。在这片遗址区南约500米，又有一棵仍然活着的高大胡杨。有限的人类遗存，已大都掩覆在沙丘之下，只是少部分木柱端头出露于沙层之上。从立柱之布局，可以看出"回"字形结构。中部塔柱、四周回廊的布局清楚已见，这是古代寺院之遗存。他们摄像、测图、标定遗址的精确位置后，也采集了少量暴露的陶罐残片、编织地毯用的打纬木器、玻璃料珠。从陶器形制，可以看出鲜明的唐代风格。

据遗址经纬位置，并与斯文·赫定、斯坦因刊布的位置，卫星图片提供的位置相对照，虽有很小的距离，但可以充分肯定，营地所在这一个点，确已是当年丹丹乌列克绿洲的一个部分，我们先遣队终于站立在了久已向往的丹丹乌列克废墟之上。

既有报道资料显示，丹丹乌列克遗址要远较这片遗存宏大，既有寺院，又有军镇、城堡。为了把握遗址的全貌，他们使用沙漠车在遗址范围做圆周环驶，收获不大。希望进行更深入的调查，但"八哥"车的油量显示，存油只能保证返回，极为紧张。在沙漠腹地，无望得到油料补给，无可奈何，只好在当天下午赶路回返。9小时不稍停息的急行，回到策勒，油料全部告罄！真是老天保佑，没有把他们抛在无人的旷野。

这三天的丹丹乌列克之旅，有胜利的喜悦，也有不尽如人意的遗憾。先遣队进入的这几天中，不巧正有一股乌拉尔山南下的冷气流侵入，气温陡降十几度。这导致汽车燃油量大增。虽进入了遗址，却未得可能实现对遗址的全面踏查。据斯坦因报告，在丹丹乌列克西偏北，还有一处遗存叫热瓦克，距离不过12公里，先遣队也未能走到；在Spot卫星照片上，位于营地稍东，还有一片异常地貌，也没有能进行踏看。

但是，自南向北，纵穿沙漠进入丹丹乌列克，我们考察队，中国学者可以说是第一次。沿途断续相继的古河床痕迹，直接证明，去今1200年前丹丹乌列克绿洲，还是策勒河、达磨沟河、古拉哈玛河可以流贯到的地区，是唐代驻军戍守的重镇，众多的佛教寺院，间接说明这片绿洲的人口不会太少，否则，无力维持这些寺院的活动。而自唐迄今，城镇成了废墟，绿洲化作了沙漠，沙漠并继续南侵达90公里，环境变化是巨大的。

进入丹丹乌列克踏查取得第一步成功后，我们做了两件事。一是将相关信息通告给当时正在塔里木油田配合工作的考古所研究人员肖小勇，请他随物探队再一次进入该地细为踏看。二是向唐研究基金会学术委员会报告了初步踏看的收获，并向基金会提出申请多学科的丹丹乌列克遗址调查、发掘、研究，希望得到进一步的经费支持。

这两件事，都得到完满实现。

1997年年初，肖小勇顺利进入丹丹乌列克，并对遗存做了进一步的勘察。确认在南北10公里、东西2公里的范围，发现古代遗存20处。古河道自南向北穿越古址地区。

在罗杰伟先生的积极关心下，唐研究基金会学术委员会，在充分讨论、评估了我们的申请后，同意在1997年对丹丹乌列克考察研究给予37万元的经费支持，这样一笔不算很小的经费，可以基本满足我们实现多学科的、综合性的对丹丹乌列克遗存剖析的计划。我们满怀希望，要在20世纪最后的3—4年中，完全依靠中国学者的工作，把丹丹乌列克的研究揭开全新的一页。北京大学、中科院新疆沙漠研究所、新疆大学地理系不少学者、专家都满怀热情，同意一道进行工作。

我们及时向有关管理部门提出了报告，涉及考古遗址的工作，最后必须经国家文物局的批准。所有一切，都根据国家有关政策的规定进行。

令人十分遗憾的是，我们在20世纪最后几年，完成中国学术界、考古界夙愿的丹丹乌列克工作，竟然胎死腹中！原因只是没有得到批准的手续。为这事，作为组织者，我曾请北京的同行向国家文物局了解。国家文物局有关部门说，始终没有见到新疆方面有这样的报告。没有申请报告，当然无法批准。

这么一件有益于新疆各族人民、有益于人类文化的研究，有助于深刻认识人与自然、人与环境关系的学术研究事业，在20世纪90年代，还遭遇如此困难，究竟为什么？我曾将这些问题当面、直接向时任新疆文化厅副厅长、党组书记、具体分管文物考古工作的王中俊同志反映。他

说，他确实不知道这件事，没有见到申请。这样的好事，文化厅不会不同意的。究竟是什么人最后悄悄枪毙了这个计划？出于什么动机？也不得而知。只得把经费退了回去，工作停了下来。

写这篇文字，已是1999年了，要在20世纪最后写出新的、光彩夺目的丹丹乌列克篇页，大概已很少可能了。但丹丹乌列克的研究，肯定不会就停在这一步的，明天的太阳会照样升起，今后的事业会在更高的层次、使用更先进的手段、在相关学科的学者们的全力合作下去展开，丹丹乌列克这篇文章，肯定会有人去写，而且会写得更好。它会为人们更好地认识沙漠、认识古代沙漠中曾有的西域文明，作出奉献。

20世纪，即将消失在历史的长河之中，21世纪即将步入我们的生活。楼兰、尼雅、克里雅、丹丹乌列克这些沙漠遗址的考古在经历了20世纪的沧桑之后，会更加健康地发展，走向新的辉煌。

（选自《考古发掘亲历记》，中国文史出版社出版）

曾侯乙墓发掘亲历记

谭维四

1978年，湖北省博物馆主持发掘的随县擂鼓墩一号墓，是20世纪中国考古史上的一次重大发现。

出土文物15000多件，其中乐器8种125件，青铜礼器和用具36种143件，兵器8种4777件，车舆和车马器9种1127件，漆木器26种5012件，金器4种9件，金箔13种940片，玉石器26种602件，竹简240枚。各类青铜器总重量达10.5吨。

读着这些数字，未免枯燥无味。但行家们都很清楚，我国已经发掘的古墓数以万计，出土文物数量如此之多、品类如此之众、所用青铜重量如此之大的又有几座？意义更为重要的是，其历史、科学与艺术价值无比珍贵。众多文物之中，被国内外学术界誉为世界之"最"或中国之"最"的为数就不少，诸如世界上保存最好、数量最多、音律最全的上古时代的青铜乐器编钟；使用失蜡法铸造最精的青铜器尊盘；我国先秦最大的黄金器皿金盏；世界上年代最早的二十八宿天文图像——绘在漆衣箱上的二十八宿星象图；我国年代最早的先秦竹简；世界上最早的乐律学著作——钟磬铭文；我国时代最早的乐舞漆画——绘在鸳鸯盒上的乐舞图；等等，早已享誉国内外。

从大量青铜器铭文确知墓主是曾侯乙，故习惯称为曾侯乙墓，其下葬年代为前433年或稍晚，属战国早期。因其以曾侯乙编钟为主体的8种125件乐器，在墓内放置有序，场面壮观，演奏工具一应俱全，且有乐

舞奴隶同在，故又有战国"地下乐宫"的美称。

我有幸从墓葬的勘探、发掘方案的制定、发掘的准备，田野实施发掘到室内的文物整理，全过程亲自主持其事，既经历了辛辛苦苦的历程，也饱尝了津津有味的欢乐，至今记忆犹新，深感荣幸。应全国政协文史委员会之约，现就发现与发掘的主要经过，简述如下，以飨读者。欲知详情及其学术资料，请阅读湖北省博物馆编，文物出版社1989年出版的《曾侯乙墓》。

一、闻爆破声忧心忡忡

1978年2月的最后一个夜晚。

武汉东湖之滨的夜静悄悄。

一声急促的呼唤，打破了湖北省博物馆大院的沉寂。

"谭队长！快！快！长途电话，襄阳地区文博物馆有急事找你。"

20多年来任文物考古队长的经历告诉我，每当冬季，各地大搞工农业基本建设，地下就会不断有重要文物被发现，甚或遭到破坏。深夜地县文博部门来长途电话，少不了是这类事情的"告急"，或则报喜，或则报忧，或则"求援"。

果然，襄阳地区文博馆王少泉同志急切地告诉我："随县（今随州市）报告，城郊公社团结大队一座小山岗上，中国人民解放军武汉空军后勤部雷达修理所扩建厂房，开山炸石，在红色砂岩中炸出一大片褐色土，褐土层中还有石板，似是人工铺砌的，他们怀疑是一座古墓，但拿不准，工程还在进行，我们准备去调查。地区文化局王一夫副局长要我先向您报告一下，问问您有何意见。"

近年来，襄阳、随县、枣阳、京山、钟祥一带不断有西周时代的曾国铜器和楚文物出土，使我预感到这大片褐土层和石板之下可能会有很重要的文物，实属可喜；然而开山炸石还在进行，我似乎听到了那轰隆隆的炮声，会不会把文物遗迹毁掉呢？我万分忧虑，忙给老王说了三点意见：

"1.通知随县，停止放炮，停止施工，保护现场；2.立即向地委和行署领导汇报，吁请部队加强文物保护；3.你们速去现场，进一步查明情况，尽速告我，我随后即到。"

二、岩中褐土难解之"谜"

3月19日，我偕2名考古技术人员到达随县，地县文博部门的同志已先期到达。雷达修理所所长郑国贤同志热情地接待我们。在他引领下，先察看了现场。这个山岗在擂鼓墩附近，该地名东团坡，东南距县城约2公里，处在从西南蜿蜒而来的小丘陵尽头，向东约700米水自北往南流，往南约25公里涢水自西往东汇入水。东团坡高出河旁台地二三十米，依山傍水，视野开阔，自然环境良好，是一块"风水宝地"。

大规模的爆破施工已经停止，推土机、拖拉机停在施工场地的边沿，只有为数不多的民工在用小推车清运那些被炸出来的碎石和散土。褐土面积真不小，约有200平方米，东南角一个来不及拆除的旧水塔，为我们保留了一小块施工前的原始地面及其下的地层堆积。墓坑壁明显可见，大片褐土是经过人工夯筑的墓坑填土，石板层也是人工铺砌的。一切告诉我们，这是一个规模很大的岩坑竖穴古墓。

当我们在雷修所会议室坐下来的时候，这位身材矮胖、性格豪放的中年军人所长，给我们讲述了如下曲折而感人的故事：

"1977年春天，上级批准我们扩建厂房，在这里平整土地，当我们用人力挖去表土后，下面就是坚硬的红砂岩，我们先用炸药放炮，再用推土机平整。不久，在这红砂岩中突然出现了一片褐土，主管基建施工的王家贵副所长，把我们政委、副政委、所长、副所长都约到工地现场研究。我们感到很奇怪，联想到前不久在这里放映过的《中国猿人》和长沙马王堆汉墓的《考古新收获》等影片，心想莫不是这底下也有重要的文物古迹，因此决定请王家贵副所长到县文化馆去报告。当年9月，

王所长的第一次县文化馆之行未能引起他们的注意。可我们放心不下，这红砂岩中的大片褐土成了我们心中的难解之"谜"。王所长给施工的同志们打招呼：密切注视，有什么东西挖出来或出现什么异样，立即报告。不久，果然在这片褐土外的东南方，挖出了几件铜器，我们小心翼翼地拿回办公室，对照前不久买回的《文物》《考古》杂志反复琢磨，有几件可能是战国时代的铜壶、铜鼎，还有几件小东西认不出来。我们立即打电话再次给文化馆报告，请他们派人来看看，未获同意。想到"保护文物，人人有责"，决定请王所长再到县文化馆去一次，这次总算把县文化馆的一位同志请来了。我们陪他先看了那几件铜器，又上工地看现场，围着那片褐土转了一圈。这位同志问那几件铜器是褐土中发现的吗？老王告诉他"不是"。"褐土层中发现什么没有？""没有。"老王还特地问他，我们在这里放炮施工行吗？回答说："没有东西嘛！你们放炮吧，没关系。"

"对于这样的答复，我十分疑惑，我心中这个"褐土之谜"也越结越深，只得三天两头往工地跑，同志说我这个所长简直成了"考古迷"。我要施工的同志们密切注意"敌情"的变化，我还到附近的农村去搞"侦查"，访问老农，调查了解这里古来有什么传说，想解开这个"谜"。果然，新的情况出现了。今年2月，褐土层中炸出了一些碎石块，颜色质地与这山坡上的红砂岩全不一样，我更加生疑，把政委、副所长们和施工的工程师都找来开现场会，大家你一言我一语，还是解不开这谜。干脆动手清查看个究竟，发现这些炸出来的碎石，原是一块一块大石板，成一个平面铺砌在褐土土层中的。我认定这绝不是一般自然现象，肯定下面会有重要的文物古迹，这就有了王所长第三次县府之行。我们商定，这次直接去找他们的上级县革委会文教局，无论如何请他们派专家内行来。

"王所长的第三次县府之行，县文教局王君惠局长接待了他，答应叫县文化馆副馆长王世振来看看，并说，他是在省里文物考古训练班受过训的，是我县的考古专家，前些时下乡蹲点不在家，正好过春节回来了。到底王馆长是学过考古的，他看了以后说：是一个古墓，有墓边，有经过夯筑的填土，不过这么大面积的古墓，我从未见过，还拿不准，我马上向地区文博馆报告，请地区和省里派人来共同研究。这才把你们请来了。"

听着这位军人的生动叙述，我被他们的精神感动了，我在想，他们帮了我们的大忙，我们应该怎样感谢他们呢？尤其是这位郑国贤所长，要不是他的一而再再而三坚持请示报告，密切注意，谨慎从事，我们又哪会知道有如此重大的发现呢？他为保护这个古墓立了头功。后来，在我们实际进行发掘的日日夜夜里，他又一直和我们并肩战斗，为此墓的发掘立下了汗马功劳。十分遗憾的是，这样一位热情而豪放的军人，热爱祖国文物的优秀战士，我忠实的朋友，发掘结束的第二年，因心脏病突发而英年早逝。对于老郑的贡献，1979年春，武汉军区领导机关给他记了三等功，给他们所记了集体二等功，同时立功受奖的还有解放军其他单位和有关同志，省革委会也给他和部队有关单位及有关同志颁发了奖旗、奖状和奖品，3月26日还在随县召开了庆功授奖大会，武汉军区领导机关及省革委会负责同志到会发奖并讲话，国家文物局特地发表了贺信。

三、省委书记果断决策

一座特大型古墓就在眼前，要赶快组织发掘，自是毫无疑问的事，这就得进行钻探，进一步掌握地下的情况。否则，发掘方案、经费预算、物资准备都不好筹划。在雷修所指战员们的大力支援和直接参与下，经过三天的奋战，探明了墓坑的准确形制，坑口呈不规则的多边形，东西最长处21米，南北最宽处16.5米，总面积220平方米。规模之巨大，在湖北境内是第一次见到，全国也少见。其木椁比出土西汉女尸的长沙马王堆一号墓大8倍，比出土西汉男尸的江陵凤凰山168号墓大14倍，墓圹内木椁保存很好，椁盖板距地表最深处也只剩2.5米，最浅处

还不到1米。填土中有个盗洞，直径约1米，斜着插至椁顶，将一块椁盖板斩断，使这块盖板的东段及上部的填土石板掉入椁内。勘探组有的小伙子见此盗洞泄气了。恰在此时，襄阳地区革委会副主任秦志维、地委宣传部部长张桓、地区文化局局长汪浩如及县里的一些领导同志来了，我引他们看了现场，汇报了勘探结果。秦主任、张部长直率地向我提出问题："这个墓比马王堆和凤凰山的汉墓大那么多，会不会有像那样保存完好的古尸呢？"我想既不能给他们泼冷水，又得讲科学。我说："墓坑已发现盗洞，木椁盖板有一块已被截断，椁室内已进了淤泥，有积水，保存古尸的条件：深埋、密封、缺氧、药物灭菌等都已被破坏，百分之九十不可能有那样的古尸。但由于椁盖板没有揭开，里面详情还不清楚，规模这么大的古墓，一般是椁有多室、棺有多重，如果盗墓者没有把棺打开，而多重棺密封又很好，出古尸的百分之几的希望还是存在的，我们也可以做适当准备，以防万一。不过，此墓的重要性不在于此，比古尸更重要的文物，肯定不会少。"

"不是被盗了吗？其他还会有什么重要文物呢？真太可惜了。还有没有发掘价值啊？"县委宣传部韩景文部长这样问我。

这是我意料中的提问，早有心理准备，我用三条理由作了回答：

"1.尽管有一个盗洞，但规模很小，可能属于早期的一种民间小型盗窃，规模这么大的墓，不可能把随葬品盗光。2.科学的考古发掘不是挖坟取宝，不是只看墓内有无文物，墓坑、棺椁及其所反映的葬俗等也都是很有价值的科学资料。3.退一万步说，即使被盗空，按照国家保护文物的方针政策，墓坑和木椁也是要清理发掘的，不能置之不理，何况不发掘又怎么能断定其为空无所有的呢？"地县领导同志点头称是，表示支持。

我们连夜赶写了"勘探简报"，提出了组织强有力的发掘队及早进行发掘的建议。并按照考古发掘的规程，因其位于擂鼓墩附近，故将田野考古编定为擂鼓墩一号墓（简称随·擂M1）。

3月25日，一份由省、地、县联合勘察钻探小组署名的《湖北随县城郊擂鼓墩一号大型古墓的发现与勘探简报》送到了省委书记、省革委会副主任韩宁夫同志案头。这位早年肄业于山东大学、熟谙中国历史的领导，一向重视文物考古工作。1975年6月闻讯江陵凤凰山168墓发现西汉古尸，4小时内即赶到现场，亲自组织指挥对古尸解剖与保护工作达5天之久，今天看到简报上明确写着："随县擂鼓墩一号墓规模巨大，比凤凰山168号墓大14倍，形制特殊，湖北首见，是当前我国文物考古战线的一次重大发现，必须高度重视。尽管有一个盗洞，但行盗时代早，规模很小，仍将有大批极为珍贵的文物出土，决不可掉以轻心，建议报国家文物局批准，组织强有力的科学发掘队伍，及早进行发掘。"他当即批示：请告国家文物局，并同意组织强有力的发掘队，从事发掘。

上午10时左右，我刚收到由韩书记批示的这份简报，忽然省委办公厅又电话通知："宁夫同志意见，要你先给国家文物局挂个电话，报告情况，申请发掘，正式报告随后再送去。"省委书记的果断决策，我高兴极了，当即给国家文物局文物处处长陈滋德接通了电话，他亦表示高兴，并嘱："你们按韩宁夫同志意见办，我马上向王冶秋局长报告，有什么意见，随后联系。"

省文化局关于申请发掘的正式报告当天发出去了。很快获得省革委会和国家文物局的批准。4月初，我们开始进行发掘前的准备工作：一是组织准备，建立严密的发掘组织，调集强有力的发掘力量；二是技术准备，拟订发掘方案，进行技术培训；三是物资准备，筹集所需经费和物资，制作所需器械。

以湖北省文化局副局长邢西彬为组长，襄阳地区革委会副主任秦志维，随县县委副书记、县革委副主任程运铁，武汉空军后勤部副部长刘梦池为副组长的"湖北省随县擂鼓墩古墓发掘领导小组"很快就成立了，武汉大学历史系副主任彭金章、襄阳地委宣传部部长张桓、县革委会副主任吴明久以及王一夫、王君惠、王家贵、韩景文和我都是这个小组的成员，共12人。下设办公室统揽各项事宜，设考古发掘队、宣传

组、后勤组、保卫组分工负责具体工作，我被任命为办公室副主任兼考古发掘队队长，实际主持此次发掘工作。

发掘队由省、地、县文博单位及武大历史系考古专业的业务技术人员组成，湖北省博物馆文物考古方面的专业技术人员几乎全部先后参加了发掘工作，是这次发掘的骨干力量。我们还把有关地、市、县的文物干部集中到随县，既支援工作，又借此进行业务培训。在清理椁室的最紧张阶段，武大考古专业1976级学生也赶来支援并借以观摩学习。发掘工地，人才济济，热闹非凡。

《湖北随县擂鼓墩一号墓发掘工作方案》及《发掘步骤与具体要求》两份技术文件，很快相继诞生，前者从发掘的组织领导、发掘步骤与要求、经费预算与物资计划到生活保障与工地安全保卫、工地纪律与政治思想工作等都做了明确的规定，提出了严格的要求；后者根据前者的总要求对发掘的具体步骤、质量保障可能遇到的问题及应采取的对策，做了详细的安排。后来的实践证明，这两份文件总结吸取了我省历年来大中型古墓发掘的经验，目标明确，要求具体，方法得当，措施有力，从而保证了这次发掘工作得以高质量地顺利完成。

按照方案的要求，我们兵分两路，进行紧张而有序的准备工作。一路由我馆文物考古队副队长黄锡全率领一批田野考古业务技术人员先期到达工地，做现场的准备工作。一路由我负责与省文化局文物处的余魁处长、高仲达同志等一道与解放军武汉空军领导机关及有关方面联系，筹集经费与物资。

四、部队领导大力支持

3月24日，我以湖北省博物馆副馆长的身份，专程拜访了武汉空军后勤部，该部政治部白云主任热情地接待了我们，我们当面呈交了《勘探简报》及国家文物局编印的《文物法令汇编》《缅怀周总理对文物考古工作的亲切关怀》等材料，对雷修所施工中发现古墓并进行了现场保护表示深切感谢。说明了我们正在向国家文物局申请发掘，如获批准，希望得到部队领导机关的大力支持与有关单位的密切合作。

白主任十分重视，当即表示："这是一件大事，我们当尽快向首长报告，一定大力支持。"

4月3日，省文化局《关于发掘随县擂鼓墩一号古墓的请示报告》获国家文物局和省革委会批准。当天，我和省文化局文物处高仲达同志第二次来到武空后勤部政治部向白主任作汇报，并就有关发掘经费、物资、劳力应由施工单位列入工程预算；古墓在营区，发掘工作需要得到领导机关的支持和有关单位的参加、协助等请示研究解决。

很快就得到答复："武空后党委常委会上作了研究，认为这是件大事，发掘国家重要文物，我们责无旁贷，一定大力支持。"几个具体问题也有明确意见：

1.发掘经费问题，雷修所已报来预算，决定先预支2万元，把工作搞起来，已通知他们，专款专用，单独建账，节约使用，实报实销。

2.物资劳力问题，由雷修所就地解决，要保证工作顺利进行。

3.运输工具，除就地使用所里的车辆外，已从武空后运输营调去了必要的车辆备用。

4.发掘期间生活安排、吃、住等，除雷修所合力支持外，已通知驻随县雷达干部教导队全力支持，他们那里的学生宿舍、教室、厨房、医务室有可供利用的空间，将会提供一切方便。

5.此外，空军首长还指示，随县驻有我解放军的友邻部队，空军解决不了的问题，军区领导已表示，随时报告，军区首长将指令有关部队给予支援。

得到这样的答复，我们深受鼓舞。我们提出来的问题得到圆满解决，许多我们还没想到的问题，部队首长已提前给我们做了安排，这实在是强力的支持、无私的援助。后来，在发掘进入最紧张关键的时刻，武汉军区副政委张玉华将军又偕武空后领导同志到达随县。5月22日晚，仔细观看了已出土的文物，听取了我们的工作汇报，23日上午，又

视察了现场，并亲自下墓坑，在悬空作业平台上，仔细了解操作情况，征询我们意见。又亲切接见了在施工现场的官兵，鼓励他们善始善终，做好工作，并指示：此墓很重要，有可能要保留现场，你们的扩建工程要预做准备，服从大局妥善安排。

五、航空拍照水面吊棺

各项准备工作基本就绪，5月11日，按既定方案，分五个步骤开始发掘。这五步是：1.清除填土，显露椁盖；2.取吊盖板，取出水面器物；3.排除积水，清除淤泥；4.清理椁室，取吊文物；5.取棺拆椁。

我向队员们宣布了《发掘队工作人员注意事项》，要求大家"认真贯彻落实国家保护文物的方针政策，严格遵守考古发掘规程，坚持严密的科学工作方法，做到'不遗漏、不弄错一个数据，不损坏、不丢失一件文物'"。

墓坑及椁室规模过大，用常规办法难以取得完整的照相资料，得到武汉空军的支援，派直升飞机航空摄影。机场在武汉，5月10日试航，拟订了具体航摄方案。

5月15日，第一步工作完成，木椁盖板全部露出，场面十分壮观。天气晴好，下午1时50分，直升机到达工地。年过半百的考古摄影师潘炳元、湖北电影厂摄影师易光才登机拍摄，数以千计的群众闻机声拥向工地，我们只好将他们有序地组织在墓坑周围。经过两个起落，飞机在墓坑顶上低空盘旋八圈，顺利完成了航摄任务，获得了一批珍贵的照相资料。

直升机的两次光临，把这个只有10万人的随县城关镇闹腾起来了，每日前来观光者成千上万，最多一天竟达3万多人次。擂鼓墩沸腾起来，给发掘工作也带来了不少困难。

5月17日，发掘工作进入第二步，开始取吊椁盖板，解放军驻随县炮兵某师汽车营派出的一辆载重8吨的黄河牌吊车早已到达，司机小宋在坑旁观察了多天，做好了充分准备。听说今天开始起吊，营部又派来了一位军官和一名修理技师助战。素有经验的清理组副组长杨定爱负责现场指挥。7时许，他们从盗洞处被斩断了的那块盖板开始取吊，向南北两边扩展。不多久，大部分盖板被安全取出，被掩盖已2000多年的秘密初步揭开，巨大的木椁分为东、中、西、北四室，室内满是积水，水面等高，估计下面必有门洞相通。西室水面浮有2具木棺，东室浮8具，东、西、北室水清，中室有从盗洞下泻的污泥浊水，均不能见底。"水里到底藏有一些什么奇珍异宝呢？""盗墓者会手下留情吗？"于今还是个谜。"天上飞机轰鸣，地上车水马龙，这么兴师动众，值得吗？"一些行政官员和好心的人提出了这样的老问题。我再次告诉发掘队员们："气可鼓而不可泄，排除干扰，坚持就是胜利。"

椁室有水，这是预料中的事，但水面浮有这么多木棺，是没有料到的，过去的考古发掘也从未见过。一般木棺皆在椁室底部，清理发掘总是先取文物，后取木棺。眼前的情况，按原定步骤显然不行，这些木棺，估计是用来陪葬的。当年埋葬时肯定置于椁底，因长年积水才浮上来的，必须利用水浮力和椁盖板能承重便于操作的有利条件，将水面吊棺的任务，插在取吊椁盖板之间进行，实行穿插作业。

很快，水面浮起的10具木棺被安全取出，19日、20日又将未取完的盖板全部吊毕。水面浮起的少量残器物也同时取出。至此，第一、第二步任务皆顺利完成，椁室构筑情况大体可见。后经证实，木椁构筑在墓圹底部，外轮廓平面与墓坑相同，用12道椁墙将其隔成东、中、西、北四室，每道墙均由6根方木垒成。底板、椁墙、盖板共用长条方木171根，木料形体粗大，宽与厚均在0.5—0.65米，长短不一，长的在10米左右，重达1500公斤。整个木椁共用成材木料378.6立方米，折合长圆木约在500方，其工程之巨大可想而知。

六、水里藏珍井"蛟龙"出水

5月21日，发掘工作进入方案规定的第三步：排除积水，清除淤泥。

满椁积水，水深三四米，文物珍宝藏于水底，谁也见不到，这在我国考古史上还是第一次。人们不可能潜入水底取物和获得记录资料，为此，我们设计制作了多种钢质和木质的水上操作"平台"，实行水上悬空作业。

由于椁内四室积水相通，四室的清理必须同步；水有浮力，水位变化会影响水中文物安全，排水与取物也必须同步。我决定采取"统一指挥，分室分层，水平推进，同步进行"的办法。即时将发掘现场工作人员的组织分工进行了调整，按四室分成四个组同步进行，器物、照片、图纸亦分室编号。

5月21日午夜，用小潜水泵开始抽水，随着水位的下降，水里藏珍逐一露出，许多前所未见的珍贵文物得以面世，重大考古发现，一个接一个传出，考古队员们高兴极了，工地热气腾腾，全国各地的名流学者也闻风而至，擂鼓墩更加沸腾了。最令人激动的莫过于编钟的发现和出土。

5月22日午夜，中室水里3个木架隐约可见，水泵运转所荡起的微波，水中的木架横梁似在轻轻游动，有队员说，这真似"蛟龙戏水"。

23日凌晨，东方地平线上慢慢现出了鱼肚白，水位下降到距椁顶快1米了，小伙子们嚷开了："蛟龙.出水了，编钟，三架都是！"我仔细一瞧，果然不错，青铜纽钟三组，共19件，悬挂依旧。

天大亮了，红霞挂满东方，艳丽的阳光使东团坡红色的砂岩又添了一层红彩，似在向人们祝贺，参加发掘的所有工作人员，几乎都同时聚集到了墓坑旁边，谁都想亲眼目睹一下这珍奇的发现。

水越往下降，水流使盗洞下泻的淤泥沉渣泛起，能见度很低，这三组钟是一架还是三架？这三个木架立于何处，椁内水深还有2米多，它们绝不会是空中楼阁。我当即宣布："暂停抽水，探明真情，研究对策，确保安全！"

经仔细观察，原来这三个木架，是用六个圆立柱立于同一较大的曲尺形横梁上，大梁由三个佩剑铜人顶托，其下隐约可见悬挂有较大的甬钟，据其形体推算，其下还会有更大的支撑物和更大的编钟。我当即意识到，一次震惊世界的重大发现即将面世，现在的问题是如何确保其安全出水。主要问题有二，一是随着水位的下降，水的浮力消失，钟架四旁的压力改变，能否继续保持平衡不倒；二是木质梁架，表面髹漆绘彩，水里浸泡已逾千年，木内早已饱水，乍一出水，甚或阳光曝晒，急骤的失水收缩必将导致木头开裂变形，甚至断裂，彩漆也会脱落或变色。针对此，我们拟定了三条办法：一防晒，早已准备好了的塑料棚，只要太阳一出，即行遮挡；二防倒，椁室顶上搭安全架，从架上用塑料薄膜折成的宽带垂直而下，托住横梁，避免摇晃倾覆、断裂；三保水，在木梁上加盖饱水塑料泡沫，准备几个喷雾器，不断地喷水，保持木梁的湿度大体与在水下时相当，不发生骤变。办法已定，立即组织实施，继续抽水。从5月24日午夜到5月25日，全套编钟基本露出水面。它系由19件纽钟、33件中型甬钟和12件大型甬钟及一个镈钟组编而成，悬于一个呈曲尺形铜木结构的钟架上，钟架由4根大横梁、3根小横梁、曲尺相交构成，横梁皆髹漆绘彩，两端都有浮雕和透雕花纹的青铜套，甚是精美，中、下层横梁由6个佩剑青铜武士顶托着，下层武士立于巨大的铜座上，所有钟上皆有错金铭文。乍一看去，所有的横梁，真像大小蛟龙相互盘绕嬉戏。

"'蛟龙'出水了！发现编钟了！"欢呼声此起彼伏，工地一片欢腾。受国家文物局委托在工地指导工作的故宫博物院研究员顾铁符先生，见此重大发现，决定立即回京汇报，请王冶秋局长来工地视察；领导小组组长邢西彬当即指示我"精心组织，精心施工，加强保护，确保安全，做到万无一失"。

在对编钟采取了有效保护措施，确认能保证绝对安全；中室的淤泥

及编钟附近的编磬、漆、木、竹乐器、青铜礼器和其他文物都已安全出土；原已约定发掘紧张阶段即来工地支援和观摩学习的武大考古专业首届学生和有关地市县考古专业人员都已先后到达工地，考古技术队伍得到充实加强；得到解放军的无私支援，一切取吊所用机械用具也早已备齐。6月4日开始取吊编钟。队员们逐一摸清了编钟悬挂组装的情况，掌握了要领，取吊比较顺利，到12日，65件钟安全出土，挂钟构件亦随钟取出。接着又拆卸取吊钟架。到6月15日，全套编钟钟体、钟架、挂钟构件、演奏工具，完整地安全出土。沉睡地下2000多载的这一中华巨型古乐器终于重见天日，返回人间。在世界音乐史、中国音乐史上写下了令人难忘的一页。

七、水中取"宝"现场开棺

取吊编钟的同时，或先或后，或穿插其间，中室青铜礼器、漆木器及杂陈于钟、磬之间的其他乐器也都一一取出。至6月17日，中室清理工作的第四步全部完成。

北室的清理，从5月31日开始，至6月10日基本结束。取出车马兵器近5000件，从甲胄残片中"和盘托出"的两堆竹简，共240枚，计6696字，内容为记载葬仪车马兵甲的遣策，是西晋汲郡出土竹书之后先秦竹简出土最多的一次。和盘托出的甲胄残片，清理复原出完整的人甲13件，不完整的马甲2件，复原制作人甲胄模型1套、马胄1件，第一次获得先秦甲胄的完整资料。最后取出的2件大铜缶，是此墓出土青铜礼器中最重的，高均超过1米，重量分别为327.5公斤和292公斤，也是目前我国考古所见同类器物中最大最重的。

西室的现场清理，较为简单，主要是吊取13具陪葬棺，除最早从水面取出2具外，其余横七竖八散在椁底。6月17日至19日全部取完，连同东室取出的8具，由一个专门班子在室内进行了清理。棺内有人骨架，经鉴定全为女性，年龄最大者26岁，最小者13岁，当为殉葬的乐舞奴隶或侍妾。

东室墓主人的套棺取吊最难，历经了一段曲折过程。5月22日，墓主外棺露出水面，它是由内外两层棺组成的一副套棺。其外棺制作与常见的木棺不同，是以青铜为框架嵌木板构成的。结构十分巧妙牢固。棺高2.19米、长3.2米、宽2.1米，周身髹漆绘彩，十分华丽。在过去的古墓发掘中未曾见过，确属一件难得的艺术珍品。人们为这一重要发现而高兴的同时，也为这一庞然大物如何安全取吊而犯愁。在将主棺四周的漆木器、青铜器、乐器、底下的金器都取出后，做了仔细研究，拟订了两套方案。一是充分利用这里部队提供的机械设备及技术人员，整棺取吊，另择场地开棺；二是现场开棺，分层取吊，对万一有保存尚好的尸体也做了必要准备。

6月7日，国家文物局局长王冶秋在省委书记、省革委会副主任、武汉军区副政委潘振武的陪同下到达随县检查工作，他表示要亲自在现场看一看吊棺开棺。入夜，天气晴朗，月明星稀，王冶秋、潘振武以及来观光的各级领导均来到现场。22时，我们先按第一套方案办，整体取吊，当载重8吨的黄河牌吊车施吊时，大棺却稳如泰山，纹丝不动，之后增加一台载重5吨的解放牌吊车助战，试吊了一下，仍无济于事，整体起吊的方案只好作罢。

送走了王冶秋局长，已是深夜零时，我们连夜紧急磋商，决定改用第二套方案，现场开棺，分层取吊。次日，王冶秋局长、潘振武将军等都来了，开始现场开棺吊棺。没费多大工夫，棺盖被吊了起来，仪表上显示载重已超过1.5吨。外棺内，一个形体巨大五彩缤纷的内棺置于底部，顶部有已腐烂了的丝绸残迹。内棺能否整体取吊呢？经仔细观察与测算，很难。且不说内棺里面的情况不明，体重难以估计，摆在眼下的是内棺外底紧贴外棺内底，连一点缝隙也找不到，无从下手。在征得冶秋、老邢、老秦与顾老的同意后，决定现场打开内棺，只见棺内四壁朱漆耀人眼目，上部有腐烂的丝麻织物，尸体已经腐烂，仅有骨架。内棺长2.5米、头端宽1.27米、足端宽1.25米、高1.32

米，其结构严实，髹漆非常讲究，彩绘繁缛的图案，除有几何形门窗外，多以龙、蛇、鸟及神人、怪兽等组成，成排成行成组，似寓意着一些神话故事。

对内棺里面的遗物，排除积水后和盘托出，转至室内清理。有人骨一具，经测定为男性，年龄在45岁左右，还清出金、玉、石、铜、骨、角等各种质地的小件文物350多件，其中不乏罕见的艺术珍品。最难得的要算一件十六节龙凤玉挂饰，镂空雕成，可以活动转折，是先秦玉器中罕见的珍品。

至此，东室的清理基本结束。剩下主棺的两层棺身，是到6月21日其他各室全部清理完了以后，采取向墓坑回水的办法，借用水的浮力，顺利吊出。

灌水取吊主棺之前，我们还根据王冶秋局长及省委领导同志关于墓坑及椁室原地长期保存以供参观的指示，对椁墙四周及椁底板下进行了钻探，取得了必要的科学资料，又将椁底板上的稀泥残屑全部取出，分室用清水进行了淘洗，6月28日淘洗完毕。至此田野发掘全部完成。随后在墓坑上加盖了临时保护棚，墓坑内重新灌满了清水，以保持木椁的湿度，防止干裂。

八、古乐新声震惊寰宇

编钟的出土，中国音乐界为之震惊，文化部文艺研究院音乐研究所音乐考古学家黄翔鹏、李纯一、王湘、吴剑等6人，于6月下旬应邀到达随县，对音乐文物进行现场考察研究。他们首先对全部编钟测音，获知65件钟，每钟都能发出2个乐音，呈三度和谐关系；全套钟音域宽广，最低音C2，最高音是D7，频率范围在64.8赫兹至2329.1赫兹之间，共五个八度又一大二度；音阶系列与现今国际通行的C大调七声音阶同一音列，其中心音域十二个半音齐备，可以旋宫转调；音色优美，各组钟配合演奏，定能发出奇妙的交响。

与编钟同出的演奏工具——6个"丁"字形木槌与2根长圆木棒及鸳鸯盒上彩绘的撞钟图，为我们了解如何演奏打开了通道。

音乐是声音的艺术，怎样让今人在亲眼目睹这千年古乐艺术风采的同时，又能亲耳听到它们的优美乐音呢？我们决心把它们搬上今日的舞台，重现当年音乐艺术风采。

从炮兵某师宣传队及工地考古队和省博群工部讲解员中选调了几位青年男女，就地临时组织一个乐队，又把刚从地下重返人间的编钟，在炮兵某师礼堂舞台上重新组装起来。我请黄翔鹏、王湘等负责编曲排练。8月1日下午，在这里举行了一场史无前例的编钟音乐会。帷幕拉开，我这个墓坑里的考古队长，一下又成了舞台上的主持人。我们采取展演相结合的形式，首先向观众介绍此墓出土有各种乐器，重点介绍编钟及其音响，然后演奏了一套"古、今、中、外"兼而有之的曲目。一曲合奏《东方红》，尽人皆知的旋律，使全场信服地鼓掌欢呼：千古绝响复鸣了！古钟真能发出新声了！2000多年的宫廷乐器，终于能将其乐音留给今人了。一曲《楚商》把人们带到了那屈原的时代；一会儿《一路平安》《欢乐颂》《樱花》又使人们飞向大洋彼岸，放眼东土；最后在《国际歌》声中音乐会胜利闭幕。

忙坏了电影摄影师、电视录像师、唱片录音师，他们抓住这亘古未有的机会，摄取了这珍贵的历史镜头，录下了这2000多年以来编钟的第一次奏鸣。不久，湖北人民广播电台、湖北电视台、中央电视台、中央人民广播电台、中国国际广播电台，传播了这声音、这图像。从此，古乐之乡擂鼓墩的钟鼓之乐、金石之声，漂洋过海，传遍世界，震惊寰宇。

此前的7月1日，我们还在县展览馆举办了《随县擂鼓墩一号墓出土文物汇报展览》，埋藏地下2400多年的珍贵文物，首次正式与观众见面，参观者十分踊跃。展出25天，观众达15万人次。

展览开放的同时，我们对所有的文物与记录资料进行了一次全面的检查与核对。9月上旬，在炮兵驻随县某师运输营汽车连官兵的大力支

持下，出土文物安全运抵武昌东湖北省博物馆珍藏、研究、陈列。

轰动一时的随县擂鼓墩一号古墓发掘，获得了圆满的成功。

1997 年 9 月于武汉东湖

（选自《考古发掘亲历记》，中国文史出版社出版）

信阳楚墓发掘记

裴明相

1952年秋，豫南地区久旱未雨，河南省信阳县长台关乡小刘庄村的农民，拟在庄西侧的土岗上挖井抗旱。经商议，凿井位置选在岗的最高处（后来楚墓墓冢的顶部）。在挖至深6米时，发现井内纵横放置着成排的木板（楚墓的椁顶板）。板已沤成深灰色。在掘断木板后，又发现面积有1米深的清水，水内放置着一口棺材。揭开棺盖后，露出棺内的骨架、玉器、竹席等，并在东面的墓室（前室）内发现了铜器、陶器、漆木器等。遂把这些器物取出来，带回生产队办公室。

井内出土青铜器的消息，很快在小刘庄附近的陈庄、大王庄等地传开。墓地所在的土岗，原在三个生产队耕地的分界上，土改时才把该处划归小刘庄。为了避免三个村庄之间的纷争，长台关乡政府采取了如下措施：（1）小刘庄农民取出的青铜器交给乡政府保存；（2）将井口用土封填；（3）报请上级政府处理。

次年3月，我受河南省政府的派遣，会同省文物工作队的四位同志，前往该地进行发掘。我们先用探铲探明该墓的轮廓，知该墓为一大型木椁墓。揭去墓顶填土后，露出七个用木板套扣的椁室（主室、前室、右侧室、左侧室、后室、右后室、左后室，参看《信阳楚墓》，载《文物出版》1983年）。各室的四壁和上下皆用方木（方形木板）套扣。其中以主室的方木最大，结构最为复杂，是用三层椁板扣成的。其余六室皆以单层椁板套扣，形制较为简单。椁顶板的上面，铺有苇席，

113

揭去苇席后，露出各室顶部的方木。上述各室的东侧筑一长约14米的斜坡墓道。

各室顶部的方木排列方向不同，有的为东西向的横铺，有的为南北向的竖铺，无论其横铺或竖铺，皆井然有序，界限分明。在揭去顶板后，900余件精致而又完美的铜器、漆木器、玉器、竹器、竹简等，分别摆放在七个椁室内，酷似一座在2100多年前封闭式的"地下博物馆"，各室遗物历历在目。

主室位于七室的中部，是放置墓主棺材的地方。棺分内外两层，内外套扣后，置于主室的中部。发掘时，棺口已揭开，并向南倾斜。人骨架腐朽，但璧、璜及错金铁带钩等放在骨架的周围。据进入墓内的打井农民称，棺底最下层铺有竹席，席上垫红绢，绢上放人架。

信阳第一号楚墓出土的镶金嵌玉铁带钩前室位于主室的前面，随葬着成套的乐器（编钟、鼓、瑟）及竹简、铜鼎、陶鉴等。悬挂在钟架上的13枚铜编钟原放在该室的东南部，但由于木钟架朽断，各钟被坠落在积水中，手执钟槌的木俑亦被推倒在地。歌诵死者生平的竹简（竹书），原放在前室的东壁下面，亦因经历2000多年的岁月沧桑，使其腐朽混浊于污泥中。加之小刘庄打井农民的践踏，皆成断简残字，有的模糊不清，有的残存七八字，也有的仅存竹条。发掘时，这批竹简已沤成像"朽蒲草"片，与污泥混为一体。用水清理后，见片上有清晰的字迹，始知其为"简文"。随后，逐块冲洗，并将其放在玻璃板上，经多次缀合、拼接，最后组成一篇长达170余字的"竹书"。经辨认，文内曾多次使用"周公""君子""三代之子孙""先王之法"等儒家用语，说明战国时期的楚人已具有较多的孔子、孟轲思想。

沤朽的钟架和钟槌，依其形制，我们制出其复制品，并将铜钟悬挂其上，能谱奏出多首歌曲，其中《东方红》歌曲，曾于1958年元旦零时起在中央电台播放过。

左侧室位于主室的北侧，为墓主车舆放置之处。由于室内面积狭小，车盖、舆身皆拆开散放。按车舆的形制，与近年淮阳平粮台（见

《河南淮阳马鞍冢楚墓发掘简报》，载《文物》1984年第10期）、浙江下寺（见《淅川下寺楚墓》，文物出版社1991年）的楚车相同。另外，还发现了铜马衔、车饰和两个木俑（似为御者和文官），但未见马骨。

右侧室位于主室的南侧。室内放有漆案，案上放有成叠的木漆豆、耳杯豆、耳杯以及陶豆、陶鼎、梅核等。从器物的倾斜和散乱的情况可得知，该室的木漆豆、耳杯豆一类器物本来盛着祭品（梅子）放在漆案上，后因漆案的倾斜，豆和杯豆跌落在案的一侧，以致其周围乱散着成堆的梅核（脱皮的梅子）。耳杯和耳杯豆内亦遗存多少不等的梅核，每杯内一般放3—7枚，总计梅核319枚。显然，这是祭祀的遗存。这种用豆（含漆豆和陶豆）盛放祭品进行祭祀之风，在春秋战国时期关东各国甚为盛行，并于洞外刻文祭祀。如郑州商城城内东北隅出土的东周陶豆上多刻有"亳""亳丘"等字（见《1992年郑州商城宫殿区发掘收获》，载《郑州商城考古新发现与研究》，中州古籍出版社1993年）。

后室的东面紧临主室。该室的中部蹲着一龇牙咧嘴、头插鹿角的怪兽。兽的周围环立有四个侍卫的木俑。似为降妖镇邪、保护墓主之意。惜经千年沧桑，怪兽倒歪，侍俑亦倒伏于地了。

左后室位于后室的北侧，是放置生活用品（如床、案、几、文具箱、竹席、竹简等）的地方。竹简记载着墓内葬品的数量和名称，是考证战国时期生活用器的重要依据；文具箱内装着铜削、锛、锯、锥、刻刀、夹刻刀、毛笔等，对探讨削制竹片和书写简文的程序有一定的价值。尤其是毛笔的发现，开创了我国战国时期用笔的先例，纠正了以往"蒙恬造笔"的传统说法。

右后室位于后室的南侧，放置着漆案、陶甖、竹篓、跪俑等。而跪俑的形制与前述椁室的立俑不同，已不见体外的彩绘衣饰，仅着短衣（已腐朽），显然他是等级最低的仆役。

通过1957年3—5月近90天的发掘，清理出一座遗物较多的大型木椁墓。就目前来说，它是所有楚墓中（含湖北）最完整的一座大型木椁墓。七个墓室，是由539根方木套扣成的，总体积为78.7立方米。方木

最大的长3.9米，宽、厚各0.3米（相当小型房子的大梁），小的方木长1.3米，宽0.1米，厚0.18米。出土文物近千件。其中较为贵重的有成套的乐器（编钟、鼓、瑟）、两组竹简（竹书和遗策）、绚丽多彩的漆木器（镇墓兽、床、几、案、俑）以及其他铜器、玉器、陶器、金银错铁带钩等。这一重要的考古发现，就20世纪50年代中期来说，可说是空前的。国家文物局王冶秋局长闻讯后，立即组织"华北六省文物现场会"，召集北京、天津、河北、山西等省文物界的领导同志60余人，前来信阳长台关小刘庄楚墓墓地参观，总结并推广信阳楚墓配合水利建设进行考古发掘的经验。但在后一段的发掘中面临很多难于解决的技术问题。

一、漆木器是数量最多的随葬品，约占遗物总数三分之一。这些漆木器，外涂彩漆。由于长期浸泡，故木质腐朽，若遇晴朗天气，就会导致漆器变形和彩漆脱落。发掘时，它们都像放在水中的"豆腐"，既"软"又"松"，使我们既不能"搬"，也不能"摸"；"搬"了即"碎"，"摸"了就捺出一个小"坑"（窝）。在这种情况下，我们急中生智，创造出"木板取物"法。即趁漆器在墓底积水的"浮力"，将木板逐渐地伸入漆器的底部，然后将其逐件托出水面。在托出水面后，又怕阳光照射，发掘的同志将自己的衣被蘸水，包裹在器物的外面，最后，终于把墓内漆器逐件包裹装箱运回郑州。

二、两组竹简的清理是发掘中的第二个难题。前面已说过，简文的竹条由于长期沤在水中，皆已腐朽变质，失去原有的硬度和韧性，酷似沤朽的蒲草，使人无法取拿。在此情况下，对两组竹简分别采取不同的措施：（一）对践踏在污泥中的"竹书"，我们将污泥分割成许多小块，逐块用清水冲洗。在发现简片后，即将其与污泥拨离，然后放置在玻璃板上；（二）对成捆的"遗策"，按照其原来成束的顺序，分束编号。而每束内各有四根竹简。有字的简面两两对放，束外用帛包裹，再用丝带捆其两端。其形恰与"卌"（册）字象形。先在束外编号，再按顺序将其用"玻璃拨离法"移至玻璃板上。该法是将一块较大的玻璃板置于简束的旁边，趁着竹简在水中的"浮力"将其拨放在玻璃板上。然后，再用两根玻璃条（长度与简长相同）夹住每根竹简，并在其上下两端用丝绳捆绑。最后，再将每根夹有玻璃条的简条，分别置于密封的装有"福尔马林"溶液的玻璃管中。"福尔马林"溶液是一种碱性较强的液体，对竹简有较大的保护功能，既可以保护简的原形，又可隔着玻璃管清晰地识出简文。显然，这是一种较妥善的方法。该法在20世纪50年代创出后，已在全国推广，尤其在楚都——湖北江陵纪南城广泛应用。

信阳楚墓资料发表后，已得到中外学者的高度重视。据初步统计，已发表专家学者的有关论著计有十四五篇。

（选自《考古发掘亲历记》，中国文史出版社出版）

新都县战国木椁墓发掘

李复华

1980年3月初，四川省博物馆听到新都县文物管理所（以下简称文管所）反映，说他们县里的马家公社发现了一座古墓，请派员清理。我馆决定派沈仲常同志（当时任考古队队长）和我先去看看情况，再做处理。次日我们驱车去墓地详细察看后认为，这是一座大型战国木椁墓，虽然早年被盗，遭到严重破坏，但仍有清理的必要。我们回馆向馆长们作了汇报和建议，领导决定由匡远滢和刚从四川大学考古专业毕业分配来馆的陈德安，同我们一道去新都，与县文管所组成联合工作组，负责该墓的清理工作，这样有利于以老带新，培养提高青年考古工作者的专业水平。清理工作于3月14日开始，至5月3日结束。

我对这座残墓清理的心情是喜忧参半，一方面希望能有惊人的幸存发现，另一方面又担心盗墓者早已将殉葬品搜刮一空。在清理工作行将结束之前，仍无重大发现，而仅仅是出土少量的劫后所余之残小遗物：铜器有错银带钩、残弩机、雕刀、残锯片、盖弓帽、锥刀、纺轮形器、管形器、锥形管器、衔环铺首、三连环，最多的箭镞有64件。漆器有耳杯、残木工和漆木器片。其他还有料珠、水晶珠、方形玉饰、漆锡器残片和桃核十粒等。

清理工作到了最后时刻，终于出现了可喜可庆的重要发现。当时我尚住在城内一个陋巷的"蜗庐"里，这天正要进晚餐之际，匡远滢同志突然来访，告诉我今天意外地出土了一方一圆两方铜印，随即出示两印之摹本。我看后惊喜异常，认为两印的出土，应是我省考古工作的重大发现，其学术价值堪与云南出土之滇王印等量齐观。我兴奋之余，遂请妻子增添酒肴，以示庆贺。次日我便和匡远滢同志向馆领导作了汇报，大家自然都非常高兴。

紧接着更大的喜讯又传来了：清理的同志在位于墓中的棺室底板上发现了两个直径分别为0.12米和0.08米的孔，据分析是当时盗墓者为探索底板下有无腰坑而凿留的。我们继续发掘，于次日上午在墓坑中部发现了一座木建大型腰坑，保存非常完整。坑内满盛铜器，但全浸泡于积水之中。大家首先将坑保护起来并抽人回馆汇报，大家听了更是喜出望外。次日我亦随去工地，情况与汇报相同，但从坑面能见到之铜器看，竟仍是光泽夺目，俨然如新，虽被水浸泡两千余年而未氧化，实属鲜见！回馆后研究决定，为了保证清理的科学性，由贾克副馆长负责全面工作，我负责腰坑的清理工作，又增加王有朋协助工作，李显文负责绘图，陈湘华负责摄影，即日进入现场。为了工作的需要还把馆里的一辆吉普车调给发掘现场专用。同时，由何世珍副馆长向省文化厅和省委宣传部汇报了此次重大考古发现，以争取上级领导的支持。

我们进入现场的第二天上午，便进行对墓的清理工作，为腰坑的清理工作做好了准备。这天正好省委书记杨超同志因公到马家公社，闻有重要发现，便来现场观察。我向他汇报了墓葬的重要价值和意义，他又问了我和几位文物工作者的情况，并与在场的同志合影留念。这时已近中午，我对杨书记说："午后两点便可开始清理坑内文物了。"他高兴地说："好，我不走了，看看出些什么重要文物。"大家都得到很大的鼓舞，感到省委领导是何等关心我们的考古工作啊！

午后两点，大家和杨书记一道来到工地，首先给杨书记拿来一顶草帽和一条木凳，以便他坐着看。这时在贾馆长的主持安排下，各就各位，各司其职。虽然当时烈日高照，炎热异常，大家都毫无疲倦之感。一直到7点多，才将器物清完，并且妥为包装，运回县里保管。据统计，坑内共出土大小铜器188件和四节木棒，收获真是不小啊！

文物运回省博物馆后，馆里决定了三件事：第一由我向全馆同志汇报该墓的清理工作及其重要意义，我略作准备后即予完成。第二由我和王家佑负责搞一次此墓的出土文物展览，用以向全市人民宣传文物知识及其保护的重要性。在全馆同志的配合下不久即展出，历时一月，观众空前，收到了良好的社会效果。最后由我负责组织力量对文物进行整理和编写报告，现将过程略述于次。

整理工作量较大，馆里增派徐君熙和彭朝蓉两同志协助绘图。我和匡远滢、陈德安便立即对文物分类排队，并分工编写报告，由于馆里的全力支持，仅用了三个月便基本完成。在此期间，沈仲常同志撰写了一篇题为《关于新都战国墓的文化性质》文章，我亦步其后撰了一篇题为《试说新都战国墓出土铜印》文章，两篇短文均先后在《四川日报》发表，用以加深市民对新都墓的认识，并供同行参考。同时，沈仲常同志提出为了配合"报告"的发表，拟请川大教授徐中舒师和唐嘉弘合写一篇与该墓有关的文章，我当然无异议。不久送来的文章题为《古代楚蜀的关系》。沈氏亦撰有一篇《新都战国木椁墓与楚文化》。而与《文物出版社》联系则是由沈氏负责，后来"报告"和两篇文章发表于1981年《文物》第6期上。

下面就几个问题谈谈我的看法。

一、关于盗墓者和腰坑的幸存

要盗掘如此大型的墓，其工程一定比较浩大，短期难以完成，因此，盗墓者绝非一般的人，而当是后来蜀地极有权势者。我认为，这座大型腰坑在国内实属鲜见，颇类一般建于墓外附近之陪葬坑，而此腰坑却建于墓底之下，这显系为了防止盗凿，此目的亦是达到了，其用心可谓良苦。同时，可见当时蜀地盗墓之风亦是很盛的。

二、关于铜方印的意义

此印边长3.3厘米、高1.4厘米，背面微拱有鎏钮，饰四兽纹。正面印文为一组"巴蜀图语"符号，分上下两部，上部图像，中央为一"十"字形符号，虽其义不明待考，但在墓内和腰坑里出土的不少铜器上均繁简不同地刻铸有此符号，显系当时统治蜀地者氏族之"族徽"。其两侧各有一口向上的铎，无疑是象征最高权力的金木两铎，木铎用于文事，金铎用于军事。

下部图像：两侧各站立一人，共抬一长方形物，物上并列有三个"O"形符号，其下中间置一罍。关于这些符号的意义：三个"O"形符号可能是《左传·桓公二年》所说的"三辰旂旗，昭其明也"之义。三辰为日、月、星，《疏》里说："三辰是天之光照临天下，故画以旂旗象天之明也。"意思是用以表示当时蜀地的统治者对蜀人行"仁政"，有如天光之照蜀地。两侧的立人，王家佑同志认为，从图像来看，左者为女，右者为男，可能是象征阴阳之意，或许是表示蜀人拥戴统治者。罍，应是蜀人象征最高统治者权力之重器，有如中原之鼎。从以上对印文的分析来看，此印绝非一般官吏之物，而是一方王者之印，有如秦汉以来中原之玺。同时，它又是中原文化与蜀文化融合的物证之一。

三、关于墓主问题

从墓葬规模和印文意义论证，墓主绝非常人，而属王者。此外，还可补充两点。（一）"九"这个最大的数目字在很早以前就为帝王所专用，《易·乾》云："九五，飞龙在天，利见大人。""大人"当是指有龙德之圣人，即所谓之"圣君"，故帝王之位称为九五之尊。而此墓腰坑里有"九器"殉葬，即"敦、豆、缶、盘、鉴、甋、甗、匜、勺"，每器两件共18件，表明墓主有王者之位。（二）腰坑里有戈、矛、钺、剑、刀等五兵。《夏官》云："大丧五兵。""大丧"王者之丧也，说明王者大丧是要用五兵来作为祭祀之仪仗和殉葬明器，故此墓之用五兵亦足以表明其墓主为王者。当然王者为蜀王，但究竟在开明十二世中谁的可能性最大呢？《蜀志》云：九世"开明王自梦郭移，乃徙治成都"，《路史·余论》卷一亦云："开明子孙八代都郫，九世至开明尚，始去帝号称王，治成都。"故开明前八世葬于成都以北的可能性不大，开明十二世在武阳为秦军所害，也不可能葬于此。因此，从空间和时间而论，可以较为肯定地说此墓主人在开明九世至十一世的三王中必居其一。

综上所述，可以看出新都战国大型木椁墓，对于探索蜀国历史、文化和有关问题具有很高价值，比之于其他重要考古发现并不逊色。

（选自《考古发掘亲历记》，中国文史出版社出版）

楚雄万家坝古墓群发掘纪实

徐康宁

一、概说

楚雄西距昆明160公里，是云南和滇中高原的腹地。在地质时代，这里是冰川、恐龙和腊玛古猿活动的舞台，翻开中华民族第一页的元谋猿人，就是从楚雄作为故乡，成为人类起源的重要发祥地之一。继著名的楚将庄王滇以后，沿发源于蜀山南下的龙川江，成为沟通秦汉时期内地四川与边陲云南的重要通道，亦即享誉海内外的著名"南方陆上丝绸之路"。当时除了稍靠滇东北的"五尺道"外，就数这条被称作"青蛉道"的成为维系中原和云南联系的重要纽带了。而这条社会、经济生命线，正好通过了楚雄辖区全境，其地位、影响和作用是不言而喻的。可以想象，历史上作为蛮荒之地的楚雄，由于那位显赫一时的楚人庄王滇，随之而来的楚国先进生产技术，以及伴着"南方陆上丝绸之路"的开通而带来的繁华。这种蛮荒与繁华所形成的二律背反，其结果必然产生大量聊以自慰的民间传说。相传楚雄之名的来历，就与威楚大将军的西征落籍有关。传说中的威楚大将军是否有踪可循？千百年来一直成为这座滇中重镇市井街民所津津乐道的话题。

20世纪50年代以来，地质工作者、考古工作者和民族学研究专家，基于楚雄辖区特殊的地质地貌、历史沿革和全国最大的彝族聚居区的特点，把投注的目光移到了这里。在这块被称作"历史研究的金方和宝

地"上，先后发现过禄丰恐龙、腊玛古猿、元谋猿人等史前瑰宝，以及大墩子新石器遗址、大波那木椁铜棺和至今仍保留在彝家山寨的古老十月太阳历法，观星象向天坟等遗俗遗迹，成为堪称世界之最的史学研究的富矿。然而，情况还不仅仅于此，如同阿拉伯神话中的"芝麻开门"那样，一座更大的宝库之门，像雾里看花般地正慢慢地向人们开启。

二、农田基本建设与古墓重见天日

1974年早春，滇中高原南流的龙川江清龙河西岸，沐浴着尚有几分寒意的春风，一群人在挥锄取土，将高地的土挖向低处，以便让这些祖祖辈辈靠天吃饭的雷响田更平整一些，让那些由于山地高低起伏而分割成小块的耕地更大一些。这在历来以农业为主的国度里，当时叫"农田基本建设"，认为那是解决温饱问题的必要途径。这里离滇中重镇——楚雄县城只有3.5公里，出县城往东南，称作万家坝，估计曾经是万姓大户的聚邑而得名。相邻的是丝绸厂和林业局驻地，一片毫不起眼的红土台地。

农民们挥舞着锄头，肩挑着竹箕，就这样一锄锄、一筐筐地取土搬运，从事着简单而繁重的劳动。当时的古老神州大地，"文革"风暴已是强弩之末，"四届人大"召开在即，"四个现代化"的呼声已深入人心，人们在期盼着。如同万家坝的农民希冀着来年有个好的收成，通过这样的农田基本建设，不要再出现青黄不接吃不饱肚子的事。

"当啷"的一声响，这种平凡得出奇而又有异于锄头挖土碰着石头的声音，引起了四周从事着简单而枯燥劳动的农民们的兴趣。人们围拢而来，看着那位中年男子在锄下拨开泥土而显现的物件。这是一柄铜斧，通体泛着绿白色的绣，静静地卧在那里。刚才发生的那次与钢锄碰撞的声响，在它的拦腰部位留下了一道砍砸口子。仿佛受到委屈的伤害，或许还伴随着人们发现稀奇物的惊喜，工地上立刻炸开了锅。几个年轻人嚷着"挖着宝啦"！欢喜雀跃；而许多老妇人则表现出出奇的胆怯，似乎是做错了什么事，围拢来而又散开去，口中还默默地念着什么，像是祈祷似的。

只有包括发现者在内的几名中年汉子，则表现出超凡的"纪律意识"——这在某种程度上或许是多年的"文革"运动中磨就的。他们虽然对那件远离现今生活若干个世纪的"怪物"一无所知，他们没法凭借有限的感觉和知识去判断它为何物。然而，习惯了绷紧"阶级斗争"这根弦的老实巴交的农民，则不约而同地像发现"敌情"似的报告了村里领导。这种富于戏剧性的偶然发现，使一个千古之谜得以诠释，传说中的"威楚大将军"的踪迹得以发现，这在当时的木城楚雄，乃至整个滇中高原，不啻是一个足以让人们振奋而引以为自豪的新闻。

消息在乡、县、省逐级之间传递，省文物主管部门派员到现场勘察，试掘发现那是一个有清晰"五色土"（表土和深层土挖取又覆盖所致）的墓坑，较之滇地区域常见的土坑竖穴墓要深得多，初步判断很可能是个古墓群。有关主管部门很快批准了发掘方案，并拨给了专项经费。一场科学的、大规模的万家坝古墓发掘项目，正在准备、草拟；同时，一个揭开先秦时期滇中高原历史演义舞台的帷幕，正在徐徐开启。

三、独木棺上的盗洞

翌年5月，初夏的丽日照耀着楚雄坝子，桃红柳绿，山岭上一片郁郁葱葱。就全国的政治形势而言，由于邓小平的复出，以及"整顿"改革方案的推行，古老神州大地一派莺歌燕舞，充满了生机和活力。在通往万家坝的红土路上，一辆简陋的农用汽车，满载着身着劳动布工作服的七八名男女，及其大包小包的行囊。汽车喘着粗气，随着凸凹不平的土石路颠簸，卷起阵阵尘烟。沿途和村庄里的人似乎被少有的汽车轰鸣声吸引，抑或对车上一行人的装束和陌生面孔发生兴趣，纷纷驻足观望。

安营扎寨，驻地就在林业局简易的招待所里。从驻地到发掘土地，

沿公路走上10分钟，再向左转上一个高高的台地，被称作M1的墓葬，将由地表往下挖去。去年的农田基本建设因偶然发现了那柄铜斧而中止，地面疮痍满目，坑坑洼洼，只有几丛迎春花抖落着枯萎的花瓣。清理表土，测量，找到凭正常土层结构与扰乱土的界线，墓坑的边沿就被认定了。开始发掘前都有大量的取土工作，这项任务就由当地万家坝的雇用农民来完成了。这些被称作民工的酬金，每天一块二角八分，在当时当地的农村中，算是高薪收入了，人们趋之若鹜。一柄板锄，一对竹箕，在博物馆文物工作队员的指导下，一锄锄地挖，一筐筐地挑，几天后，地面上很快就留下了一个长5米、宽3米，而深却达5米的大坑，一具乌黑且在一定程度上炭化了的原木棺椁就显露出来。工地上一片惊喜，民工们退居二线，全部清理工作由文物队的技工挥舞小铲和毛刷而上，人们屏息而待，空气仿佛被凝固了，都期盼着宝物的出现。

被称作木棺的，采用原木稍作加工而成，直径很粗，看来要两三个人才能合抱过来，表面布满树皮剥弃而留下的沟槽和裂纹。两端上下各凿有手腕粗的圆孔，估计是用作穿绳拖拉运输之用。棺木已经高度炭化，比重很大。工地民工曾拾些碎片用于取火，久久不能燃着。M1棺木曾取样送北京中科院考古研究所做碳十四年代测定，其时代距今2375±80年。这对于确定楚雄万家坝古墓群的年代，具有重要的意义。

十分富于戏剧性的，是如此距地表的深度，且木棺又硕大无比，而在M25的由两根巨木组成的复合棺的顶端正中，居然有一个方正的盗洞，硬是将圆木凿穿，尺寸约在40厘米见方，棺内青铜器散见于棺外的淤土中，且土层关系混乱，说明该墓早年曾经被盗。盗贼们为劫取随葬品，可以想见是付出了何等的代价。

四、腰坑里的铜鼓

M1的发掘正在清理当中，木棺完全暴露了。眼下的问题就是如何把木棺吊起来，估计木棺下仍有文物出土的可能。驻地林业局起吊原木的起重车发挥了作用，伴随着马达的轰鸣声，起重臂吊着四根系在棺底的钢缆绳，木棺缓缓上升。这在当时当地也颇具有现代化的味道，人群中不时发出阵阵喝彩声。

木棺终于升上平地，放置在一辆8吨载重平车上，准备拉往昆明，供省博物馆研究、展出。紧张的工地发掘清理仍在进行，专家们的预测被证实了，在棺底四角的，被考古术语称作腰坑的地方，奇迹般地出土了四具铜鼓。一项惊人的纪录，在默默而平淡之中产生了，随着技工们小铲的起落，四面迄今世界上有确切年代而又是经正规科学发掘的最早的铜鼓，重见天日。它的出土问世，就其意义和影响来说，绝不亚于施放一颗原子弹的冲击！

这四面铜鼓的形状和花纹相当原始古朴，在田野清理时才发现，弃除了附着在鼓身上的红土后，发现铜鼓表面布满火烟熏烤痕迹，且出土时鼓面是朝下倒扣着放置，表明当时铜鼓的功用还处在既做乐器又兼做炊具的初期发展阶段，这对于阐述艺术起源于生活的观点，提供了珍贵的实物资料。

五、华夏政治风云与发掘现场小景

由于M1的诸多重要文物的发现，经过发掘队员回昆稍事修整之后，1976年1月，正式对万家坝古墓群进行大规模发掘。共发掘各类墓葬79座，先后出土青铜乐器、生产生活用具、乐器和装饰品等900余件，成为中华人民共和国成立以来，继晋宁石寨山和江川李家山之后，云南重大的考古发现之一。

1976年元旦的到来，万家坝发掘工地，是伴随着从县城高音喇叭中隐隐约约的元旦社论之"批邓反击右倾翻案风"而度过的。华夏政治风云的变幻，给过年不能回家、仍奋战在考古发掘工地第一线的考古专家们的心上蒙上了一层阴影。"十年动乱"中批判单纯业务观点，有关文物这个口"是红线还是黑线"的争论，使这些专家都心有余悸。

对这些奴隶主身份大墓的清理，尽管有许多堪称"国宝"的文物发现，其宣传力度明显弱于时髦的政治口号。专家们在困惑，连驻地农民群众，也表现出很大程度上的不理解。田野工作队在驻地是自己开伙，1975年的调整和整顿，很明显地表现在群众的菜篮子上，那个时候，田野工作队隔三岔五就要买进一只鲜猪肉腿，队员们轮流上阵，各显神通，展示自己的烹饪手艺。劳累一天收工回来，人们习惯将满桌子的肉菜称为"打牙祭"，厨房里时常飘扬起阵阵笑声。自1996年元旦社论"批邓反击右倾翻案风"以来，餐桌上的肉菜明显不如往常，县里供应部门凭票买肉的票证也越来越少。队员们普遍反映未到收工，肚子就饿，直嚷着油水太少。

看来华夏政治风云变幻莫测地左右着远在边陲的发掘现场，好在是"奴隶们创造历史"的唯物史观影响着人们的意识和观念，终于使整个发掘工作得以顺利完成。

六、农具和生产工具的世界

唯物史观认为：物质是第一性的，生产力的发展，决定制约着生产关系的建立。整个楚雄万家坝墓地，共出土青铜生产工具150余件，其中农业生产工具142件，占整个出土文物总数的五分之一，真可谓农具和生产工具的世界。

在著名的M1中，共出土了82件农业生产工具，主要是青铜锄和斧，这在全国同类型墓葬中，是极为罕见的。它表明了锄耕农业在当时社会发展中的重要地位。从出土的青铜农具来看，楚雄万家坝的器物特征，既带有青铜器时代滇西洱海地区的特点，又具有滇中滇池区域的影响。锄分为宽板型、条叶型和尖口型，可能是楚雄山地土质结构复杂所致，较之滇池区域的湖滨土质和洱海区域的沙积土质而异，因此，单就青铜锄而言，就产生了如此多样性的结局。青铜斧的大数量的出现，也给专家们对当时的生产活动的判断，提供了一个饶有趣味的话题。斧在人们的观念形态当中，无异于与劈柴炊爨有关，云南多山间林地，锄耕农业的操作，首先得砍林烧荒，所谓沿袭至今的"刀耕火种"的原始耕作方式，砍树成了首先必须解决的命题，既可腾空林地，又可积灰作肥。这种在今天具有环保意识的人们看来，是近乎"掠夺式"的生产方法，而对于当时万家坝人，却具有生活温饱和社会发展的进步意义。

此外，对于农业生产工具的装柄方式，也是令人回味的。青铜锄和斧，都铸有装柄口。可能是基于楚雄山地的认识，人们在坡地上耕作，必然锄与柄的装组角度要小些，有时可达45°角。而万家坝的先民则采用天然弯曲的树枝丫杈，一端砍短削尖插入斫口，出土时还部分保留着这种奇特的装柄方式，令人感慨万千。

七、改写了黑格尔关于越南东山铜鼓为之最的历史

话题又回到了具有划时代意义的楚雄万家坝出土的铜鼓上来。铜鼓是我国南方和东南亚诸民族共同使用过的乐器。在古代，铜鼓曾具有重要的社会功能，是权力和财富的象征。史载："铜鼓，有剥蚀，声响者为上，易牛千头，次者七八百头，递有差等。夷人藏至二三百面者，即得雄视一方。"非但如此，在各种宗教祭祀中，铜鼓还被视作通神的灵物。

20世纪初年，著名史学家黑格尔先生有幸对越南北部东山等地出土的铜鼓，做了对比研究，认为那种有着匀称有序纹样的铜鼓，是世界上最早的铜鼓。这种观点一直沿袭流行了几代人的历史，学者们几近认为这是"颠扑不破的真理"，往往以之为断代识别的标准。楚雄万家坝铜鼓的出土和鉴定，包括放射性碳素年代测定的前690年数据的出现，无疑结束了黑格尔东山铜鼓之最"神话"的历史。就现在看来，那种被称为"铜鼓始祖"的东山文化铜鼓，其发展阶段，不过是我国西汉时期流行的被排列划分为"石寨山型"的铜鼓，其时代相差五六百年。

可以认定，楚雄万家坝才是铜鼓的故乡。它在这里由釜演进为鼓，

几个世纪以后，铜鼓才从这里流传到我国南方各省和东南亚地区，成为古代部族所拥有的乐器和礼器。

八、羊角钮编钟的音律

楚雄万家坝一号墓，不仅出土了四具享誉世界的早期铜鼓，同时，还出土了六枚独特的羊角钮编钟。这对于考古工作者来说，无疑是足以令人振奋的事情。众所周知，编钟是我国古代的重要乐器，用于宫廷及庙堂悬挂成组排列演奏，一般为十三枚，具有七声音阶。著名的河南信阳出土编钟，就是最典型的标准器。

云南历史上也曾出土过编钟，1955—1962年对晋宁石寨山滇王族墓地的考古发掘中，就是在出土"滇王之印"的墓葬之中，出土了一套编钟，那套编钟亦为六枚，个体较万家坝编钟为大，为环钮，通体布满短犄角龙（蛇？）的形象。万家坝这套编钟虽同为六枚，然体量较小，素面，且钟钮为交叉的羊角形状钮，故而名。

据有关专家测定万家坝六枚羊角钮编钟和晋宁石寨山滇王墓的编钟一样，虽为六枚，就音律而言，已经不局限于五声音阶，已含有六或七声音阶，同十三枚的编钟一样，时至今日，仍可进行敲击演奏，令人叹为观止。

九、青蛉道和文化板块的撞击

历时近一年的发掘工作行将结束，满载着此次发掘所获的文物标本，整整装了三辆卡车，硕果累累。在蜿蜒起伏的滇西国道上，这条在历史上被称作青蛉道的"南方陆上丝绸之路"，在连接古老华夏文明和西域东南亚文明的交流纽带，曾经发挥着不可估量的重大作用。

楚雄万家坝古墓群内涵极为丰富的文物出土就是证明。这种携带着氐羌和楚国故地文化特征的影响信息，强烈地蕴含在各类器物之中，例如卷缠着铜皮柄的长矛、带胡的戈、兵器底端的镦等，无一不浸透着华夏文明的印痕。而连接这条被誉为"南方陆上丝绸之路"另一端的东南亚文明的因素，在出土器物中表现亦很强烈，诸如钟铃、镂空牌饰、片管珠等，却是西域文明的特征和影响。

可以想见，在绝不亚于"蜀道难，难于上青天"的青蛉山道上，伴随着"山间铃响马帮来"，两种古老文化板块在这里形成碰撞，北南文化的博大精深和奇异秀丽，得以形成交流、沟通与融合，古老文明源远流长，生命之树常绿。

十、氐羌系昆明人诸种

田野发掘工作的结束，研究工作进入了室内整理的阶段。一箱箱满盛着各类器物的包装被打开，熟识的文物又重新展示在研究人员眼前。关于楚雄万家坝墓地主人的族属问题，是首先需要解决的问题。

秦汉以来的地理沿革，楚雄正值越巂、益州二郡之交。靠那些条"桓水出蜀山，西南行羌中，入南海"的，现今称作雅砻江、龙川江、礼社江和红河而进入南海通道的联系，被史书称作旄牛种的羌族得以南下，形成氐羌系统的"昆明人"诸种。从所出土的文物来看，可以作出推测：所谓"昆明人"的分布区域，早在西汉前就具有相当发达的青铜文化，其社会发展，早已超出了司马迁所说的"毋常处，毋君长"的阶段，形成了定居于坝区的、从事农业生产的"下方夷"（昆明人），与居住在山区的、从事游牧业生产为主的"上方夷"的区别。

十一、高原的回声

楚雄万家坝古墓群的考古发掘和整理工作，虽然历经政治风云变幻之干扰，但终究画上了一个圆满的句号。在这块滇中红土高原历史舞台上，特殊的背景和地理条件，上演了一部部激动人心的辉煌史诗。"天

高任凤翔"，彩云南现的美好憧憬，在悠悠历史长河中得以一一展示。冰川、恐龙、元谋猿人、南方丝路、彝族聚居地，这些历史发展的轨迹，犹如四通八达的交叉十字路口，在这里形成交汇，留下了社会发展的深深印迹。伴随着深沉而凝重的咚咚作响的鼓点，形成高原的回声，古老彝州正拥抱和创造着更加美好的明天。

（选自《考古发掘亲历记》，中国文史出版社出版）

秦始皇陵兵马俑发现发掘记

袁仲一

秦俑的发现和一号坑的发掘

自1974年兵马俑被发现以来的23年间，我有幸亲自主持和参与了一、二、三号兵马俑坑、铜车马坑及始皇陵园的勘探、发掘和研究工作。

兵马俑坑位于秦始皇陵东侧1.5公里处，这里原是一片荒滩、树林、墓壕累累、沙石堆积。在这片荒凉的地下，谁也没有想到竟埋藏着秦始皇的一个庞大的地下军团——八千兵马俑。1974年3月24日，西杨村的农民杨志发、杨天义、杨鹏辉、杨步智等人在此挖井，至29日发现了陶俑的残片。当时不知道为何物，有的认为是砖瓦窑，有的认为是神庙里的瓦爷，有些老太太还前来焚香叩拜。当时晏寨公社有个管水利的干事房树民适巧路过此处，对农民说："大家不要动，这可能是文物。"于是就向临潼县政府汇报，县上派文化馆主管文物工作的赵康民同志到现场勘察，并收集了出土的陶俑残片；接着进行陶俑的修复和局部清理工作。这时中国新闻社记者蔺安稳同志回临潼县文化馆探亲，得知情况后就于6月25日写了篇《秦始皇陵发现一批秦代武士俑》的情况反映材料，交给《人民日报》编辑部刊于内参上。当时的国务院副总理李先念同志看到了发现秦俑的反映材料，并亲笔批示："建议请文物局与陕西省委一商，迅速采取措施，妥善保护好这一重点文物。"7月6日，国家文物局文物处的处长陈滋德等，带着李先念副总理的批示来

到西安，会同陕西的文物考古工作者察看了秦俑出土现场，并正式委派陕西省组织考古队发掘。考古队由我和屈鸿钧、崔汉林、赵康民等人组成，我任队长。考古队之上成立一个由省、县、乡（当时称公社）、村（当时称生产队）等有关领导组成的发掘领导小组，当时省文管会的杭德洲同志为领导小组成员之一，负责协调有关事宜。

1974年7月15日，我们考古队一行乘坐解放牌卡车带着行军床等行李和工具进驻考古工地。当晚就在西杨生产队仓库院内的一棵大树下支起行军床，在树下挂起蚊帐住下。第二天我们察看了考古现场，并与生产大队联系安排了发掘用的工人和我们的吃饭问题，决定在西杨和下河两村轮流吃派饭，一家一天，周而复始，每人每天交3角钱。7月17日开始了对秦俑坑的正式勘察和清理。首先对暴露的遗迹、遗物进行记录、绘图和照相，然后对原来已挖掘的部分继续清理。清理的范围，南北长16.85米，东西宽7.85米。在清理工作的同时，我们收集农民挖井时已失散在外的文物。在西杨村粮食仓的房内发现俑坑出土的铺地条砖50余块，在西杨村南的一南北向大路旁的乱石堆中，我捡回陶俑残片两担笼。在一农民家厕所的墙头上找回陶俑的一只胳臂。下河村小学的一个小学生交来陶俑的一只手，有的人交来铜镞等。在俑坑东端约80米处的一土壕内我亦捡回一些陶俑及砖瓦残片。每天都有新的收获，心情异常振奋。

我们进驻考古工地前，领导曾交代：大约一周清理工作即可结束，结束后写个简报以便向国家文物局汇报。至7月底，坑内30余件陶俑的残片及一些棚木的炭迹已揭露出来，但是不见坑边。这时我们很纳闷也很着急，怎么找不到边呢？根据一般的规律，俑坑的规模都很小，谁也没有想到它会是个史无前例的巨大的兵马俑坑。

1974年8月1日，我们开始扩方试掘。扩方后的试掘面积，南北长24米，东西宽14米，计336平方米。这时我感到考古队员人力不足，又先后从陕西省文管会要来程学华、王玉清、杜葆仁等同志。一方面清理，一方面进行钻探。至10月底，试掘方内的陶俑、陶马已清理出60余件。

这里有一个小插曲，开始出土的都是陶俑，我们几个考古队员工余在一起议论：这太单调了，能挖出陶马就好了。说来也怪，第二天果然清出了陶马。接着在俑坑的东南角又出土了一把青铜剑，剑是这天下午快下班时发现的，因当时工人很多，为确保文物安全，提前收工。然后由我和程学华二人继续清理，并绘图、照相，最后我们小心谨慎地把剑取出。这是俑坑发现的第一把剑，没有生锈，光洁如银，刃锋锐利。这一连串的发现令我们兴奋不已，晚上喝酒庆祝。

钻探工作由程学华、杨四娃、杨绪德、杨黑子等人于1974年8月20日开始，我亦亲自参与。随着钻探工作的深入，发现俑坑的面积越来越大，至1975年6月，发现它是个长230米、宽62.27米，距现地深4.5—6.5米的大型兵马俑坑。这时我们简直不敢相信自己的工作是正确的。大家在一起议论：是不是由于我们钻探工作的疏忽，把本来不连的几个误探成一个坑了；不但中国，就是在世界上也没听说过有这么大的陪葬坑。这里还有个小插曲：一天中午我和程学华、屈鸿钧在下河村和万春老人家里吃饭，边吃边聊天。我说：你在附近地里见没见过层层土（夯土）或其他古董（文物）？70岁的和万春老人说：我10岁左右的时候，父亲在地里挖井发现井壁上有个怪物（陶俑），没管它继续往下挖，结果井里的水很旺盛。但是没过几天，井里的水没有了。我父亲心想，水可能是被怪物喝了。于是就把怪物从井里吊上来，挂到路边的一棵大柳树上。过了几天井里还没有水。父亲很生气，用木棒把怪物打碎了。我们说你父亲在什么地方挖井的，能不能带我们去看看。老人把我和程学华二人带到村南的一棵沙果树下，旁边还有个小粪堆。老人说：就在这里。我们带了把探铲，探到3.5米深时发现了陶俑。此处在现今一号兵马俑坑的西半部。这说明在1974年以前就有人看到过兵马俑，由于不知是何物，失之交臂使它未能重见天日。

为了探查俑坑的内涵和形制，1974年11月2日，在上述试掘方的北侧又开了两个试掘方，计629平方米。西北大学考古专业的刘士莪先生带着四位学生参与了发掘。到1975年3月清理工作结束，至此，一号俑

坑的东端已全部揭示，计出土陶俑500余件，战车6乘，陶马24匹。

钻探工作到1975年6月底结束，基本上探清了一号坑的范围和形制，它是个占地面积为14260平方米的大型俑坑，根据已出土的陶俑、陶马的排列密度推算，一号坑内共有兵马俑约6000件。对这一巨大的考古发现，1975年8月初，由我执笔写了份发掘勘探情况的材料，向陕西省文化局及国家文物局汇报。据国家文物局局长王冶秋同志讲，当时聂荣臻元帅和他都在北戴河休养，聂帅得知兵马俑发现的情况后对他说："秦俑坑是个地下军阵，能建个博物馆就好了（大意）。"王冶秋同志听后非常高兴地说：我也有这个意思，但考虑国家经济情况还较困难，未敢提出。第二天，王冶秋同志赶回北京，向谷牧和余秋里副总理作了汇报。不久，国务院决定建立秦始皇兵马俑博物馆。8月26日王冶秋同志飞抵西安，传达了建立博物馆的决定。27日到秦俑工地考察，27日晚在西安人民大厦前楼二层的一会议室内，召集省文化局、文管会、考古队等有关人员研究建馆方案，陕西省第三建筑设计院的同志亦参加了会议。要求在一周内把初步的设计蓝图搞出让他带回北京，并要求考古队进一步落实俑坑的四周边界和内部陶俑的分布情况，为博物馆的基建工程和今后俑坑的全面发掘提供确切的资料。

一号俑坑东端的陶俑、陶马揭露后，如何确保文物的安全，使它免遭风雨、霜雪的侵害，是摆在我们面前的一个十分严肃的问题。有许多时候夜间突然下雨，我带领同志们一起出动守护在坑边、筑堰、排水，唯恐水进入坑内。当时此地夜间有狼出没，情况艰辛。后来我们设想用竹竿、芦席搭个大棚子，把出土文物保护起来。为此，我们搞了个设计方案，并着手筹集建材。当时还没敢想能建个博物馆。

中央在此建立博物馆遗址保护大厅的决定，使我们喜出望外。但是心情又十分紧张，因为俑坑尚未全部发掘，万一我们提供的资料不准确，把房子建得过大或过小，或俑坑内的陶俑、陶马的分布情况与我们的推算不同，都会给国家造成巨大损失和不良影响。我跟程学华同志半开玩笑地说："搞不好，我们恐怕要蹲监狱。"在惴惴不安的心情下，我们从1975年10月底开始，对一号俑坑的范围、形制和内涵，进行了详细的复探和试掘。参加此项工作的有我和程学华、屈鸿钧、王玉清等人。复探一遍后，我说："不行，再来一遍。"如此反复探了三遍。另外，还在俑坑南、北、西三条边线上开探沟26条，在俑坑中部开探方2个。探沟和探方的总面积为450平方米。通过上述工作，把俑坑的四周边线及俑坑的四个角清晰显露出来。复查的结果与原来探测的资料完全相符。

1976年2月，修建秦俑遗址展览大厅的人员陆续进驻工地，5月开始平整场地，9月正式破土动工。在动工前把一号俑坑试掘方全部回填，以确保基建过程中文物的安全。

秦俑二、三、四坑的发掘

当一号兵马俑坑展览大厅的基建工程开始后，我们考古队的工作重点转移到寻找新的兵马俑坑。我们当时想：秦始皇陵的东边发现了兵马俑坑，那么秦始皇陵的西边、南边、北边会不会也有兵马俑坑？于是，我和杭德洲、程学华、屈鸿钧、王玉清等人，分成两个钻探小分队，在秦始皇陵园的四周进行勘探。陵南因靠近骊山，地下覆盖很厚的碎石及大石层，钻不下去。我们采用了挖探井的办法，先把石层挖去，再往下钻探，费时费工，一无所获。陵西的地下亦覆着砂石，很难钻探，进展缓慢。正在我们情绪有点低落的时候，1976年4月21日，在一号兵马俑坑的东端北侧的一棵大杏树的旁边探出了夯土遗迹。于是，我们把全部人员集中到此地钻探，到4月23日探到了陶俑残片。大家心情异常激动，雀跃欢呼：发现了二号兵马俑坑。经过仔细探测，发现二号坑的形状呈曲尺形，东西长124米（加上门道长），南北宽98米（加上门道长），距现地表深约5米，面积约6000平方米。

二号坑发现后，我们想附近还有没有兵马俑坑？于是扩大范围进行钻探，参加钻探的有我和程学华、杨绪德、杨四娃等。1976年5月11

日，在一号兵马俑坑的西端北侧的一片石榴树和沙果树的树林内，又发现了三号兵马俑坑。三号坑的面积较小，开头很不规则，平面近似"凹"字形，东边有一斜坡门道，面积约520平方米。

三号兵马俑坑发现后，我们还不死心，心想附近还有没有兵马俑坑？一天上午我在二号坑的西边相距约30米的一个已堆满沙石的断崖上，发现有条上下垂直的分界边，我怀疑这是个人为的坑边。于是集中力量在此钻探，于1976年6月又发现了四号坑。坑东西长48米，南北宽约75米，距现地表深5米。但是坑内未发现陶俑、陶马及其他文物。这是由于秦末农民起义，修建俑坑的工程被迫停工，而未建成即废弃的俑坑。

1976年是硕果累累的一年，一连串的重大考古发现，令我们时时处于兴奋的状态之中。这里我补述一下令我终生难忘的另一件事：1976年春节，我让考古队的同志都回家过年，我在工地留守。年初一我挨家挨户给农民拜年，年初二（2月6日）一早，我即到始皇陵周围的田野里调查。转了一天，到太阳快落山的时候，走到陵的西北角，看到农民挖土形成的一断崖上有一点绿色。我用随身带的手铲慢慢清理一下，发现一个错金银的编钟，上刻有"乐府"二字。过去认为乐府之制始于汉，此钟证明秦代已有乐府。钟的内侧有四个调音带，已经过锉磨以调试音阶，后经音乐家吕骥测试属于宫声。此钟的发现使我异常高兴，当晚邀集了一些农民朋友喝酒庆祝。由于饮酒过度和白天冒了一天的风寒，第二天即发高烧，卧床不起，农村的赤脚医生杨暖德为我挂了两周的吊针，农民朋友给我送饭送菜。他们跟我开玩笑说："这是宝贝把你害得得了场大病。"

二、三号兵马俑坑的发现，我们既充满了喜悦，又十分担心，怕这几个坑和一号兵马俑坑相连，那样就会使一号坑遗址展览大厅的基建工程受到影响。于是，在得到上级批准后，从1976年4月底开始对二号兵马俑坑进行试掘。同年6月底，国家文物局派祁英涛和罗哲文两位先生来二号坑试掘现场视察。祁英涛先生问我："二号和一号坑连不连？"

我说："根据目前情况，不连。"他又追问："到底连不连？"我说："根据目前情况，不连。"他连问三声，我未敢改口。这时，大家的心情都很紧张，唯恐二号坑和一号坑连在一起。那样一号坑大厅的设计方案就要推倒重新设计，基建工程就要停工。到1977年8月底，对二号兵俑坑的试掘工作基本上告一段落。二号坑的边界和形制基本已摸清，它和一号坑的间距为20米，两个坑不相连属。另外在试掘方内出土木质战车11乘，陶俑、陶马320件，各种青铜兵器1929件。根据出土情况推断，二号坑内共有陶俑、陶马1300余件。有战车、骑兵以及跪射、立射等各式各样的俑群，是整个兵马俑坑中的精华。

1977年3月，开始对三号兵马俑坑进行发掘，同年12月底结束。三号坑位于一号坑的西端北侧，两坑相距25米，亦互不连属。三号坑内出土战车1乘、陶马4匹、陶俑68件，以及30余件青铜兵器。一、二、三号坑虽各自独立，但从整体上观察，又有机地结合在一起。一号坑军阵为右军，二号坑军阵为左军，三号坑为统率一、二号兵马俑军阵的指挥部，古名军幕，未建成的四号坑是拟建的中军。左、中、右三军，加上指挥部形成完整的军阵编列体系，位于始皇陵园的东侧，象征着守卫京城的部队，古名宿卫军。

参加二、三号兵马俑坑的勘探、试掘和发掘的主要人员，有我和程学华、屈鸿钧、王玉清以及一批技工。1976年年初我们从农村招了一些高中毕业的知识青年。每天晚上给他（她）们讲考古发掘、绘图、照相等专业课，白天实际操作，边实践边讲解指导，他们进步很快。至今还有一些人留在秦俑、秦陵工地工作，已成为考古的重要的技术骨干。

在秦俑遗址上建博物馆

1978年4月，一号兵马俑坑遗址展览大厅的主体工程竣工。同年5月开始对一号坑正式发掘。全坑共划分27个探方，首先是揭取俑坑上部的覆盖土。从1979年5月开始，集中力量清理一号坑东端的5个探方，至9

月底原已试掘后又回填的3个探方内的陶俑、陶马重又揭露出来。同年10月1日，一号坑遗址大厅的考古发掘现场对外开放。发掘工作继续进行，至1981年9月一号坑东端5个方的发掘工作基本告一段落。共出土战车8乘、陶马32匹、陶俑1087件，以及大量的青铜兵器。此次发掘参加的人员很多，主要参加者有我和杭德洲、屈鸿钧、王玉清、王学理、张占民、刘占成、柴忠言、吴永琪、罗忠民、张炳元、单炜、姜彩凡等人。

从1981年10月开始转入集中精力进行文物的修复，以及发掘资料的整理和编写发掘报告。在发掘和修复陶俑、陶马的过程中，除详细地观察了陶俑、陶马的制作工艺外，我还在陶俑身上一些隐蔽处发现刻有作者的名字，计有85个不同的人名。这些人有的来自中央宫廷，有的来自民间，各人制作的陶俑、陶马的艺术风格各不相同。能留下名字的人都是艺术水平较高的艺术匠师。他们每人下面还有一些助手，如以每人下面有10个助手计，85个人计有助手850人，估计近千人参加了兵马俑的制作，集中这么多的人从事一项艺术创作，这在古今中外艺术史上都是无与伦比的。这一发现揭开了兵马俑这颗艺术明珠的作者之谜。

一号俑坑发掘报告的编写工作，由大家分别执笔写出草稿，最后由我综合整理和改写，并配插图、照片和制作表格，曾三易其稿，至1985年正式定稿，1988年出版。

1986年4月，一号兵马俑坑的第二次发掘开始，又重新发掘5个探方。至1987年年初因故停工。1988年6月重新成立秦俑考古队，划归秦俑博物馆领导。这时我由陕西省考古研究所调入秦俑馆任馆长，兼考古所副所长，同时兼考古队队长。当时三号兵马俑坑的遗址展览大厅的基建工程已基本竣工，基建前三号坑原发掘部分已回填，因此于1988年12月19日又重新开始了对三号俑坑的正式发掘，至1989年9月发掘工作基本结束，同年9月27日，三号坑对国内外观众开放。三号坑小又深，内部湿度大，加上天气炎热，发掘工作十分艰辛。大家长期在潮湿的坑内工作，有时要伏在地上进行细部遗迹的清理，不少同志身上生了湿疹，我亦如此。

1992年，二号兵马俑坑遗址展览大厅的基建工程基本竣工，于是我们又开始了二号俑坑发掘前的准备工作。1994年3月1日，开始了对二号俑坑的正式发掘，预计大约10年的时间方可结束。经过三年的辛勤工作，至今二号坑上层的覆盖土已揭开，俑坑上部的棚木等建筑遗址已揭露出来；已出土陶俑、陶马130余件，以及早期盗洞和二号坑被焚的点火口等重要的遗迹，情况喜人。目前发掘工作仍在进行中。

从1978年开始，秦俑考古队就分成两个小分队。其中的一个队搞兵马俑坑的发掘，另一个队搞秦始皇陵园的勘探。在陵园内不断有新的重要发现，先后发现了铜车马坑、珍禽异兽坑、马厩坑和各种府藏坑，以及陪葬墓、修陵人员的墓等，总计400余座，还有数十万平方米的建筑基址，出土文物5万余件。整个秦始皇陵园像座丰富的地下文物宝库。

秦始皇陵兵马俑自发现以来，引起世人的瞩目，被誉为世界第八奇迹，20世纪考古史上的伟大发现之一。兵马俑博物馆自1979年10月1日开放以来，已接待国内外参观者3000多万人，其中外宾近400万人，外国元首97位。另外，兵马俑还到30多个国家和地区展出60余次，累计参观者近1000万人次。秦始皇陵（包括兵马俑）已被联合国教科文组织列入世界文化遗产名录。1989年7月，当我领取联合国颁发的世界文化遗产证书时（在北京颁发），心里充满了喜悦和激动。过去考古工作者有句戏言，"考古、考古，一天到晚挖土"，表明考古工作的艰辛，但通过辛勤的劳动有所发现时的快乐，又非一般人所能享有。"农民爱土地，工人爱机器，考古人员爱工地"，我和兵马俑考古工地结下了不解之缘，20多年来工作、守护着这个地方，保护好它，是个艰巨而光荣的任务。今后的工作仍然任重而道远。

1997 年 2 月 14 日

（选自《考古发掘亲历记》，中国文史出版社出版）

探寻汉长安城未央宫宫殿遗址

刘庆柱

汉长安城遗址是国务院公布的第一批全国重点文物保护单位之一。中华人民共和国成立之初至20世纪50年代中期，新中国的大规模田野考古工作伊始，中国科学院考古研究所就派科研人员到西安市开展汉长安城遗址的考古工作。根据古代都城考古工作步骤，考古工作者首先对汉长安城遗址（包括城墙、城门、道路等）范围和主要布局进行了勘探，在此基础上发掘了宣平门、霸城门、西安门和直城门四座城门。配合20世纪50年代末至60年代初，在西安市西郊进行的重点工程建设，又发掘了汉长安城南郊的礼制建筑遗址（辟雍和宗庙遗址）。与此同时，初步勘探了长乐宫、未央宫遗址，探明了其范围。之后由于在全国农村开展"四清"运动和在全国城乡开展"文化大革命"运动，汉长安城遗址考古工作暂停。

未央宫遗址的大规模考古工作始于20世纪80年代初，李遇春、张连喜、汪义亮和杨灵山同志先后对未央宫前殿遗址A区、B区和椒房殿遗址进行了考古发掘，通过对前殿遗址A区、B区的发掘，了解到自新石器时代以来，前殿之上就有人类活动遗存，秦代在这里还曾大兴土木，此台基应属天然成因的土丘，即文献记载的"龙首山"。椒房殿遗址是迄今已知中国考古史上唯一发掘的古代皇后正殿遗址，从1981年至1982年用了将近一年时间，发掘建筑遗址面积13000平方米，遗址发掘规模之大是罕见的。

1985年，考古研究所调我任汉长安城考古工作队队长，考古队成员有李毓芳、张连喜、杨灵山、刘振东等同志。

我接手汉长安城遗址考古队工作已是第四任队长。汉长安城是西汉王朝首都，汉代曾是我国古代历史上的辉煌时期，都城长安遗址应是那个历史时期的缩影。作为中国官方开始的中外文化交流活动，也是始于西汉时期，这也确立了西汉王朝与罗马帝国在世界古代史上的重要地位，它们的首都长安与罗马也就成了屹立于世界东方与西方的两个具代表性的国际都会城市。因此对汉长安城遗址的考古研究被公认为中国考古学的重要学术课题之一。汉长安城遗址考古内容十分庞大，如何开展古代都城考古工作？古代都城考古的基本构成要素是什么？我过去曾考虑过，承担汉长安城遗址考古工作任务后，是付诸实践的时候了。当时我认为，中国古代都城主要是政治性的城市，因此作为都城政治中枢所在地的"宫城"（王宫或皇宫）就成了都城最重要、最有代表性的建筑。出于这样的考虑，当时我决定把汉长安城遗址的考古工作重点放在汉长安城的宫城——未央宫遗址的考古发掘与研究上。

为了全面了解未央宫的平面布局，在以往工作基础上，我首先安排了对未央宫遗址的考古勘探工作，通过1985年的田野考古工作，基本查明了未央宫的平面布局结构。根据考古研究所的规定，当时考古调查、勘探、发掘等田野考古项目，全年工作4—6个月，每年春、秋两季开展工作。为了加快课题进度，我们的田野考古工作几乎用全年时间进行，不管是在炎热酷暑的夏季，还是在冰天雪地的冬季，我们天天都活动在未央宫遗址的田野上。西安地区夏季高温在全国是有名的，6月农民刚收完麦子、种上玉米，这时是考古工作者进行野外考古调查、勘探的最好时段，当然也是工作条件最艰苦的日子。夏季西安气温高达40℃左右，在没有任何设施遮凉的露天进行考古工作，人被晒得头昏眼花。进入伏天，在与人齐高的玉米地里钻探，又闷又热，身上被玉米叶划成一道道血痕，拌着流淌的汗水，疼痛难忍。寒冷的冬季又是进行考古调查、勘探的大好季节，但在露天作业，冻得人手脚麻木。早晨到

了工地，先在田埂旁捡来一些玉米秆点燃烘烤，待身体暖和了，四肢舒展了，就立即进行钻探。从1985年至1988年，我们在春、秋两季发掘，夏、冬两季调查、勘察，除了春节休息几天之外，再无节假日，也无星期天，几乎成了"全年候"工作。

初到汉长安城遗址，我住在租借的农民库房里，库房内存放了些粮食和牲畜饲料，因此招来了许多老鼠。晚上睡觉时，经常有老鼠从粮食架掉到床上，落在被子上，无拘无束地蹿来蹿去，于是我不得不把被子裹得严严的，唯恐老鼠跑到我的被窝里。只要晚上关了灯，房子就成了老鼠的世界。我的住房采光、通风情况差，有几次我发现床单下有被我压死的小老鼠。每每想起这些，我就反问自己，是什么信念支撑着自己在那样的条件下坚持下来，一直把科研课题圆满完成？我想这是崇高的科研事业心给我的力量。

1985年，汉长安城未央宫开展的考古勘探和试掘，进一步确认了20世纪60年代初所勘察的未央宫范围。未央宫位于汉长安城西南部，遗址内分布着东张村、西马寨、大刘寨、小刘寨、柯家寨、周家河湾、卢家口七个自然村，遗址西南部还有东刘村耕地。遗址平面呈方形，东西宫墙各长2150米，南、北宫墙各长2250米，它是我国古代宫城中规模最大的宫城。未央宫内有横贯宫城的东、西两条道路，它们将未央宫由南向北分为三部分。南部以庭（皇家广场）为主，中部为大朝正殿及其附属建筑，北部为后宫掖庭及其他文化性建筑。纵贯宫城的南北向道路一条，基本位于宫城中部（略偏东），连接了南、北宫门，这是宫城轴线。由其两端各向南、北延长，即形成都城轴线。这种宫城轴线与都城轴线重合，并决定都城轴线位置、方向的现象，在中国古代都城制度发展史上有着重要的意义，其影响十分深远。未央宫四面各勘探出一座宫门，在东宫门之外还发现了残存的"东阙"遗迹。此外还发现了"作室门"等掖门遗址。对宫城的角楼基址也进行了勘察，在未央宫遗址内已勘探出大型建筑遗址14座，其中前殿、天禄阁和石渠阁遗址地面之上至今仍保留着高大台基。位于未央宫西南部的沧池遗址，其分布范围已勘察清楚，其平面呈不规整圆形，东西宽400米、南北长510米。沧池是宫城中的池苑，属皇家风景游乐之地，同时又是皇宫中的蓄水池，兼供宫城用水。

作为特大型古代宫城建筑遗址，首先勘察清楚其范围、布局，是我们进一步开展考古工作的基础。未央宫遗址考古工作近期安排和中长期计划，正是在1985年对未央宫遗址进行全面勘察的基础上制订的。未央宫面积约5平方公里，对这样一座规模庞大的古代宫城遗址的发掘，应该是若干代考古工作者的任务，不是一代人，也不是几代人所能完成的。所以，我们不可能将其全部揭露，只能有选择地进行重点发掘。构成皇宫建筑群的基本建筑应是宫城中的主要宫殿、门阙、角楼等，如大朝正殿——前殿，皇后的宫殿——椒房殿，皇宫总管官署——少府，体现皇宫中央政权的中央官署，反映宫城戍卫建筑的宫门、角楼等，这些也是我们在未央宫遗址的重点发掘对象。

对未央宫遗址的几个重点发掘项目，我们安排的原则是"先易后难"的方法。所谓"易"与"难"是以建筑遗址布局结构的复杂程度、规模大小等来确定的。1985年12月底，我们决定将未央宫第三号建筑遗址作为在未央宫遗址的首要发掘对象进行试掘，以了解其保存现状和文化内涵。1986年年初，试掘工作告一段落，根据初步资料推断，这应是一处官署遗址。遗址内出土的几十片骨签，由于其特殊形制，引起我们的极大注意，后经李毓芳同志对骨签表面水锈进行技术处理，发现了骨签上的字体微小，笔画纤细。我们意识到这一发现的重大学术意义，于是决定把这项考古发掘作为1986年工作重点。我们的这一意见得到了考古研究所领导的同意和支持。1986年春季，我们对未央宫第三号建筑遗址进行了全面考古勘探，基本掌握了遗址的分布范围。考虑到大型夯土建筑遗址的发掘要避开雨季，当年秋季我们就开始了发掘工作。整个建筑遗址范围约1000平方米，原计划同时布方发掘，加之占地堆土，需征借耕地25亩。由于提前披露了这一消息，遗址区内（包括发掘堆土占用耕地）25亩土地被15户农民承包，大多数农户把种植农作物改为种植药

材等经济作物，成倍地增加了赔产费用，这是此项课题科研经费所无法承受的。但为了如期按计划开展工作，我决定分区块发掘，先发掘遗址东部（小麦种植区）。待遗址西部经济作物收获后，再在那里进行发掘，这样能使我们的计划得以正常实施。这次发掘的最重大收获是遗址内出土了5万多片刻有文字的骨签，它们属于西汉王朝皇宫所藏的中央档案资料，这一发现引起国内外考古界的极大关注，中央、地方的主要新闻媒体相继在显著位置或黄金时段对此予以报道。

1987年秋季，我主持了未央宫第四号建筑遗址的发掘工作，这是西汉王朝皇室的重要官署——少府遗址。遗址在西安市未央区柯寨村西南的一片高地之上。当时这里是一片果树园，这块土地被几户农民承包后拟毁园种田，为了便于灌溉，他们拟对这片土地进行大规模平整。我们以前曾在这里进行过考古调查，知道这是一处保存较好的建筑遗址，因遗址区内为果园，赔产费用太高，一直拖延下来。这次农民拟毁园、平地正是我们安排考古发掘的好机会。通过初步勘探，确定这是未央宫遗址内保存最好的一处大型汉代建筑遗址，由于该遗址毗邻大朝正殿——前殿和皇后之椒房殿，我们当时推测这可能是一处重要宫殿建筑遗址。

1987年10月—1988年5月，我们对未央宫第四号建筑遗址——少府遗址，进行了考古发掘，发掘面积6000多平方米。该遗址的汉代建筑遗迹之上覆盖了一层较厚的堆积，厚1—2米不等。少府遗址的汉代建筑遗迹清理工作比较复杂，其原因有二：一是这座建筑物有大量木质遗存；二是该建筑物可能毁于西汉末年的战火中。我们凭着强烈的事业心、认真负责的工作态度、丰富的田野考古经验和熟练的操作技术，保证了清理、发掘工作的顺利进行。1988年春季，这一发掘引起陕西省政府、西安市、未央区有关领导的重视，他们纷纷到工地视察。著名历史学家、陕西省副省长孙达人同志参观了少府遗址发掘现场后，对身边的省文物局王文清局长及其他随行的考古专家们说，"这座遗址发掘真漂亮"，"这是真正代表国家考古水平的，要好好向考古研究所的同志们取经，搞好陕西的发掘工作"。接着孙副省长又对随行的同志讲："我不是第一次到刘庆柱同志主持的发掘工地，前几年他在汉杜陵陵园遗址发掘时，我就参观过他主持的考古发掘工地，也是这样好。"最后孙副省长又对我讲："庆柱同志，我还要请你好好介绍一下经验的。"少府遗址的发掘也惊动了北京，国家财政部、国家文物局等有关部门的负责同志相继来工地了解情况、解决问题，不少著名考古、古建、历史等方面的专家、学者到工地进行考察。

少府遗址是一座建筑结构奇特、保存较好、柱网结构清楚的大型古代宫殿建筑群，它由殿堂及其东西附属建筑和北部庭院、廊道等组成。殿堂为该建筑群中的主体建筑，基本位于建筑群东西居中位置。殿堂东西46米、南北35米，由前后排列的南、北二殿组成，殿堂北部的庭院东西长54.5米、南北宽14.5米。殿堂东、西方向的附属建筑基本对称分布，殿堂及附属居室之内的地面均铺置木地板，这在以往发掘的古代宫殿建筑中是罕见的。

1988年秋季至1989年，我们对未央宫东宫门和北宫门遗址进行了考古试掘，也对未央宫西南角楼遗址进行了发掘。宫城西南角楼基址平面为曲尺形，东西长67米、南北宽31米。这是中国古代宫城中唯一进行了全面考古发掘的角楼遗址，它对研究中国古代宫城、都城角楼形制变化具有重要意义。我们在未央宫宫门和角楼遗址的考古发掘中，发现了一些"卫"字形瓦当，还有为数不少的铜镞、铁剑、铁刀、铠甲片等，这些情况反映了当年建筑物的防卫森严。"卫"字形瓦当应为"卫尉"官府或所辖部门的用瓦，"卫"字形系"卫尉"的简称，"卫尉"是负责皇宫安全保卫的官署。文献记载，宫门、角楼均由卫尉统辖，"卫"字形瓦当的出土证明了上述文献记载的真实性。为了醒目，一些"卫"字形瓦当表面还涂成红色。

对汉长安城未央宫的发掘使我们认识到，未央宫作为西汉王朝政治中枢的皇宫，是都城长安的核心建筑。未央宫的布局形制在我国古代都城、宫城发展史上有着承上启下的重要作用，它对汉魏、隋唐时期都城、宫城建制都曾产生过深远影响。鉴于汉长安城未央宫考古工作已取得的重要学术成果，以及未央宫遗址较好地保持了原状和周围良好的环境，1994年秋季，联合国教科文组织中国全委会与西安市人民政府在西安召开了古城西安申报世界文化遗产名录国际研讨会，中国有关方面向联合国世界文化遗产机构提出申报汉长安城遗址为世界文化遗产。

未央宫遗址田野考古发掘取得了重大成果，这一科研课题也被列为中国社会科学院"八五"期间的科研重点。经过我和其他同志的共同努力，反映未央宫遗址考古发掘收获与研究成果的田野考古发掘报告《汉长安城未央宫》（上、下册）一书已由中国大百科全书出版社出版。

（选自《考古发掘亲历记》，中国文史出版社出版）

法门寺地宫考古记

韩 伟

法门寺位于陕西省扶风法门镇，东距西安120公里，相传创建于东汉桓灵之间（2世纪中期），弘盛于唐代，为李唐一代安置释迦牟尼真身指骨的四大著名寺院之一。曾名为阿育王寺、成实道场、无王寺、重真寺，今通用法门寺。

佛指舍利何时传入中国，已不可考，早期存放于琉璃瓶内，供养于塔龛之中，可随时供人瞻礼。唐代大诗人李白在泗州（今江苏盱眙北）普光寺中瞻仰佛指舍利后，曾有诗记其事：

> 瓶里千年舍利骨，
> 手中万岁胡荪藤。
> 嗟予流落江湖久，
> 罕遇真僧说空有。

然而到了康熙十九年（1680年），普光寺沉入洪泽湖里，这枚佛指舍利只有待今后发现了。至于岱州五台山及关中终南五台山之佛指舍利，已毁于唐武宗会昌灭佛之时。所以，法门寺佛指舍利是国内现存的唯一佛指舍利。

唐代皇室非常崇敬法门寺及其所藏的佛指。从李渊开始，太宗、高宗、武则天、中宗、代宗、肃宗、德宗、宪宗、懿宗、僖宗等皇帝均曾

迎送佛骨或修葺过寺院。可以说法门寺与唐朝的兴衰相始终，这在全国寺院中是绝无仅有的。

为了保护佛指舍利，法门寺建有真身宝塔。早期的浮图形制已无人知晓，唐末为四级木塔，明隆庆年间（1567—1572年）塌毁。当时有位大师发下弘誓大愿，以铁锁穿于锁骨之上苦行，感动了许多善男信女，化缘筹资，重建宝塔。今日法门寺大雄宝殿西壁还嵌有石碣一通，刻词一阕，词曰：

> 法门寺，咸住坏，空中忽起痫僧债。百尺铁锁挂筋肩，欲与如来争气概。争气概，尔毋苦，待到当年许玄度。

这首词记载了这位大师的功绩。1981年8月24日，因历代地震及淫雨等自然灾害的影响，砖塔倒毁。法门寺住持澄观法师目睹此惨祸，随即瘫倒于大雄宝殿月台之上。此事在国内外佛教界引起很大震动，一些国外大德高僧驰电探询何日重建真身宝塔。1986年，陕西省政府作出了重建宝塔的决定。为配合这一工程建设，省、市、县三级考古文物部门抽调专人组成考古队，对塔基进行发掘清理，陆续发现了明代环形基槽和唐代以青石砌边的方形夯土塔基。前者长径20米，短径19米，基槽与明代八角十三级砖塔底部完全吻合；后者面阔，进深为26米，每边有5—6个夯土磉墩。由此可知唐塔比明塔大，且没有迥廊。在塔基的正中部位发现了唐懿宗咸通十四年（873年）建造的地宫藻井盖，从而揭开了法门寺考古工作最辉煌的一页。

1987年2月28日，开始地宫的发掘工作。陕西省考古研究所曹玮和扶风县文化局韩金科等同志负责塔基先期清理工作。他们先清理了明代塔基及其中心的圆形扰坑。4月2日清晨，在坑底发现了汉白玉质地的藻井盖，当他们掀起井盖一角仅几秒，就被其中贮藏数量众多的瑰宝震撼了。保护好现场后，立即派专车驰往西安，向有关方面作了汇报。很快，一个有省内外知名专家参加，并派遣武装警卫保护发掘现场的方案拟订了。陕西省考古研究所石兴邦所长担任了这次发掘工程队领队，我担任副领队，衔命于当晚10时前奔赴现场主持发掘工程。

我与法门寺曾有一段缘分。1982年，扶风博物馆馆长罗西章邀我去鉴定法门寺古塔废墟中清理出的100多尊铜造像，并告诉我还清理出宋版毗卢大藏经16卷、元代至元年间普宁藏经579卷、积沙藏经36卷的消息，激发了我很大兴趣。在知客僧房中，又将新发现的中宗、韦后于景龙二年二月二十五日《下发入塔供养舍利》残碑拼头读释，以后两人合作著文介绍了这件重要文物的详细情况。这次受命主持现场发掘，自然联想到为中宗及皇戚供养的舍利可能会重见天日了。

次日来到现场，曹玮详细通报了前期发掘情况。从现场观察，藻井盖在塔基中心，距地面约3米。井盖距地宫地面还有一段距离。我想如此珍贵的佛财及舍利，不可能从藻井垂直放入，地宫自应有其出入之门径，于是，嘱咐跟随我在雍城共同工作多年的王保平先执探铲在塔基正南方向寻找地宫大门。4月3日下午开始探查，翌日，果如所料在罗汉殿之北发现宫口。据王保平报告，宫口距地表极近，大约仅有30厘米，口内铺砖，水平距离下降70厘米左右，我由此推断宫口向北有一段踏步漫道，估计有19阶（发掘出来为20阶），其北即为地宫大门无疑。这一情况促使我下定了立即打开地宫大门的决心。经批准后，进行了三天紧张的发掘，漫道及平台部分被全部清理出来，而且发现了大块巨石封堵着的地宫大门，从已显露的浮雕双凤门楣石上，已可肯定地宫无疑是唐代建造的。随着巨石被导链吊离，渐渐露出了被铁锁紧锁的大门。事后知道地宫内四座石门均加大锁，而为了每隔几十年一开，钥匙应为当日法门寺住持或主管官员所掌握，今日已无法寻觅了。遥想当年地宫封闭时，梵诵之声，沸聒天地，如今要重新开启，亦应有其历史的连续性。故即请设立香案，供奉果品于宫中，由澄观、静一、宽仁请法师及居士们诵经后，启开了沉睡1113年的地宫大门。澄观法师近日谈及此事，仍后悔当时开启仪式过分简约，有负佛骨之复出矣！

诵经完毕，我即命任周芳设法在不损坏铁锁的前提下，打开地宫大

门，他出色地完成了这一任务。随着地宫大门开启，一股浓烈的历史气息扑面而来。那撒满隧道内外的铜钱及金银宝器、衣物账不仅是那个时代崇佛、信佛壮观场面的再现，而且显示了宗教与经济的密切关系。石壁上雕刻着皇帝宿卫军高级将领的题名衔，反映了中古时代政教相互利用的历史事实，我似乎在那肃穆的隧道内还听见和看见了启送舍利时佛声震地、士女瞻礼的场面。中晚唐崇佛的史实早就谙熟，而只有我们进入地宫的这一刹那才有了更深切的感触。许多人都认为考古是一门死板的学科，而我却始终认为考古需要更多的想象力，从而把那些遗物、遗迹与昔日多姿多彩的社会生活联系在一起，在抚今追昔之中，进一步了解历代兴衰交替的缘由，同时也深深地感受到肩上担负着沉重的历史责任。

地宫总长为21.12米，总面积达31.48平方米。由踏步漫道、平台、隧道、前室、中室、后室、后室秘龛七个部分组成，较已发掘过的唐代甘肃泾川大云寺、陕西临潼庆山寺、江苏镇江甘露寺的地宫要恢宏得多，是迄今国内已发现的规模最大的唐代地宫。更可贵的是，从咸通十五年（874年）正月四日封闭后，从未开启，所有文物均属唐代。因地震及塔体压力，地宫石顶及石壁破裂严重，地面铺面亦拱起，许多文物损毁。由于长期漏水透气，有机质文物保存条件极差，文物出土后，我们立即邀请全国著名丝绸及漆木器保护专家王予予、王雅蓉、胡继高等先生与我省有关部门一道，采用多种手段，悉心保护、修复，以使文物损失减少到最低程度。

地宫中大批珍贵文物的出土是遗址考古的重大发现。高等级的文物多、佛教供养道具多、新出土的器物多、器物上的錾文多、佛指舍利多、琉璃器皿多、秘色瓷多、纺织品多，是这批出土文物的显著特点。尤其是在隧道中出土了《大唐咸通启送岐阳真身志文》和《监送真身使随真身供养道具及金银宝器衣物账》两通碑石，对了解地宫沿革、勘校文物名称及数量具有重要意义。后者更是国内现存的篇幅最长、物主最多、种类最繁的衣物账，堪称弥足珍贵的文物。据不完全统计，除佛骨外，出土金银器121件，琉璃器20件，珍珠、宝石近400件（颗），瓷器17件，石质文物12件，漆木器及杂器19件，铁、骨文物若干件，各类铜钱几万枚，还有大批丝织品及衣物。

法门寺地宫发现了4枚佛指舍利。佛是指释迦牟尼（前565—前485年）80岁那年，在从摩揭陀前往拘萨罗途中，于拘尸那迦逝世，附近8个国家按印度习俗将释迦牟尼遗体火化后，又将舍利分成8份，各自携带回国建塔供养。1989年，一位英国人在印度、尼泊尔边境的庇埔拉瓦的一座塔墟中，曾发现释迦族盛放本族所分得舍利的滑石壶，但未见其中舍利。南亚虽为佛教起源地，但自伊斯兰教势力进入后，佛教受到沉重打击，13世纪初，佛教在印度基本消失了，因此，佛指舍利保存情况不明。法门寺一次发现4枚佛指舍利，可谓灵指再现，神光亘发，辉华焕丽，辉耀中外，实是世界佛教界的一件大事。

第一枚佛骨安置于地宫后室，贮于唐懿宗所赐的用红锦袋盛放的八重宝函之内，最外层为檀香镂孔金银棱装铰函。函外以减地浮雕描金加彩的手法，纯金的门塔与特1号佛指舍利雕刻有释迦说法图、阿弥陀佛极乐世界以及礼佛图等极为精美的画面，是唐代木雕中罕见的佳品，可惜已破碎了，在檀香镂孔金银棱装铰函中，由表及里有七重宝函，其顺序是：镏金四天王盝顶银宝函、素面银盝顶宝函、镏金如来说法盝顶银宝函、纯金六臂观音盝顶宝函、金筐宝钿珍珠装纯金宝函、金筐宝钿真珠装斌珄石宝函、宝珠顶单檐四门纯金塔。从5月4日下午5时开始在室内清理这组宝函，这时，我们已将法门寺出土文物运到扶风县城里的博物馆内，在城隍庙大殿中进行室内二次清理。我负责业务，张廷皓负责行政组织工作。这八重宝函相互套叠，每枚宝函外均有丝带或绢袱包扎，为保护好这些珍贵的丝织品，清理工作进行得非常细致，我亲手打开了这七重宝函上锁了一千多年的一把把银锁，王予予、王雅蓉、冯宗游三位高级工程师仔细剥离宝函上的丝织物。每重宝函的清理过程均由王占奎、曹玮做出详细记录，王保平、刘合心则负责拍摄刚清理出来的每件文物原貌。最后，由我确定文物编号、名称，并口述每件文物的重

要纹饰及特征，罗西章、赵赋康、白金锁则上账建卡，并由西北大学、宝鸡市电视台的两部录像机拍摄了全部清理过程，作为永久性的档案资料。这样通宵达旦的清理，持续了近20天。七重宝函的清理，直至5月5日凌晨1时整结束，这天正是农历四月初八佛诞日，当王予予以他非凡技能解开了四门塔的黄绢包袱后，我揭去宝珠顶单檐四门纯金塔的塔身，全场20多位工作人员不禁为之愕然，谁也不认识套在塔基银柱上的白色管状物为何物。在惊异之际，我突然想起了真身老文碑上对佛指舍利的记述，大喊一声："不得了，佛指舍利！"顿时欢呼之声响彻大殿内外。一夜细雨终于渐渐止住了，旭日东升，月季妖娆，松柏流翠，喜悦之情难形诸笔墨。僧众闻讯，合十致敬："你们使佛骨再现于盛世，简直是做了一次水陆道场，功德无量啊！"

佛骨出世后，立即进行测量记录，第一枚佛骨色白如玉，呈管状，腔体方正，腔内壁有大热星座，高40.3毫米、上宽17.55毫米、下宽20.11毫米、内径13.75—16.5毫米，重16.2克。包括我在内的在场人员均搞不清这枚佛骨的质地，征得有关人员同意后，我郑重地用舌头舔了这枚佛骨，判断其质地不属于骨质或化石，而是玉石。我虽未皈依佛门，但与佛有了这段缘分。谁知这件事不胫而走，竟有记者以"舔过佛骨的人"为题进行了报道。据我判断这是唐宪宗派中使杜英奇迎启并留禁中供养，而被韩愈请付水火、永绝根本的那枚佛骨，实是晚唐时期这一著名公案的见证。

第二枚佛指舍利安置在地宫中室汉白玉双檐灵帐中，灵帐通高16厘米，方形中空，由顶、盖、身、座、床五部分组成。灵帐四周用肉雕或浮雕手法刻凿出忍冬宝相花檐饰、天盖帐幕莲结柱及佛幡、佛铃、宝珠串饰，须弥座沿满饰流云、蔓草或破式宝相花。座腰每面刻6个力士面首，禅床四周的壸门内有高浮雕的密宗各色造像，较已知的临潼庆山寺青石宝帐色泽更鲜丽，高贵华美。因经过历史上多次地震，帐身挪位，中室顶部压住了灵帐，为了完好取出灵帐及帐内文物，孙达人、王文清、常宁洲都亲临现场指导工作。我反复检查了支垫、提取石块的各种设施，与有关人员研究了工作步骤，当晚10时许，开始了中室清理工作。当中室顶石及灵帐的盖、顶被一一吊离后，石兴邦、韩伟、王予予等人迅速确定了提取帐内大铁函及纺织物的方案。经我们通宵努力，终于完整地将灵帐内的文物清理出地宫。在灵帐内壁四侧，以薄肉雕手法刻凿出8尊菩萨，题记分别为止诸障，执玉刚主；弥勒、地藏；势至、观音；文殊、普贤。线条流畅，摇曳生姿，是唐代不可多得的造像。同时，盖内有"大唐景龙二年戊申二月己卯朔十五日，沙门法藏等造白石灵帐一铺，以其舍利入塔，故书记之"发愿文。法藏为洛阳佛授记寺沙门，《宋高僧传》有传，华严宗三祖，该宗创始人，备受武则天尊宠，长安四年（704年）法藏与崔昭奉命来法门寺迎舍利，四年后他又奉还舍利，并造灵帐供养。这时，长宁、安乐公主内倚障母之爱，用事中央，卖官鬻爵，势倾朝廷。因此随同中宗、韦后下发入塔供养舍利，大约当时就置于白石帐之内。经武宗会昌五年（845年）灭佛，头发及灵帐均被毁坏。灵帐于咸通年间又重新妆彩使用，用来盛放第二枚佛指舍利，这枚佛指盛于铁函内，铁函中以红、黄两色"泥土"封闭双凤宝盖纹银棺于其内。5月9日凌晨2时，开启棺盖，在织金锦的棺衬中发现了第二枚佛骨。

　　第三枚佛指舍利深藏于地宫后室秘龛内。当后室文物清理完毕后，我发现地面不平，怀疑其下仍有埋藏之物，即嘱曹玮继续揭开地砖进行清理。曹玮将砖下熟土清除后，发现有通道向北延伸，当时已到子夜时刻，于是暂时休息。翌日曹玮、吕增福即在通道北端发现秘龛，并获得以织金锦包裹的铁函一枚。经扶风县医院X光拍片透视，函内有大型随求及众多文物。此时又接国家文物管理局长途电话指示，要求保持铁函完整，否则不可开启。5月9日晚，我与张廷皓赴关中工具厂，邀请刀具制造工人及高级技师拟订除锈开启的计划，并在现场加工各类刀具，经一夜努力，终于完整地将铁函启开。铁函内由表及里依次为曼荼罗坛造像盝顶银宝函、银包角檀香木函、嵌宝水晶椁子、壶门座玉棺。银函上錾刻有"奉为皇帝敕造释迦牟尼佛真身宝函"字样。函盖、函体之四面

均錾刻表示圣众集会的曼荼罗坛。5月10日上午8时，在壶门玉棺中发现了第三枚佛指金利。开启这枚铁函时，我们派车从法门寺将住持澄观静一法师及宽仁等僧众接到县博物馆内清理现场，目击开启过程。他们在佛指舍利重现时，身披袈裟，膜拜恭虔，连诵《得宝经》，以志庆贺。事后，澄观逢人就说，这次开了眼界，文物部门对文物的慎重态度及科学方法，寺院是无法企及的。

第四枚佛骨安置在地宫前室的四铺菩萨阿育王塔中，塔内有宝刹单檐铜塔一座。铜塔宝刹高耸，斗拱俱全，四门八窗，勾栏焕烂，门列力士，柱饰金狮，气象庄严。5月12日晚9时，王予予、王雅蓉在清理铜塔内丝绸物时，在罗面绢里夹衬包裹的迦陵频迦纹壶门座银棺中，发现了第四枚佛骨舍利。

四枚佛骨经中国佛教学会会长赵朴初先生、副会长周绍良先生法眼鉴定，认为第三枚为灵骨，即佛的真身，其余三枚俱为影骨，是防止类似武宗灭佛事件再次发生而使真身被毁的保护性措施。朴老还赋诗曰："影骨非一亦非异，了如一月映三江。"因此，四枚均是僧众的膜拜对象。

我从考古类型学上观察，可将四枚佛骨划分成两组：第一、第二枚为第一组，第三、第四枚为第二组。前组为玉质，后组为骨质。第二组之第三枚朴老认为属真身无疑。第一组内，是否亦有真身呢？依我之见，第一组的第一枚佛骨舍利亦为真身。

从位置上说，第一枚在后室北壁正中且以懿宗赐赏的以红锦袋包裹的八重宝函盛放。这是地宫中最重要的部位，而所有的宝器衣物、天王力士，全部以此枚舍利为中心，供养或翊卫于周围，应是懿宗、僖宗认定并供养过的真身舍利。同时，在地宫内出土的《大唐咸通启送岐阳真身志文》碑上记述"长一寸二分，上齐下折，高下不等，三面俱平，一面稍高，中有隐迹，色白如玉少青，细密而泽，髓穴方丈，上下俱通，二角有文，文并不彻"等语，与第一枚佛骨完全吻合。至于佛骨为玉质，似乎令人难以想象。然而宪宗在元和十四年迎佛骨时，曾有《赞舍利诗》一首，诗云：

> 功成积劫印文端，不是南山恐得难。
>
> 眼睹数层金色润，手撑一片玉光含。
>
> 炼经百火精神透，藏之千载瑛彩完。
>
> 净果重修真秘密，正心莫作等闲看。

这首诗已明确指出这枚舍利是玉质的，而且这枚玉质的舍利还经宪宗迎送供养过。这样，第一枚和第三枚均应为舍利真身，从而使我们理解了僖宗送回舍利后，重修地宫并诏改法门寺为"重真寺"的缘由了。

这里还要提及的一件事是关于佛指舍利的编号问题。整个地宫的文物编号，都由我一个人给出，然后才建账、建卡。按照文物等级划分，只有1、2、3这三个等级，但考虑到舍利很难用文物或非文物的等级来划分，所以我给了4个特号，即特1、特2、特3、特4，这可能是国内仅有的特号文物了。

（选自《考古发掘亲历记》，中国文史出版社出版）

一次轰动世界的考古发现

——关于长沙马王堆汉墓的记述

侯 良

　　20世纪70年代初，长沙马王堆三座汉墓的发掘，为中华人民共和国成立以来我国较重要的考古发现之一，因此引起了世界性的轰动。现就此三座汉墓的发掘经过及其考古成果加以追叙。

一

　　马王堆在长沙市东郊，距市区约4公里，这里的两个大土冢，在20世纪50年代初，著名考古学家夏鼐即认定为汉墓群，之后公布为湖南省文物保护单位。"文化大革命"初期保护标志遭破坏，驻军医院不明真相，于1971年因战备在此挖防空洞，其洞口开在一号墓的东侧，掘进数米后塌方严重，无法被覆，又发现下面有空洞，用水浇灌，被气流喷出，点火后冒出蓝色火焰。当时我是湖南省博物馆的负责人，接到电话报告后，即赶去观察，本拟采取气体分析，因已经过三日搅动，大部气体已逸，未获成功。后请示国务院图博口，负责人王冶秋同意发掘。经省革委会批准并拨款1.2万元（但被省文化组扣去6000元），所以当时只购置了60把锄头、50个胶卷。那时大部分职工都下放农村了，馆内老弱病残共42人，虽从街道上请来20个民工，但老老少少，劳力甚差，因此只好下决心自己干。除老弱勤杂人员外，每天集中30人上工地。马王堆距博物馆约6公里，不通公共汽车，当时自行车也很少，因此大部分人必须自带工具早去晚归，来回步行。中午由后勤组同志踏上三轮车送饭到工地。晴天野餐，雨天蹲在医院的屋檐下吃饭。最困难的是春雨绵绵，每个人身上都是湿衣服黄泥巴。两个月的强劳动，许多人都磨烂了两三套衣服。当时粮食定量低，经上级批准每人每天补助二角钱三两粮，星期天不休息，馆内值班人员也上工地。那时年纪最大的50多岁，最小的女讲解员十七八岁，这样一支老老少少的队伍，团结一心，成为发掘工作中的主力军。

一号墓的封土堆有4米多高，故开始使用推土机，当墓口暴露后，即用人工发掘。开工的时间为1972年1月16日，此为一土地坑竖穴墓，从封土堆到墓底为20.50米，墓口南北长19.5米，东西宽17.8米，靠墓口部有4层台阶，以下是斗形墓坑。开始时，地面开阔，进度较快，但越下挖越困难，因为出土不易，只能搭起跳板向上挑土。下雨天跳板溜滑，虽缠上草绳撒上炉灰，也令人担心。后来我们向各学校求援，先后给予支援的有十余所中学及大专院校，共约1500人次。

学生来了之后，两人一对按四个墓角组成四条人工传递带，场面相当壮观。因连续阴雨，多数学生缺乏雨具，个个淋得像落汤鸡一般。尤其麻烦的是，泥土粘在竹筐上，甩不掉，打不脱，大家只好用手去抠，常常被竹签刺得鲜血直流。此情此景，事隔多年，但回忆起来仍令人激动不已。经过连续近两个月的奋战，挖出了约6000立方土，其艰辛程度绝非笔墨所能形容。

墓坑中的填土取完之后，遇到了白膏泥，其学名为微晶高岭土，白中透青，又软又黏，上层厚达1.3米。白膏泥之下，是乌黑的木炭，总重量在5000公斤左右。清完木炭，露出26块竹席，席下即为庞大的椁室，它长6.7米、宽4.88米、高2.8米。如此完整的大椁室，即使从事数十年考古工作的人，也是首次见到，因此都惊喜万分。揭开层层盖板，中间4层套棺，旁边有上下左右4个椁厢，这1000多件保存完整的文物，

就贮存在这些椁厢中。一号汉墓出土的消息公布之后，曾引起了世界性的轰动，据新华社统计，当年有160多个国家和地区的报纸予以报道，被视为当年世界较大新闻之一。

马王堆二、三号汉墓的发掘始于1973年冬，终于1974年年初。它的起因是周恩来总理在审查《考古新发现》的电影片时，看到一号墓旁的大土冢，即提议进行发掘。于是1973年9月6日，湖南省革委会上报了《关于发掘马王堆二、三号汉墓的请示报告》。10月3日，国家文物局局长王冶秋打电话给省委书记李振军，转达了周总理的批示："此事请待王冶秋同志回京后，协同国家文物事业管理局、科学院考古研究所和各地有关科研单位和医学科研及医务人员前往长沙，协助省委办理此事，并请文化组派科技电影制片厂、享氏影、总政派八一制片厂，担任影片摄制工作。务期这次发掘工作，要取得比上次更多的成绩和收获。省委李振军同志任组长，王冶秋同志、科学院考古研究所、医学科学院、上海科研单位各出一人，连同省委宣传部张兰明同志为副组长，成立小组，订出切实可行而又不遭损失破坏的计划，经省委批准后再开始发掘。共二十多万元，可以满足其需要，要予（预）置一些设备和化学药品。"

从这一批示可以看到，中央从人力到物力都给予了很大的支持，给即将参加发掘的人员以极大的鼓舞和信心。

领导小组成立后，加入了中国医学科学院院长黄家驷和上海生物化学研究所研究员王应睐。下设办公室、秘书、宣传、业务、施工、保卫、古尸研究等小组。之后，省内外的科研、新闻等单位大批专家云集长沙，其中有中国科学院考古研究所、文物保护科技研究所、石油化工院综合研究所、中国医学科学院、中国人民解放军医学科学院、中国科学院生物化学研究所、上海市科技组、北京科教电影厂、中央新闻纪录电影厂、八一电影厂、北京电视台、国家外文局、人民画报社、文物出版社等。省内的地质、气象、微生物、化工等科研单位和各新闻单位，一齐参加了发掘筹备工作的有关活动。

三号墓的发掘工作开始于11月19日，用推土机铲去封土堆，即开始了人工发掘。三号墓的发掘主要由湖南师范学院历史系80余名师生及解放军工程兵部队20多人参加，分为三班日夜施工。到1973年12月13日，经过25个昼夜的奋战，见到了白膏泥。此墓墓口南北长16.3米，东西宽15.45米，墓口下有三层台阶，墓坑为竖穴，深10.09米，加上封土堆7.8米，共17.89米。此墓共挖出土方1800立方米。

在墓坑的填土中发现了云纹瓦当和汉文帝的四铢半两钱，并首次发现了带木柄的铁臿，以及两边有提手的圆形竹筐，这些正是2000年前人们用以筑墓的主要工具。

当时的湖南省委第一书记张平化、省军区司令员杨大易曾多次到现场视察指导。发掘领导小组组长、省委书记李振军、国家文物局局长王冶秋及考古研究所所长夏鼐等，亲自指挥了整个发掘工作。在取运文物期间，为了确保安全，杨司令员派来一个连的士兵做保卫工作。此时的工地上人声鼎沸，热闹非凡，除了发掘人员外，各类人员都在争相采样。三个电影制片厂成立了联合摄制组，后来制成《马王堆二、三号汉墓发掘记》影片，向全国发行。发掘中许多新的迹象，都未能逃脱新闻工作者的视野。

三号墓上层的白膏泥约70厘米，取去白膏泥、木炭后，庞大的木椁室即显露，上面覆以整幅大竹席，下为一椁三棺，比一号墓略小。由于白膏泥封闭不严，尸体已腐朽，经医学专家鉴定，墓主人为30多岁的男性。

巨大的西木冢是二号墓，发掘工作从1973年12月18日开始，至1974年1月13日结束，历时27天。此墓墓坑为椭圆形，十分特殊。口径南北长11.5米，东西宽8.95米，深13米。一椁两棺，是三个墓中规模最小的一个。因所用木炭、白膏泥很薄，而且放置不匀，因而密封不严，且早年即有盗洞，故棺椁已严重腐朽、400多件随葬品也已大部分残破，但墓中出土了"长沙丞相""轪侯之印"及"利苍"等印章，从而证实了《史记》《汉书》的有关记载是可信的。这是使人感到欣慰的收获。

二

　　长沙马王堆三座墓是西汉初年的一个家族墓葬。二号墓为长沙国丞相、轪侯利苍，一号墓为其妻辛追、三号墓为其子。利苍死于吕后二年（公元前186年）、利苍子葬于汉文帝前元十二年（公元前168年），其妻死于儿子葬后数年。三座墓共出文物3000余件，极为珍贵。此中有帛书、帛画、丝织物、农畜产品、漆器、竹器、竹简、木俑、乐器、兵器、中草药等。尤其是一号墓出土有保存完整的女尸。三号墓出土有12万多字的帛书，具有很高的学术研究价值。做好这些文物的保护与研究工作，即可了解到西汉早期的政治、军事、经济、文化、科技和风俗民情等各方面的情况，因此具有很大的历史、科学和艺术价值。从中央到省委都十分重视这一工作。比如1972年6月，周恩来总理即指出："出土尸身和衣著、帛文，非变质不可，请立即采取办法转移到冰室消毒防腐，加以化工处理。"1972年11月30日，周恩来总理对湖南省委《关于马王堆汉墓出土尸体解剖问题的请示报告》再作批示："王冶秋同志，请邀有关同志和专家再议一次，如同意，即请提出一个工作小组名单，协助湖南医学院进行报告中所提的和追加各项安排和调度。"同年12月10日，又在古尸解剖会议电话汇报记录上批示："即送沫若、西尧两同志阅，如有不同意见或应注意事项，请郭老批注，西尧以电话告冶秋同志。"郭沫若院长于12月10日批注："没有不同意见，请注意探求致死的原因，并注意免受尸毒的感染。"于12月11日晨，郭老又写信说："刘西尧同志，关于马王堆的尸体解剖，我想起来一件事，即吸取骨髓进行血型的鉴定（O型、A型、B型等）。此事日本人曾注意到。一段管状骨的两端是创造血球的地方，骨髓在骨管中想来还保存相当良好。如就一支上臂骨或下臂骨的两端开孔取髓，便可进行检验。这样既可保存尸体的原状，也有可能鉴定出两千多年的古人的血型，为尸体解剖增添一项成果。如认为可以，请电告长沙。"

正是由于中央领导和省委的重视，加之王冶秋、夏鼐及省委书记李振军等亲自坐镇指挥。对于上述众多出土文物的保护、研究工作，即形成了一次社会科学与自然科学的大协作、大会战。

三号墓出土的帛书有20多种共12万多字，为我国历史上一次罕见的重要发现，它为研究我国古代历史、哲学思想及科学技术等提供了极其重要的资料。因此，国家文物局组织了马王堆汉墓帛书研究小组。参与者为北京大学、中国社会科学院历史研究所、自然史研究室、中国历史博物馆、故宫博物院、卫生部中医研究院、中国测绘研究所、中国地图出版社、南京紫金山天文台、北京天文台、湖南省博物馆等。经过数年的努力，他们对帛书进行了精心的整理、研究和注释工作。从内容上看，包括哲学、历史、天文、地理、医学和杂书等许多方面。从社会科学方面看，属于哲学范畴的有《老子》甲、乙两种版本和《周易》等。在《老子》甲本卷后有《五行》《九主》《明君》《德圣》等古佚书。《老子》乙本卷前也有《经法》《十六经》《称》《道原》四种佚书。现存的《老子》称为《道德经》，即道篇在前，德篇在后。而帛书《老子》却是德篇前道篇后，显然是《德道经》。出土的《老子》，甲、乙本均不分章，现行《老子》却分八十一章，对照之后，发现有些章节分得不妥，次序上也有颠倒的，按古本校勘，四十四章应在二十二章之前，四十章应在四十章之前，八十、八十一章应在六十七章之前。

《五行》有5400余字，从内容看可能是子思、孟轲学派的作品，因与《大学》相仿，讲的是"仁、义、礼、智、圣"等儒家"五行"学说。《九主》约1500字，文中讲到九种君主，它肯定的是法君。《韩非子》中把伊尹、管仲、商鞅予以并列。《明君》约1500字，文中有"昔者齐人与燕人战"，系指公元前284年五国伐齐之事。《德圣》文字不多。《经法》讲刑名之说，其中有国家兴亡存败之理论。《十六经》6000多字，假托黄帝与臣下力黑等人的对话与活动，叙述了黄帝的统治术。《称》有1600字，其思想内容与《经法》等相似。《道原》属道家之言，有人认为这是《汉书·艺文志》中所列道家的《黄帝四经》，有一定道理。

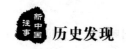

　　《周易》也附有卷后佚书。《周易》中，卦辞与爻辞与今本基本相同，但六十四卦之排列顺序则不同。今本分上、下经、上经三十卦，始于乾、终于离，下经三十四卦，始于咸、终于未济。帛书不分上、下经、卦名多用假借字。《周易》后的三篇佚文，属本文的注释性质。

　　在历史范畴的有《战国纵横家书》和《春秋事语》等，前者有27篇，11200多字，内容主要是苏秦、苏代、李兑等人的上书或言论。其中有10篇与今本《战国策》相同，有1篇见于《史记》，另16篇属佚书。《春秋事语》约2000字，16章中，每章各记一事。有鲁隐公被杀、宋襄公泓水之败等。所记史实，大部见于《左传》和《国语》。

　　图籍中有地图、驻军图、街坊图各一幅。这是我国发现最早的地图之一，比南朝的《禹迹图》《华夷图》石刻要早1300多年。地图长宽各96厘米，大体为十八万分之一比例。属湖南南部到广东珠江口这一范围。图上有8个县城，即桂阳（广东连县）、南平（湖南兰山）、观阳（广西灌阳）、泠道（湖南宁远）、春陵（宁远境内现有春陵城及春陵侯墓）、营浦（湖南道县）、龁道（在湘粤交界处）、桃阳或洮阳（在广西全州地区）等。另有乡里居民点80多个，有9条河流标有名称。九嶷山上绘有九个柱形山峰，并标有"帝舜"字样。可见舜帝南巡、崩于苍梧的传说已十分久远了。

　　驻军图长98厘米，宽78厘米，用黑、红、石青三色绘成，为八万分之一至十万分之一比例，范围约方圆500里面积，大致在湖南江华瑶族自治县的潇水流域。图上有城堡位置、村镇名称及居民户数。布防军队有"周都尉军"等9支。军队施行梯形配置，充分利用了山岩河流等地形地貌，防守十分严密。这是一幅十分珍贵的古代军事用图。另有一城邑图，上绘城墙、城门及城内建筑等。

　　另有一些杂书，共七八种，其中有彗星图、杂占、阴阳五行等内容，带有神秘色彩。

　　属自然科学范畴的有《五星占》《相马经》及古医书等。《五星占》约6000字，为金、木、水、火、土五星运转及星占。记录了秦始皇元年到汉文帝三年，即公元前246年至前177年，五星运行情况，以此推算出它们的公转周期。现代计算土星运行周期为29年167天，帛书说"三十年一周于天"，误差只半年左右。《相马经》5200多字，文中有"国马""良马""走马""驽马"等名称。

医书共16000多字，已定名为《足臂十一脉灸经》《阴阳十一脉灸经》甲本、《阴阳十一脉灸经》乙本、《脉法》《阴阳脉死候》《杂疗方》《养生方》《胎产书》《十问》《含阴阳》《杂禁方》《天下至道谈》，还有《五十二病方》《导引图》共13种。尤其是《五十二病方》共1万多字，有270多个古医方，几乎包括内、外、妇产、儿、五官等各种，所用药物也有240多种。

从古医中可以看出古人不仅重视药疗、体疗，而且也运用药浴法、烟熏法、蒸汽熏法、熨法、灸法、砭法、角法（火罐疗法）、按摩法等理疗手段。

总之，这些帛书，确是研究我国古代哲学、历史、军事、历法、天文和医学等最宝贵的资料。

我国发明丝绸已有5000年的历史，但其为蛋白组成极易腐朽，故古代遗存极少。一号汉墓出土丝织品及服饰共150余件，提供了极为珍贵的研究资料。计有单幅丝绸46块，成衣58件，服饰27件。其中丝绵袍11件、夹袍1件，单衣2件，另有裙、履、袜、手套、香囊、绣枕、镜袋、瑟衣、绣花包袱等。

对于这些丝织品的研究曾投入了大批力量，先后参加单位有上海纺织研究院、中国科学院蚕业研究所、上海丝绸公司、上海印染公司、上海第二印染厂，上海第三、第七丝绸印染厂，上海第一丝绸厂、上海丝绸试样厂、上海第十一印染厂、东风雨衣染织厂、中国科学院考古研究所、故宫博物馆、中国科学院上海冶金研究所、上海硅酸盐研究所、上海药物研究所、上海材料研究所、上海丝绸科技研究所、上海市纺织工业局、杭州胜利丝绸厂、苏州东方红丝织厂、湖南湘绣厂、湖南博物馆等。

首先对古代种桑养蚕技术进行了研究，而对丝织品用纤维切片投影法，如X射线衍射法等，鉴定出纤维度为0.96—1.48旦（每9000米长单丝重1克为1旦），单丝纤维的显微实测截面面积为77—120平方微米。这都说明旦数小，蚕丝极细，当时长沙地区所种植的桑叶质量很好，养蚕技术也很高。

其次从缫丝纺纱技术方面考察。丝织品所用经纬丝纤度，是衡量缫丝水平高低的主要指标之一。这些丝织品的经纬纤度是非常精细的，如著名的素纱禅衣（单衣），经纬纤度是10.2—11.3旦尼尔，这样高的纤度与近代缫出的最精细的纤度十分相当。古人利用简单的缫丝工具缫出这样高级的纤度来，这是汉代缫丝技术高度发展的证明。

丝织品的种类有纱、罗、绢、缣、绮、锦等许多品种。这些织物的结构主要是平纹、斜纹和罗纹（绞纹）三种基本组织。而锦是用多种颜色的经纬线织成图案花纹，而马王堆汉墓出土的锦种类甚多，如有平面显效的几何纹锦、茱萸花纹锦、动物纹锦、凸花几何纹锦、隐花几何纹锦等。其中绒圈锦又是织造技术最高级最复杂的一种，因为它有四重经线，需要复杂的织法和精湛的技术。

其丰富的色彩也反映了2000年前的印染技术。经鉴定，计有朱红、深红、茜红、深棕、金棕、浅棕、深黄、金黄、浅黄、天青、藏青、蓝黑、浅蓝、紫绿、黑、银灰、棕灰、黑灰等20余种。即巧妙地运用了涂染、浸染、套染和媒染等工艺技术，使当时的丝绸呈现五光十色的奇彩。

对西汉女尸的研究，投入既多，成果也大。这一工作分为两段，1972年12月以保护的解剖为主，1973年3月以女尸科研为主。先后参加的科研单位和医学院校有35个之多，科研工作者83人。其中有中国医学科学院、中国人民解放军医学科学院、中国科学院生物物理研究所、遗传研究所、上海生物化学研究所、上海实验生理研究所、上海寄生虫病研究所、上海生理研究所、上海生物制品研究所、湖南医学院、上海第一医学院、武汉医学院、中山医学院、北京医学院、二机部401所、冶金部有色金属研究院、卫生部中医研究院、燃化部石油化工研究所、上海市公安局、华东物质结构研究所、南京药学院、湖南医药工业研究所、邵阳卫生学校、湖南省冶金研究所、冶金工业部矿冶研究所、中南309队、湖南省劳动卫生研究所、湖南省地质局实验室、湖南省中医药研究所、湖南省药材公司、湖南师范学院、中国人民解放军163医院、湖南省博物馆等。其中有不少著名专家学者参与了工作，如有上海生化研究所研究员王应睐、武汉医学院病理学副教授武忠弼、解放军医学科学院病理学副研究员刘雪桐、湖南医学院副院长李亭植、病理学副教授潘世成（女）、人体解剖板教研组副教授王鹏程、寄生虫学副教授陈祜鑫、微生物学副教授吴洁如（女）等。这些专家聚集一堂，对女尸解剖问题进行了十分细致的研究，比如对脑部是打开颅腔，还是颅骨钻小？对腹部解剖是从剑实开到阳耻骨联合，还是只在腹部切开？均做了多次探讨。对剖腹后内脏的托取方法，以及腹部的缝合、填塞和保护等问题，都提出了许多种方案。

1972年12月14日，古尸解剖胜利完成之后，立即分三个专题组进行初步研究，这三个组是保存原因、保存水平和病变死因等。接着列出了研究项目，即防腐处理、皮肤研究、头发研究、X射线研究、死亡年龄、组织化学检查、电镜观察、血型鉴定、蛋白质研究、核酸研究、脑类研究、寄生虫研究，铅、氯测定，微生物折查及棺液分析、病变死因、尸体类型及中草药考证等。在课题分工之后，于次年3月又召开了古尸科研座谈会，会上各自奉献出丰硕的科研成果。其结论是：内脏器官外形完整、胶原组织保存完好，在电子显微镜下能看到几种残存的细胞。在血块及头发中测出血型为A型。曾患粥样动脉硬化症、冠心病、胆管结石症、肺结核、子宫傍静脉结石症、胆囊畸形、腰脊椎间盘脱出、右臂桡骨陈旧性骨折。体内还有血吸虫卵和肠道蛲虫、鞭虫感染等病理现象。

如上所述，经各方研究，使古尸在解剖学、组织学、微生物学、寄生虫学、病理学、化学、生物化学、生物物理学、临床医学以及中医中药学等多学科方面都取得了研究成果。在这一次大协作中，湖南医学院花费了大量的人力物力。比如，该院的人体解剖教研组、病理教研组、寄生虫学教研组、生理生化教研组、微生物教研组以及两个附属医院的内科、外科、妇科、五官科、口腔科、皮肤科、神经科、骨科、放射科、中医科等都做了大量研究工作，这些成果汇编成《西汉古尸研究》由文物出版社出版。

关于古尸的防腐学也取得了研究成果。燃化部石油化工研究院、中国科学院地质研究所、湖南地质局实验室、湖南省化工研究所、湖南省陶瓷研究所对马王堆汉墓所用的白膏泥（微晶高岭土）做了细致的研究，其化学成分分析见下表。

单位：%

样　品	硫 S	二氧化硅 SiO_2	二氧化硅 SiO_2	三氧化二铅 Ae_2O_3	氧化钠 NaO_2	灼碱 $Na（OH）_2$
白膏泥1	0.26	59.5	59.5	17.5	8.1	9.2
白膏泥2	0.39	63.0	63.0	17.5	5.4	8.2
白膏泥3	0.51	0.51	58.0	17.3	8.1	10.7

这一分析结果表明，古代的防腐技术是十分高明的。正是运用了这种具有多种化学成分的白膏泥，才使密封、深埋中的棺椁、尸体和各类随葬品得以保存2000年而不腐朽，为我们今天的研究工作提供了极为宝贵的实物资料。

此外，对于棺椁、乐器、帛画、漆木器、动植物等的研究工作，也由于下述单位的参与研究取得显著成果。这就是中央气象局、江西木材研究所、中央民乐研究所、四川美术学院、中央美术学院、中央工艺美术学院、解放军艺术学院、复旦大学、上海博物馆、中国科学院动物研究所、植物研究所、广东农学院、广东农科院、湖南农学院、湖南农科院、北京师范大学生物系、湖南师范学院生物系、贵阳地球物理研究所、文物保护技术研究所、北京造纸研究所、株洲造纸厂、国家地震局、南京紫金山天文台等。比如，中国科学院自然史研究室及南京紫金山天文台，对于《五星占》进行研究后，发现帛书所载金星会合周期为

584.4日，比现代所测583.92日，只大0.48日；土星会合周期为377日，比今测值只小1.09日。这足以证明西汉初期我国天文学所达到的高度水平。国家地震局和长沙地震台，根据一号墓漆鼎中所盛藕片迅速分解的现象，得出了长沙地区2000年来没有发生过重大地震的结论。中央民乐研究所对三号墓出土的竽管研究后，发现有用竹片做成的簧片，簧片上有银白色金属的点簧，用以控制音高。认为这是世界上管乐中最早使用簧片的一个实物例证。

马王堆汉墓出土20多年来，国内外学者对这些出土文物，进行了多角度、多学科的研究，据不完全统计，已出版专著50多种，论文上千篇，除了国内在海外如美国、日本、新加坡以及我国的台湾、香港等地，都出版了介绍马王堆汉墓出土文物的专刊或研究马王堆出土文物的书籍。1979年6月，在美国旧金山举行了马王堆汉墓出土帛书国际学术讨论会。1992年8月26日至29日，湖南省文物局在长沙举行了马王堆汉墓国际学术讨论会，到会的有英国、美国、法国、瑞典、意大利、加拿大、日本、泰国以及我国的台湾、香港和国内的学者、专家共60余人，会议收到论文60余篇。国内外众多的专家、学者一致认为，马王堆汉墓的出土文物，具有很高的学术价值、除了上述已提到的学科外，它们还对考古学、历史学、哲学、文学、文字学、音韵学、训诂学、民族学、民俗学、美学和农业、手工业、宗教、军事、地震、交通、绘画、音乐、舞蹈、纺织和烹饪等都有重要的研究价值。正是由于马王堆汉墓的发现，有一些学科的历史需要重新改写。

自马王堆汉墓陈列馆于1974年建成正式对外开放以来，已接待了来自世界五大洲160多个国家和地区的参观者约16万人次，其中国家总统、首相和总理等首脑人物已有十多位，各国驻华使节60余人，各国代表团、访问团及各类学术团体多达3000余个。国内参观者已达600余万人次。它既宣传了我国悠久的历史和灿烂的文化，又促进了中外文化交流与人民之间的友谊。

（选自《考古发掘亲历记》，中国文史出版社出版）

狮子山西汉兵马俑与楚王陵

邱永生

　　号称"龙吟虎啸帝王乡"的古彭城徐州，是一座具有悠久历史的文化名城，也是汉文化的发祥和集粹之地，汉代文物古迹尤为珍贵而丰富。汉兵马俑、汉墓、汉画像石被誉为徐州两汉文物的"汉代三绝"，其中闻名遐迩的狮子山西汉兵马俑，更是我国汉代文化遗产宝库中的一颗璀璨明珠，而其主人墓葬——狮子山楚王陵与之毗邻，相互映衬，形成了在全国范围文物旅游界的拳头产品，同时具有极高的历史科研价值。

　　徐州汉兵马俑位于徐州市区东南3公里狮子山的西麓。狮子山是座海拔仅60余米的石灰岩小山包，兵马俑发现处原系徐州市第一砖瓦厂取土坑的一部分。一个偶然的契机，使得人们揭开了这支沉睡于两千多年前军阵的神秘面纱。1984年12月1日，市砖瓦厂的推土机陆续铲出了一些"小泥人"。闻讯赶来的两位年轻考古工作者惊喜地发现，这些被当地群众唤作"小泥人""泥孩"的竟是西汉时期的彩绘陶质兵马俑，当即责令停止施工，就地保护。经勘探得知兵马俑散布于狮子山周围，中心集中在山之西麓和西北麓，随后即对首先发现地进行了考古发掘。随着土层的渐渐离剥，第一次露出一排排整齐有序的兵马俑，继而，一支气势磅礴的楚汉军阵赫然呈现人们的面前。

　　经过清理发掘，探明这座军阵由四条俑坑组成，是一组较为完整的步车方阵。其中三条俑坑呈东西纵向平行排列，依地势由东向西微微倾斜，每列军队均分为前后两部分，前部为密集的步兵俑，后以车兵俑为主，采用了在西汉军阵中常见的"什伍俱前"的阵势，逶迤浩荡，蔚为壮观，再现了西汉时楚国的威武之师。三军右首中段，有四匹雄健肥硕的战马车载着一位高大稳重的将军，将军身后簇拥着一群机警的甲士俑，构成了这座军阵的指挥中枢。三条纵列军阵后方是一条南北横向的步兵俑坑，构成步车方阵的警卫部队。它真实地反映西汉初年楚国军队的原始风貌。毫无疑问，徐州汉兵马俑是继陕西临潼秦兵马俑之后的又一至大发现，被法新社誉为"20世纪80年代最重要的考古发现"。

兵马俑，是秦汉时期所特有的政治、经济和文化艺术的综合产物。其根本用途是以模拟军阵来显示主人神圣地位的一种特殊陪葬品。威武的秦兵马俑是"奋击百万、战车与乘"的秦王朝军旅的身影。它高大、真实、撼人的气魄显现秦始皇并吞六国、一统天下的雄心伟业。秦俑之大，倾国力而为之，可谓空前绝后，汉承秦制，继有发展，使陪葬兵马俑演变成为一种帝王专用的葬制。

徐州，并非两汉时期的国都，徐州汉兵马俑守护的主人是西汉早期分封在彭城的一位权势显赫的楚王。诸侯王用兵马俑来陪葬的，在全国还是唯一的发现。征诸史集，我们又不难发现其存在的必然性。汉代开国皇帝高祖刘邦，即为徐州沛县人，有汉一代，出于该地的王侯将帅，不计其数，加之当时徐州一带经济发达，非常富庶，故在高祖登基后不久，旋封其弟刘交为第一代楚王，统辖以彭城为中心的三十六县，包括合徐淮、皖北、鲁西南的广大地域。楚王及其家族在西汉一代受到汉帝的特别优待，政治待遇特高，如文帝"尊宠元王，因（元王）子生，爵比皇子"。景帝即位，"以亲亲封元王宠子五人为侯"。其中就有后来成为第四代楚王的平陆侯刘礼，其他诸如封赏恩赐之事，不一而足。有的楚王甚至因谋反事发而仍给予从宽发落。因此，徐州汉兵马俑既具有祛邪恶、保护墓主人在地下世界不受侵害的形象意义，同时也是墓主人生前拥有权力的集中表现。

徐州西汉兵马俑多深度曲裾，露发盘头，带有浓郁的楚风。彩绘色

171

彩以红、白为主，简洁明快，制作方法以模制为主，辅以面部二次加工，其风格与战国时期楚国墓葬中出土的木俑艺术风格颇为相似，可以说是战国墓地木俑艺术的延续和更高阶段上的再现。总藏俑量近5000件，身高在27—43厘米，远逊于秦兵马俑。但与秦俑的车乘军阵有所不同的是，徐俑军阵以步兵为主，车兵为辅，骑兵尚在萌芽状态。这种承前启后的战略思想，对研究我国古代军事发展史具有十分重要的意义。

秦俑与徐州汉兵马俑，分别是秦汉时期的两个典型代表，由它们所代表的秦汉群体雕塑艺术，在我国古代雕塑史上书写了辉煌的一页，真实地体现了一个充满自信、自豪与创造力的时代精神特征。秦俑塑制焙烧，真实撼人；汉俑模制组合，线条洗练明快，重在面部的传神刻画，以不同的面部表情来表达各自不同的军种、年龄和内心的感情世界。如通过对警卫俑的衣纹的具体细节刻画，显现优美动人的线条，以端庄的面庞表达此类俑稳重儒雅的性情；发辫俑则以丰满的面容增强立体感，再通过紧张的面部肌肉、圆睁的双目、开张的嘴唇，来表达压抑、悲怆之情；而对发髻俑则着重塑造较小而圆的脸，细长而微翘的眉脊，体现了年轻纯真而略带稚气的一面。此外，还用脸形的宽厚、前额的平阔、眼裂的细长、神情的持重，来表现沉着英武的性格；用眼睛稍开、双唇紧抿给人以足智多谋、克敌制胜的决心；而五官端庄、神态自若者则似乎表明其机警过人，有充分的自信心；鼻准内勾、双眉紧蹙则显示其冷峻强悍，大有赴汤蹈火、一往无前的壮士风骨。对于马的刻画着力颇多而又匠心独运，耸竖的双耳，机警敏捷，圆睁的双眼，奕奕有神采，隆起而笔直的鼻骨、嘴唇的弧线等无一不生动传神，充分表现了军阵中驷马的勃勃生气，一日千里的英武气势。无怪乎艺术家似深有感慨地称秦俑是写实手法刻塑出来的军队模型，而徐州汉兵马俑是以写意手法创作出来的艺术珍品。

如此一批2100多年的珍贵文物里阵像何被葬埋于荒郊野外？如果它的作用与秦俑一样是为主墓陪葬的话，那么它的主人陵墓又在何处呢？从徐州兵马俑被发掘的那一天起，这些问题便一直困扰着考古专家，为此他们详细考察了狮子山兵马俑附近的地理环境，它背倚狮子山，毗邻绣球山，北望骆驼山，西面为一开阔地，不远处有古泗水（今黄河故道）由西北向东南流过，这里正符合我国古代堪舆术中所称"倚山襟水"的"风水之地"，同时在附近的绣球山南坡与狮子山西坡间发现了大量遗存的西汉时期的板瓦、瓦当、铺地砖及排水管道等，说明狮子山附近曾有过大型的汉代地面建筑，或与陵园的寝殿建筑有关，于是一位年轻的考古学者遂在1987年年初撰文对兵马俑详加序订的同时，提出兵马俑主人墓在其东旁的狮子山中的可能性最大，并同时大胆推测出墓的埋葬方法属于"依山为陵"的类型，尽管狮子山兵马俑距狮子山主峰有400米之遥。然而，考古是门再实在不过的学问，由于狮子山上居民密集，地势复杂，考古队在1985—1991年的整整七年中，不知想尽了多少方法，动用了若干先进的科学探测设备，仍然未能对兵马俑的主人墓进行确切的定位。

世上重大的考古发现往往带有一定的偶然性。众所周知，秦始皇兵马俑的揭露就是肇始于临潼农民在村边打井时发现的"瓦爷"，而时隔十余载的徐州汉兵马俑的发现亦是在推土机的轰鸣声中，难道兵马俑的主人墓寻找也要偶然或偶然的偶然吗？

1991年春，一条不起眼的信息在狮子山似有若无地出现了，乍听似不着边际的传闻，再简单和平常不过的几个字："有人在山上挖过红薯窖。"可是当它传到山下徐州汉兵马俑博物馆时引发了考古专家的极大关注：没有厚土的山上怎么能挖土窖？经过查访，村民先挖的红薯窖偏偏就在主峰上，而且还不止一个，考古专家似为之一震，即刻拽起探铲往山上跑，来到土窖所在地——张姓村民的西厢房中，很快就排除了在石多土薄的狮子山主峰上有天然洞穴的可能性，探沟里很快露出一块方正而有棱角的石块，其上有着再明显不过的人工凿磨痕迹，激动的考古工作者已完全明白，他们的确已站在了搜寻七年的兵马俑主人墓——楚王墓的墓道上了。

1994年11月，国家文物局正式批准发掘徐州狮子山楚王墓。当年12

月至1995年3月底，徐州汉兵马俑博物馆在南京博物院考古研究所及徐州市文化局、云龙区政府的大力协助下，正式开始了大规模的考古发掘工作，前后历时106天，取得了巨大成果。发掘出了一座我省迄今规模最大、保存最好的较大型楚王陵墓，出土了金、银、铜、玉等各类汉代文物精品2000余件（套），这是徐州地区历年来出土文物最多、最精的一座汉墓，填补了我省乃至全国汉代考古的空白，被评为1995年度中国十大考古新发现之一。

狮子山楚王陵位于兵马俑东350米，坐北朝南，依山为陵，穿山为藏，凿石为室，入口处在山南的向阳坡上，而其主墓室已深深嵌入山峰的腹腔之中百余米，深达现存山峰下20余米。整座陵墓由外墓道、内墓道、天井、甬道、耳室、侧室及其他墓室组成。南北总长117米，东西宽13.2米，使用面积851平方米，凿石量达5100余立方米，楚王陵的气势博大恢宏可见一斑，尤其是出土的文物类美轮美奂，许多文物无论是质材还是工艺都属上乘，堪称国宝，并做简要介绍：一是金缕玉衣。玉衣即史书上记载的"玉匣"，是将玉片用金属丝或丝缕连缀而成铠甲形状，穿在死者身上作为葬服。汉代人以为这样可以防止精气外泄，永保尸身不腐。用金丝连缀的玉衣称金缕玉衣，另有银缕玉衣、铜缕玉衣和丝缕玉衣等。按汉代一般葬制，皇帝死后用金缕玉衣，诸侯王用银缕玉衣，列侯或公主用铜缕玉衣，士大夫用丝缕玉衣。但其中也有特例，遇有皇帝特别恩宠的诸侯王或大将，也有赏赐金缕玉衣随葬的，普通的玉衣一般男性用玉衣片1300—1500片，女性一般1100—1300片，而楚王陵出土的玉衣尽管散孔，玉片却近5000片，皆用上好的新疆和田玉加工而成，有些玉片仅0.5厘米见方，质地温润细腻，呈半透明状，加工精致，堪称绝品。

二是金带扣。这是两副腰带上的扣饰件，共四块，纯金制作，每块重达273—390克。它们出土于楚王钟爱的御府库内，该库被盗掘者忽略，得以完整幸存。腰带主体丝质，其中镶嵌海贝，并附饰金花。带加上铸两熊噬马的图案，工艺精绝。熊的刚猛贪婪和野马苦苦挣扎的动态与神情刻画得极为生动。其中的两件上还有线刻的"一斤一两十四朱（铢）"和"一斤一两十朱（铢）"的铭文。从其造型与纹饰分析，其工艺中应当吸取了北方游牧民族文化的特点，它的出土既对汉代冶金铸造史和度量衡的研究增加了宝贵资料，亦对民族文化交流史的探讨提供了新的佐证。

三是印章与封泥。楚王陵中共出土了多类印章封泥近330方，其中包括5方龟钮银印。一座陵墓内集中地出土如此数量众多的印信，在世界考古史上实属罕见。它为研究西汉的印章随葬制度、王国官制、历史地理、篆刻艺术等提供了难得的第一手资料，必将补史书之不足。从印文上看，这些印章大体上可分为楚王宫廷官吏、属县官员和军队将官三大类，尤以武将为多。分方银印，印钮雕铸成翘首远眺的小龟，寥寥数刀，憨态可掬的乌龟形神毕现，反映了西汉时期杰出的工艺制作水平。

令人感兴趣的是，有些印章和封泥的出土，直接与伴出的文物相关，解决了许多难题。如在庖厨间置放的成堆鸡骨中，伴出的"符离丞印"，在大量葬酒器皿旁伴出有"兰陵之印"，与文献结合考证得知，远在2100年前，今属安徽的符离、山东的兰陵都曾是西汉初年楚王封国的30县之一，那时传说的"符离鸡"和"兰陵酒"就曾作为地方名特产进贡于楚王，可谓流传久远、脍炙人口。

四是玉器。精美绝伦的200多件玉器，是狮子山楚王陵较大的考古收获之一。这些玉器品种丰富，质地上乘，工艺精湛，与名噪一时的广州南越王墓玉器相比，有过之而无不及。狮子山楚王陵考古成果被评为1995中国十大考古新发现之首，在很大程度上是因为这批玉器的出土，在很多方面有了新的突破的缘故。其中单是作为帝王礼器的完整玉璧、玉璜就有近百件，可以说件件珍宝。其中一件玉璜，双面竟饰满20条飞龙，布局对称工整，紧凑而不繁缛，线条婉转流畅，堪称海内外绝品，生活用玉中一套楚王生前饮宴用的酒具由玉卮、玉高足杯、玉耳杯等组成，均是用整块的和田美玉雕琢而成，抛光细洁高雅，这套酒具品种齐全、工艺精湛、纹饰美妙、造型奇特，已臻中国古玉工艺之巅。葬玉

中的玉枕，由1800多块矩形、菱形等青玉组成几何图案，中嵌玉璧纹图案，布满整个楚王的枕枢，奕奕有夺人光彩，这种玉披在徐州地区的楚王墓中还是首次出土。玉礼兵器也独树一帜，有完整的玉钺、玉戈等。玉戈通体刻卷曲的勾云纹，侧边附饰透雕的白虎，其形四转卷四，曲尽其妙。另在戈后端一面有卷曲腾挪的带翼白虎，一面饰有尖喙振翅的朱雀。古人以"上玄武、下朱雀、左青龙、右白虎"来分别代表上北、下南、左西、右东四个方位，这件戈上的朱雀白虎图案可能表明当时楚王国在西汉版图中所处的东南方位，而下方透雕的翼虎系楚王国的象征。其造型新颖别致，纹饰精美华贵，形象生动传神，线条洗练而不滞，属汉玉中的顶尖之作。

五是兵器。楚王地宫的御府中还有相当数量的兵器，成捆成堆置放，品种有戟、矛、戈、剑、铍弩机、箭镞等，质地有铜、铁及铜铁合铸件，它们都是当时的实战兵器，尽管部分已锈迹斑斑，但它们毕竟是我国古代冷兵器中的代表，其中更不乏冶铸技术精湛甚或达到和领先当时世界先进水平者。有些铜戟、铜剑至今刃口锈迹甚少，锋利无比，以之划刺，可达透十余层稿纸，令人由衷地惊叹我国古代先民高超的金属保护技艺及卓越的冶铸水平。

那么，拥有以上宝藏的主人是谁呢？当然是楚王。但是同时又能拥有兵马俑军阵的西汉楚王究竟是哪一代呢？因为楚王属的大部分俱在距今一千八九百年时曾遭盗掘，最能确证主人的物品——金印、私印已被掳掉，且在考古发掘期间，尚未发现有表达年号的文字，所以对西汉早期某代楚王的确指实非易事。让人稍觉宽慰的是，考古专家根据墓葬的形制，文物的特征，已能将狮子山楚王陵的下葬时间确定在公元前174年至公元前154年，这20年内共有2位楚王在位，一位是第二代楚王，刘邦的侄子刘郢（室），另一位是第三代楚王刘邦的侄孙刘戊，刘戊其人，是我国历史上著名的"吴楚七国之乱"两位首领之一，起兵后为名将周亚夫所败，最终逃回楚国被杀。据文献记载，其人生性暴虐，好武喜功，在一定程度上与兵马俑及其楚王陵反映的特点相吻合。以兵马俑埋葬匆匆，未及认真处理地坪及保护设施，直接以土掩埋；楚王陵外墓道未能做成通常平整的斜坡、以利棺椁的运入，现存乱石嶙峋，只是临时用黄土覆掩成一斜坡，地宫内有些墓室没能开凿完成，或未进行精凿、打磨等后期加工，而论楚王的实力，是完全有能力将自己登位第二年就开始营造的陵寝工程精益求精的，以上情况只能说明狮子山楚王陵主人是在非常时期下葬的。再者，在地宫中还发现了至少两个个体的陪葬墓。一座保存完好，出土有玉枕、玉璧、铜墓、铁剑、陶俑等，并有流木棺椁，从出土的"楚筐发监"印得知，墓主应是负责楚王膳食供应的后勤官，另一座墓墓主是楚王的嫔妃，出土了若干女性的舞女俑、玉佩等饰物。从身份看，食官监和嫔妃都是楚王的亲信，大概是生前得到楚王的格外宠爱，故而死后依然而追随，就一般规律，两位陪葬人与主人同时死亡的可能性微乎其微，陪葬人的非正常死亡，也可作为楚王陵为刘戊说的重要旁证。

文物中还有一副主人的骨架，经复原基本完整。考古和医学工作者合作研究表明：墓主人男性，身高约1.72米，年龄在35—37岁。目前，一座威风凛凛、气宇轩昂的楚王像正接待着来自海内外如潮的游客。

楚王陵的发掘时间虽已有三年多，但留下的谜团尚多。如既有楚王陵，按照西汉早期帝王与皇（王）后"同茔异穴"的规律，在其附近应有王后陵，那么王后陵又在什么方位呢？更大的楚王陵园布局又是如何安排的呢？等等。考古专家仍相信，狮子山兵马俑和楚王陵的发掘对研究我国西汉时期的政治、经济、军事、文化提供了宝贵的资料，同时要想彻底揭开狮子山上和狮子山中谜底，还有赖进一步探索和努力。

（选自《考古发掘亲历记》，中国文史出版社出版）

咸阳阳陵汉俑发掘纪实

王学理

"陕西咸阳阳陵发现大量汉代彩绘裸体陶俑。"

1990年年初，这条消息随着电波传遍了华夏大地，也远播海外异域。美国《国家地理》杂志、《时代周刊》、法国《费加罗杂志》等知名刊物也相继报道了这一令人惊喜的发现。陕西阳陵，吸引了无数期待和关注的目光！

不久后，陕西省汉陵考古队编印的《中国汉阳陵彩俑》大型图册以中、英、日三种文字出版，更配以影视，把清晰而具体的艺术群像呈现人们面前，再次引来了啧啧赞誉。一些报刊称：这是继秦始皇兵马俑、法门寺地宫文物之后的又一重大考古发现。不少人在将其同秦兵马俑比较后认为：阳陵文物的规模和内容更加丰富，是"一项了不起的考古工程"！

回首往事，当年的发掘情景仍宛如昨日。

一、阳陵地区科学考古正式开始

"阳陵"是西汉第四代刘姓皇帝景帝刘启（公元前188年—前141年）和王皇后（？—前126年）合葬的陵园。按照汉代帝后"同茔不同陵"的制度，所谓"合葬"并非像殷周时代那种同处一穴的做法，而是各有其独立的陵墓的。景帝陵同王皇后陵呈西南—东北走向，间距450

米。各陵墓外原来有围墙环绕，四面各具司马门和双阙。但墙垣和四门早已坍圮，至今只留得双阙的夯土基址而已。帝陵现高31米，底边周长680米。后陵规模略小，高仅25.2米，底边周长640米。陵冢呈四棱台体，即顶部和底部是平行的两个上小下大的方形，也就是考古上说的"覆斗形"。这种形状是汉陵的通制。

西汉有十一代皇帝，其中除汉文帝"霸陵"和汉宣帝"杜陵"在西安东南近郊外，九代皇帝和皇后的陵园都在咸阳塬上由东到西一字排开。而阳陵是咸阳塬上诸帝陵中最东的一座，也是保存至今最完整的一座。这里地处今咸阳、高陵和泾阳三市、县交界处，陵墓则坐落在咸阳渭城区正阳乡张家湾地界。高大的陵冢雄踞塬巅傲岸苍穹，具有汉家王朝那博大峥嵘的气魄。南带渭水、北绕泾河，二川交汇于东。秦都咸阳故址居西，而滨水之宫殿楼台星罗棋布迤逦而过。南视汉都长安，遥看终南秀色。过去到省会西安，越渭水须借船筏。而今，千余米的"草滩渭河大桥"横跨，距西安钟楼只有22公里的路程。

"阳陵"的得名有两种均可成立的说法。一说因陵墓建在汉代的弋阳县地，故而称"阳陵"；又一说认为这里本来就属秦代的阳陵地，汉初傅宽曾封阳陵侯，这表明至少在高祖时就有阳陵之名，所以在景帝建陵时就很方便地借用了这一称呼。

1990年年初，210国道的"西安—三塬"段正处在开通之中。这段路北出西安，跨过渭河是南北走向的。同时，就在国道过河后刚爬上咸阳塬之巅，向左斜出西北行，拟修一条通往西安的咸阳国际飞机场的专用高等级公路。当时，咸阳市考古钻探公司在勘定的路线上进行钻探。他们在经过汉阳陵陵园的一段路基下，探出一些"五花土"和陶质渣块。按照施工程序，一般是需要做清除后再填实的技术性处理的。陕西省考古研究所闻讯而至，同有关部门做了交涉。3月，我由秦始皇陵考古队专程到汉阳陵现场做了考察。随即，由我们陕西省考古研究所秦汉研究室组建了"陕西省汉陵考古队"。这个队是一支考古发掘和学术研究较强的队伍，可说是室内的骨干。参加并领导秦兵马俑发掘和秦始皇

陵勘察15年，使我增长了不少见识，积累了一些经验，现在作为室主任兼队长又进行汉陵考古当然是别具一番体味的。其他人则有来自雍城考古队的，有来自沙河考古队的，都是卓有成绩的行家。

5月22日，陕西省汉陵考古队正式进入了阳陵考古工作现场。面对公路路基下的杂土、"异常区"进行初探，以便确定其范围和包含物。结果，出现了木质朽迹、陶俑残块和很多小型的兵器。路基下明显的有四处宽度相同、南北走向的俑坑迹象（这就是后来统编的第六、第八、第十七和第二十四号俑坑）。根据我过去发掘的秦俑坑、汉文帝窦皇后霸陵俑坑、薄太后南陵俑坑及所知武帝茂陵"阳信家"铜器坑的情况，曾在研究文章中提出"坑附于陵"属于秦汉陵墓从葬制度的观点，从而断定这是一处阳陵的从葬坑。当然，这是经验和探查的结果，绝不像后来有些文章说的那么神奇：有的说我往那里一站，看上一眼就知道地下有什么宝贝；有的说谁钻探了五米深，碰着什么东西，只听得"咔嚓"一声，震得胳臂发麻，高兴地跳起来喊："我发现陶俑啦！"实际上谁都没有凭肉眼看穿地下的能耐，其他如探铲杆系上绳子下深五米后，即使碰到陶俑也不可能传感到手臂上来的。

新奇的发现使人振奋，也使人更增解疑的欲望。怎么办？有两种方案：一是就路基下文物做清理；二是全面探清后选点发掘。7月31日，这是我们同公路建设部门订下移交场地的最后期限，分明地写在双方签字生效的《协议书》上。"信用"是为人做事的根本，胜于任何无义的诺言。限于人力和时限，我们选择了前一方案，即集中力量先配合工程做好抢救性发掘，最后由文物内涵、价值、所处位置等情况，交上级部门裁定文物保护和建设工程的关系。我们全体考古队人员顶着炎炎烈日，熬过夏收大忙和阴雨连绵的"干扰"，经过两个月零十天的"苦月子"，实际上只干了32个有效的工作日，终于完成了任务。

公路路基下遗迹和文物的出现，给我们提供了线索，也扩大了追踪的视野。在抢救性清理路基下文物的同时，我们组织另一支力量，围绕工作区扩大钻探范围。终于在阳陵南区发现了一组大型的从葬俑坑。8

月14日，在省政府大楼举办了新闻发布会，通过新闻媒介向国内外公布了这一振奋人心的考古消息。9月10日，通过放录像片和幻灯，给国家文物局作了专题汇报。领导非常重视，说这是一个重要的发现，为汉陵考古立了一大功，并特别指出："从现在起，就正式进入计划发掘。"

从陕西经济实力考虑，公路改线耗资甚巨，碰巧又是路压坑端，即使绕坑而行，其意义也不大。又为保护文物迹象计，我提出了做平地桥涵的构思，拿出"上行车、下留坑道及参观廊"的设计，得到省文物局和高管局的赞同和采纳，从而在坑六、坑八和坑十七上架起三座平架的钢筋水泥桥梁，既方便了通车又保护了文物和以后的开放参观，还为陕西节约了1000多万元的建设资金，从外观上又没有损害陵园的景观。建设部门由此也增强了文物保护意识，不再认为"考古文物部门是添麻烦的"。所以，后来修建西（安）—宝（鸡）高速公路时，双方从谈判到施工，都进行得较为顺利。

二、阳陵南区一处从葬坑

根据几年来阳陵陵园的考古探查，已发现两处从葬坑。一在南区，一在西区。

阳陵南区从葬坑位于王皇后陵南300多米的地方，主要分布在公路的南侧。大约在东西跨度320米、南北长300米的范围，地下掩埋着由内东到西排作十四行的南北向深坑。南北方向每行里包含的坑数不尽相同，少则一个，或几个坑首尾相接，最多的一行里可包含六个坑。而每个坑的长度又不尽相等，最短的坑南北长不过25米，最长的可以达到291米。当然，这些坑的宽度一般多在4米，个别的超过10米。坑深一致，多下及7米，比已知的秦俑坑还深过2米。

所谓"从葬坑"，实际是散布陵墓外围而深入地下的隧道式木框架结构的土木建筑。秦汉人"事死如生"，是按阳间的享用而营造阴间环境的。因而掘坑构筑，内放明器、"桐人（俑）"以从属墓主。这种坑

181

有些是单体的，有些是成组的，不过以后一种情况为常见。阳陵南区从葬坑就属于后者，其形状作竖穴，口部略大于底，即东西两侧的土壁向内收分，南北两端则有向外延伸的斜坡通道。坑底横铺木板，贴壁下部（铺板两端）设地栿，栿上隔一定距离立木柱。柱间嵌以仿板，柱顶连接枋木又关住枋板。在两侧枋木之上，横铺棚板封顶。棚板以上依次铺席、填土，直至同当时的地面一般平齐。由铺板至棚板，居高两米有余，从而形成了一个隧道式的空间，从葬之物就是布置在这里面的。因为年深久远，木质朽坏，建筑坍塌，填土下落，以致同各类文物混杂在一起。现在只有通过我们考古技术人员的仔细清理、辨认、分离，理出各种关系，才能恢复这个坑的原貌来。

虽然说从葬坑的木构架关系大致相同，但具体到每一个的格局是不尽一致的，而且构架随坑形而有别。第一种系"目"字形，即长方形坑两端带斜坡道；第二种系"亚"字形，即坑体为方形，两端带斜坡道，其斜坡的宽度远端较接坑体处为窄；第三种系"长坑侧出式"，即"目"字坑侧突出一部分。三种形式以第一种的数量为最多，仅是长短不等而已，其木构架系比较简单而规矩；第二种目前仅是第二十一号坑，由于坑体的跨度大，其铺板和棚木的方向视情况而变化，故有纵有横；第三种如第二号坑的东侧突出一个车马藏室，因而在木构架上就需要另作处理了。

阳陵南区从葬坑虽然处于地面之下，按照当时设计者的主观意图，这必定是组成"阴间世界"的一部分。如果我们现在把它全发掘出来，使之张口向天。那么，在占地九万六千平方米的范围，人们就会看到二十四个坑如梳如篦，横陈铺张，是一个气势雄浑、内容丰美的场面。

三、壮观的队列和文物布局

当人们熟知了秦始皇陵兵马俑坑的内容之后，社会上也就广为传说"汉阳陵也发现兵马俑了"！实际上，这两处俑坑的内容及其所反映的当时的社会面貌是不尽相同的。秦俑坑为一组四坑，其中三个坑已经发掘或正在发掘，另一个坑是秦时正建而中止的"废坑"。根据比较研究，秦始皇为了以秦军为从葬内容，故选取了军事生活中的主要内容而建造四坑，表现的是"阵"（一号坑）、"营"（包括"练"，即二号坑）、"战"（四号坑）和"幕"（三号坑）。

但是，仅阳陵南区从葬坑至少是包括着仓、库、府、卫等方面的内容。文物相当丰富，绝不可能用"兵马俑"这几个字就能概括得了的。即以布俑而言，同秦俑就有很大的区别。它是采用两种形式，即一是群体性质的队列；另一种是同其他文物在一起的单放，似在各职其事。综观阳陵汉俑的身份和作用，大概有以下六种：

第一种是随车的卫士队列；第二种是队列中的铠甲士兵俑群；第三种是守护兵；第四种是男骑马俑群队列；第五种是女骑马俑群队列；第六种是动物俑。

从葬的内容及其排列形式，因坑而异。今选典型者介绍如下：

第17号坑可分为南北二区。北区有两乘彩绘的木轺车，并驾朝东，其左侧前部有大小不同形成等差的一套铜量器，后部则放置着陶灶和井的模型。车后随从有持戟、拥盾、挎长剑的武士俑群，排作八行，计64件。南区面积是北区的3.7倍，里边先用板材挡成九个木隔间，里面全装盛着粮食，初步断定为谷、糜、小麦等北方的耐旱粮食作物。虽然粮食早已腐朽，又经坑上覆土塌陷的挤压，但其灰壳至今仍厚20厘米。经复原，其原来的高度在2米以上。

第20号坑长50米，分为南北两区。南区排列着整齐的车马武士俑群，一律面北站立，穿战袍，披铠甲，垂手挺胸。个别俑左侧佩剑，或背铁凿、锛、锯等工具。总计384件彩绘俑，横向排列55行，簇拥木车前行，形成有大的翼戴和较远的进深，浩浩荡荡，异常壮观。其后部放着插有10支长柄铁戟的兵器架，并放一件炉台状的陶器，无疑增加了这支队伍的神秘性；在北区放置四个巨型的朱红色木箱，南北两两相对，各长7米左右。箱中有佩剑执盾牌的武士俑，成束的带柄柳叶形长矛、

183

插载的兵器架，锤锛类的农工工具等。第21号坑坑体基本呈方形，约10米见方，在西南方另附一个放置弩车的小坑。坑中原用木板隔成8个大栏，在栏内再隔出一些大小不等的很多小框。在这些栏框之内放置着很多米色漆盘或大陶盆，其中有再按器物组合关系盛以不同种类的陶俑或器物。这个坑最有特色的是一批动物俑，有牛、羊、猪、狗、鸡等，其次是种类繁多的生活用具，如陶罐、盆、盂、甑、盘及舟形器等。这些往往是成套地摆设着，有的陶器内还盛有粮食或铜量器。器物有铜鍪、鉴、带钩、权、量钱、铁釜、管、削。另有石简、蓝色琉璃珠、朱红色颜料等。陶俑多是佩剑，拥盾，或背成串的"半两"铜钱。弩车偏处西南隅，两乘有四马，并驾，各有一陶"御手"俑。车上的远射程兵器——弩，原是装置在铜承弓器上的，同秦始皇陵一号铜车上的弩装法一致。车中原来装有的圆盖伞虽已腐朽，但盖弓帽、达常犹存。

阳陵南区俑坑从葬内容的多样性，呈现我们面前的往往又是纷繁瑰丽的场景。第2号坑的主向朝东，由南到北分为五区，都是形成对称的格局。其主轴的前部是一个安放木车的"耳室"，车后随以男武士俑群。在此轴线的南北两侧，以乘马、着朱红甲衣的女俑群对称地展开；第3号坑全是车队，分五行偏列，却不见陶俑或其他器物；第4、第5号两坑的从葬内容相同，外面是由折叠式屏风围成两个相连的闭合椭圆形圈，紧贴屏风内侧立着一排面朝外的武士俑群。

从葬坑是汉代人事死如事生行为的直接反映。桓宽在《盐铁论》一书中曾说："今厚资多葬，器用如生人。"这一认识的基础正如马克思在《摩尔根〈古代社会〉一书摘要》中说的："生前认为最珍贵的物品，都与已死的占有者一起殉葬到坟墓中，以便他在幽冥中能继续使用。"

四、生动鲜明的艺术形象

人们常见的中国古代雕塑品，无论是浮雕或是圆雕，其衣饰的表现法有两种：或雕塑，或绘画。但阳陵的陶塑汉俑则与此不同，它是先塑出人体的原形，施彩如发肤的真色，再装上可以活动的木制胳臂，然后穿上衣服。因为年代久远，衣物腐朽脱落、木臂成灰，就变成了缺臂的裸体俑。不过，返璞还真、变拙为巧的结果，反倒呈现人体美的艺术本色。

阳陵汉俑一般高62厘米，无臂，作裸体。整体各部基本合乎人的比例，唯腰腹、股部略长，也许由于其体量小而处在人的视平线之下，故而艺术家做了夸张性的处理。其阳物（或女阴）、肚脐、窍孔无一不备。发股上绾于顶，绾结后横向插笄。头发、眼眉、胡须、瞳孔用黑色，同颜面、躯干的橙红色相配衬，不但接近真实，而且对比强烈，显现鲜明的艺术效果。

动物俑的塑造也是塑绘和装饰性相结合的。如陶牛的角、尾，猪的尾巴部，都是个圆孔，显然原来是用木头或毛类做成插上去的。

阳陵彩绘汉俑作为群体出现，对研究汉代帝王从葬内容、性质和造型艺术都提供了科学依据。仅就其艺术特色而言，我以为有以下几点：

首先，成功地塑造了一批典型的艺术形象。

人们看到秦始皇陵兵马俑体大如真，其中的成功之作，特别像高级的指挥俑，不失为写实主义的代表，足见秦代的人物雕塑一登上历史舞台就是以一种成熟的姿态出现的。

阳陵汉俑是在秦俑艺术的基础上成长起来的一批写实主义佳作，其所达到的造诣比前又跨越了一步。尽管它的躯体只及真人的三分之一，但高度的艺术概括并没有产生比例失调的弊病，更没有忽略对关键部位的细腻刻画。因而就能做到各部合度、简约不漏、细而不繁。肌肉同骨骼的结合比较恰当，如胸肌不乏有团块结构的，而臀部敦厚、腿肚突出、锁骨暴起也是多予强调之处。那胸腔平滑而宽阔、腹肌半阔而柔细，往往会使人感到它心肺在扩约、内脏在蠕动、血液在循环。

全躯塑造详略得当。窍孔齐备，显得真实，而头部的刻画尤为精致。由于五官端正，再加之不同形象又各具个性，就避免了雷同的缺憾。脸庞有方、圆、精、阔、长几种。而表情愉悦、慈祥，却是阳陵汉

俑给人最深的第一印象。其发型有纽髻、梳髻和辫髻之别，虽无系缕的明晰，却简练明快而富于美感。

蕴含喜色、表情丰富、各具个性，应该是阳陵汉俑最有特色之点。前庭饱满、地阔方圆、面庞丰盈、双目凝视、唇含渥丹、沉静怡然者，显见是位成熟稳健、精力充沛的中年男子；而那脸形方浑、颧骨突兀、两腮外析、眉脊隆起、棱角分明、神情冷峻者，能说不是来自"异域"的刚烈丈夫？面如满月、口阔唇厚、两目平视、敦厚结实者，便是关陇的大汉；面目和善、眉清目秀、眼细翕唇、蟓首小腮者，确是一位稚气十足的英俊少年；那一位上宽下窄的"小方脸"，双眉紧锁，眼细如线，小唇内收却腮肉紧绷，岂不是位心绪戚戚、谙于事理、多少有些愚憨的"凡夫俗子"！再目睹女俑的芳容，更具一番情趣：一位老态龙钟的妇人，两颧骨高得像是贴了两半个皮球，小嘴和两点眼睛因其脸蛋的高起，竟深陷进去！她却是一位慈眉善目、态度和蔼的老妇人；虽说是徐娘半老，却风韵犹存，骨肉停匀，形神兼备，盘髻脑后，披甲乘马，原来是位英姿飒爽的"巾帼英雄"！小脸、小嘴、小眼、小个，梳个小垂髻，是个典型的"小女人"……这些男女有别、形象不同、表情不一的"偶物"，或作文静安详，或显粗犷豪放，或少语沉默，或面带笑容，都似乎在雕塑艺术家手里获得了生命，带给人以深刻的感染。

成功地赋彩于立体艺术之上，是中国秦汉雕塑艺术魅力独具的重要因素。秦兵马俑是如此，阳陵汉俑也是如此，咸阳杨家湾汉墓、徐州北洞山、狮子山汉墓的群俑无不如此。遗憾的是：秦俑那绚丽多彩的服色几乎损失殆尽，人们看到的只能是想象复原而已。阳陵汉俑则与此不同，多有保留，甚或鲜艳如初，特别是那不带矫饰之美的肤色，更是难能可贵的了。通体橙红，是黄种人的本色。黑亮的头发，油光可鉴，是"受之于父母"的原生品。那瞳孔一点，秋水顾盼，真称得上神来之笔，妙不可言。侍卫头上缠一圈朱红色"陌额"，或执朱红柄长兵器，或编入车马行列，或置于府第园寺一类虚拟的艺术环境，不啻是阳间宫廷生活的再现。

动物俑的塑造，同样是一批艺术佳作。陶牛长70多厘米，是目前见到最大的同类实物。其体大肥，通过巧妙的团块堆积，使得它形象逼真，堪称一绝。陶牛的四腿如柱而短，身躯前低后高，"前裆放个斗，后裆留只手"，腹部宽大，颈部短粗，显然是力役型犍牛的标准形象。同样，陶猪如果光强调那个前翻的长吻，还不能够构成猪的完整形象。而现在看到在便便大腹之下点缀着两排乳头，擦地臃肿的体躯，合着长脑袋、小眼睛，搭配得如此协调，不难想象它走路蹒跚、吻掀墙土、哼哼个不停，令人忍俊不禁。还有那狗的机灵、羊的温驯、公鸡的自鸣得意、母鸡的闲散……都被表现得活灵活现。

阳陵汉俑制作的工艺流程：模型—窑烧—绘彩—着衣四个步骤。中国烧制陶瓷具有悠久的传统，而早期的历史偏重于生活用陶。其间不乏美术作品，但多是器物的附件或对器形本身的美化而已。所以说独立的美术陶瓷还是不发达的。自从秦兵马俑和阳陵汉俑发现之后，作为塑烧的又是大型的立体艺术，研究其制作对丰富陶瓷学、美术史的内容就更具重要意义。

阳陵彩绘汉俑是一种着衣陶俑，因衣物和木臂腐朽脱落而成为裸体，人们由于新奇而呼之曰"裸俑"。据知，这种陶俑在历代墓葬的随俑中未见。即使在汉俑中，其所占的比例也是很少的。近年来在茂陵、杜陵、汉长安故城、西安东郊汉墓中都有零星的发现，可见它是流行于汉代京畿一带，又独为帝王所特有的作品。河南永城芒山汉梁王陵也有出土，其工艺水平较差，它当是以汉王室着衣俑为蓝本的地方产品。以群体出现，又有编列的特别环境、制作精巧生动者，阳陵汉俑则首屈一指。在时间上它上起景帝，下及宣帝，前后跨一百五十余年，又都是属于官窑作坊的御用产品。其艺术水平之高当非普通的偶物所能比！阳陵汉俑作为此式俑的佼佼者，若比之于秦汉武士俑，也可说是异彩纷呈、各领风骚的。

过去长时间流行过"中国没有雕塑传统"的说法，秦始皇兵马俑的发现，给了它以否定的回答。而阳陵裸体着衣彩俑的面世，更冲淡了长

期来人们受儒家思想束缚的某些陈旧观念。阳陵汉俑艺术达到了成熟的阶段，我们可以断言：陶塑作为一种艺术形式，从它产生到发展是在佛教艺术传入中国之前就经过一段历程，属于在华夏大地上生育和绽开的奇葩。更由于它植根的稳固，所以在同以后佛教艺术的接触中，既保存了原有的民族特色，又更多地将佛教形式融入，水乳交融。研究这华夏的雕塑精英，将更有利于我们深入领会中国艺术之底蕴。

五、脱胎于生活实用品的明器

阳陵陵园的地面文物，如砖、瓦、散水等，都是当时的建筑用材。而从葬坑里出土者，包括陶俑在内，却属于"东园秘器"，是为死者专门制作的"冥器"（又称"明器"或"盟器"）。而南区从葬坑发现金属和非金属的文物，可说是种类繁多，名式各样。诸如各式兵器（有远射程兵器的铜弩机、三棱镞，长兵器的铁戟、矛、铍，短兵器的铁剑等）、农工工具（铁锸、锛、凿、锯、削等），车马器（铜辖、盖弓帽、达常、衔镳、铁缰等），炊具（陶灶、井）、饮食器（铁釜、陶盆、罐、盂等）、盛器（铜鉴、錾、舟、盒）、度量衡（大小不等的铜量具、勺、权、砝码）、货币（"半两"铜钱）、衣饰（铜带钩）、石简等，还有一些不知名的铜构件。

阳陵南区从葬坑出土的各类文物都是些小件。其真实的程度表明它们是些缩小比例的模拟物。像彩绘的华盖轺车具有双轮双辕，舆宽110厘米，进深70厘米，轮辐30根，轮径也只有90厘米。显然，此车比秦俑的木质战车整体缩小了30—40厘米。它如铜镞也是首、铤俱全的三棱式，虽然通长只有4厘米左右，相当于秦俑坑同类镞的二分之一或十分之一，但在关以下仍然缠以蒯缑，以增加入笴后的稳定性。铜弩机的钩牙、望山、悬刀和牛咬合恰切，不但可以连动，而且还是互换的通用品，但通高不过5厘米，比秦俑坑弩机少了12厘米，而精巧的程度并不稍有逊色。另如"卜"字形铁戟，矛、剑、锛、凿、锸等，同样是制作规范的，从冶金、机加工到表面处理的整个工艺过程中，无一含糊。

阳陵文物为研究汉代兵器的使用及其演变、战略、战术与兵器组合的关系，提供了可靠的形象材料。这些明器是以当时流行的样式作为凭借，带有鲜明的时代特征。战国晚期的弩机虽然已经出现了约束各部件的铜郭，但不普遍。所以，秦俑坑和阳陵汉俑坑的青铜弩机还是直接装在木臂上的，是臂张装矢以适应汉初骑兵快速行动的需要。"卜"字戟和柳叶形铁矛都是西汉流行的形式，前者为秦时所无，后者同汉代中晚期的同类物也大异其趣。此间未发现青铜剑，而出土为数甚多的铁剑，无一例外的都是柳叶形长剑，同西汉中期以后流行的那种兰叶形长剑有别。这不但是铜剑退出历史舞台的反映，也是单刃厚背的环首铁刀地位上升的表现。

秦末到西汉初年，战斗步兵和骑兵已经成为军队的主力，阵战和快速运动要求有精良和有机组合的武器装备。秦俑坑出土的长柄格斗兵器是戈、矛、戟、铍等，短型的近刺兵器是长剑，远射程的兵器则是弓弩。而阳陵汉俑坑的兵器种类也大致同此，其实质性的区别则在于：一是多数兵器已变铜为铁；二是形制有变。事实清楚地表明了西汉时期战略、战术的变化，已经提供了摒除铜兵器而广泛使用铁兵器的条件。

阳陵的发掘还给研究制作"东园秘器"的组织机构、生产规模及工艺水平提供了重要线索。在秦始皇陵和西汉薄太后"南陵"的砖瓦上，曾发现有"东园"二字的刻记和印戳。《汉书·霍光传》颜师古注："东园，署名也，属少府。"少府的属官之一就有"东园匠"，注作"东园匠主作陵内器物"。因冥器是放置于地下的，故名"秘器"。很清楚，"东园"就是秦汉中央政府掌握皇室贵族陵墓中随葬器物制作的官署。

六、陵园勘察珍闻

据调查知，阳陵有陪葬墓三四十座。陵北区的两座大墓至今还保留着高大的封土堆，同帝后的陵阙相辉映，显现了汉王朝雄浑气势。而大

多数陪葬墓则分布在陵园东司马门以东的千米之外,大约以(西)安—铜(川)高速公路两侧的崔家塄、米家崖村一线之南最为集中,或纵横排列,或散布几处,但毕竟在宏观上自成一区。只可惜的是陪葬区的那些封土堆随着岁月的推移,由大到小,由显而隐,日渐减少,仅仅是留在当地白发老人的记忆中了。现在,我们能看到的三五个陪葬墓冢,也是千疮百孔了。

为了查清阳陵陪葬墓区范围及其布局,我们汉陵考古队在陵园那广阔的地域用铲探在苦苦地追寻着。功夫不负有心人,陪葬墓及其从葬坑,个个的轮廓及其所在位置,陆续地被发现,并测绘在图纸上。

地当高陵县马湾乡的阳陵九号陪葬墓于1993年被部分破坏,我们及时做了抢救性清理。这座"甲"字形大墓坐北朝南,还残留一点封土。在墓室南侧上层有一条东西长37米的长坑横穿而过,里面埋葬着大量的陶俑、动物俑及陶器。按照文物布局,坑内由东到西自然分成三区。东区包括山羊和绵羊的陶羊群、陶牛群、陶马群及猪、狗、鸡等动物俑200多只;中区全是作裸体的男女陶俑群200余数;西区则布置着陶器群,其中包括着大小不同的彩绘陶仓、带盖陶盒、陶钟及茧形壶等。

几年来,我们对陵园建筑遗迹的探查,同样也取得了令人兴奋的结果,除帝后二陵各自筑垣、四门设阙之外,大型的陪葬墓附近原来也都是有屋宇建筑的。陵园的地面建筑,既有自成体系的群体,也有各不连属的单体,陵园内外,随处而异。地面下保留着大片大片的夯土墓址,地面上的绳纹板瓦、筒瓦、瓦当以及日用陶器残片则随处可见。瓦当面上的各式云纹舒卷流畅,"千秋万岁""与天无极"字样寓意吉祥,而格纹或回纹铺地砖却在规正中显示了严谨朴实的作风。

《汉书》载:"自高祖下至宣帝,与太上皇、悼皇考,各自居陵傍立庙……又园中各有寝、便殿。"阳陵寝殿在陵园的南区,西北距帝陵420米,东北距王皇后陵740米。此间地势隆起,四周坡降徐缓,占地面积9600平方米。殿址顶部有一四棱台体的巨型青石,石面加工成直径为1.35米的圆盘,其表光平如砥,正中阴一"十"字同磁北方向对正。当地人称其为"罗经石"，实系当年修筑陵园时用作测点的。

在寝殿建筑遗址南侧的咸阳塬边上有一大面积的建筑遗迹，东西横亘，断断续续，长达1500米，其两端向北曲折，从而形对帝、后二陵的半月形拱卫。作为建筑材料的砖瓦、卵石俯拾即是。这抑或便殿或寺园吏舍？还待考古探查进一步确证。

阳陵西南约350米的一处建筑遗迹东西长300米，南北宽200米，外围有壕沟。我们汉陵考古队在农民栽苹果树的地段做了抢救性发掘，除清理出廊柱建筑及建材类的砖瓦及生活陶器外，竟在房基下的一处浅沟中发现了大批的彩绘陶俑。这批雕塑的作风同南区从葬坑的陶俑大相迥异，它不是裸体外着纺织类衣服，而全部是雕塑衣饰加彩绘的，俑类有男武士立俑、骑马男俑、女舞蹈俑、跽坐女乐俑、拥物女立俑，还有马、牛、羊、狗、猪、虎和一些不知名的动物俑头。

陶俑本来是随葬或从葬的偶物，这是我们长期以来形成的看法。而今，陶俑竟出现在地面建筑遗址里。令人费解。我以为这些偶物当年实是放置在陵庙之内的。便殿这专供作皇帝灵魂"休息闲晏"之所，设置伎乐舞俑是不难理解的。1995年，在清理秦始皇陵园北侧一处便殿遗址中，不是也发现了一个彩绘陶俑头吗？如果我这一见解得到学术界承认的话，不是为秦汉陵寝制度前后相承又提供了一佐证吗？

七、伸向咸阳塬帝陵区的黑手

经济大潮涌动，沉滓泛起。新的"五陵少年"铤而走险，盗墓成风，走私猖獗，地上和地下的文物受到严重的威胁。生活在咸阳塬上的农民，为了寻求致富之路，看到礼泉、白水务苹果获利的经验，也开始向着陵园的空白地带"进军"，或平土挖坑，或凿阙穴居，致使卵石路面平毁、垣基斩断，残砖破瓦委弃遍地。我们考古队能做的，只是唇焦舌燥地向群众宣传文物政策和保护的意义、开展力所能及的清理。省府接受了我们的"报告"，向咸阳、泾阳、高陵等市、县文管部门行文，

明确保护范围和职责。如果说栽树挖坑对文物的破坏，还只是地表的遗迹，而以后盗墓狂潮席卷而来时，盗取的目标已不仅仅是金银财宝了，凡是地下文物能换来钱的统统都要，连文物迹象也难逃洗劫。

1992年，盗墓贼在广阔的平野盗挖了汉长陵及陪葬墓的很多从葬坑。有人形象地说："平陵以东的文物遗迹，满地戳得尽是马蜂窝。"起初，那些"土贼"并不会辨认土色和土质，竟把秦咸阳的高台建筑遗址当成古墓，乱翻腾一气。铺地砖、空心砖踏步被打成碎块，掷得满地都是。一些汉墓确也遭到毁坏，伤痕累累，惨不忍睹。而少数人不劳而获，盗贩文物，牟取暴利，竟成为村野羡慕的对象。随后，盗墓队伍扩大，逐渐发展成全村人的群众性"参与"。尽管地方公安部门也抽出部分警力同盗墓贼进行斗争，但面对"人多势众"和先进的"装备"也就"望贼兴叹"了。1993年冬，盗墓贼由西而东，进入阳陵地区。他们欺我考古队人少，又不是能够对抗的权力单位，就成群结伙，从晚上竟发展成白天公开盗掘。在陵西区挖从葬坑，形成了挖、运、售"一条龙"的作业方式。

面对文物被毁和将产生的严重后果，我们真是心急如焚。当长陵一带出现盗情时，虽然还在阳陵以西隔着十几里路程，我们便三番五次向省文物局反映，并设法同当地派出所联系加强阳陵的安全保卫工作。当阳陵后来成为盗墓贼猎取的目标时，我们日夜巡逻，并协同有关部门做多次围捕。谁知后来盗掘狂潮有如洪水猛兽袭来，连我们驻地的张家湾村也有少数不逞之徒干起内外勾结的勾当。我们只能不停地跑十几里路到渭河电厂或正阳乡向省文物局公安处打电话求援，同时做好文物库房的警戒以防哄抢。大概由于盗墓和反盗墓的斗争在阳陵地区对抗得太持久、太激烈的缘故，竟惊动了上级领导，连省长也参加了晚上的突击行动。随后，国务院、国家文物局的负责人也亲临现场视察，所以便促成了全国性大遗址保护会议于1995年在西安的召开。

阳陵地区的考古工作所获得的初步成果，引起国内外学术界及社会各界人士的广泛关注。1990年，被国家文物局列为全国的"十大考古发现"之一，同时，也被陕西省列为"十大新闻"之一。1991年11月17日，国家文物局组织考古专家对全国考古工作进行第二批检查，一致认为"汉阳陵南区从葬坑的发掘是符合科学的，工作是细致的，也是规范化管理的"，并随后以文件形式通报表彰。

作为一个完整的学术课题，尽管阳陵南区从葬坑的发掘已取得了不少珍贵的资料，但对一些基本问题还要做许多工作。阳陵南区从葬坑正在发掘，陵园的考古调查也在同步进行。西汉帝王陵墓制度的奥秘，也许会从这里展示开来。

（选自《考古发掘亲历记》，中国文史出版社出版）

银雀山汉墓竹简出土记

临沂市政协文史委

1972年4月，山东省博物馆和临沂文物组在临沂银雀山发掘的一号和二号汉墓里发现了大批竹简。同时出土的还有漆木器、陶器、铜器和钱币等器物。经鉴定，这是西汉前期的两座墓葬，出土的竹简和其他器物也都是当时的殉葬品。竹简中有《孙子兵法》《孙膑兵法》等十几种兵书以及先秦古籍和汉武帝元光元年的历谱，极为珍贵，海内外为之轰动，被列为当年全国十大考古发现之一。

一

临沂城北屏蒙山，向南是一片连接苏北的大平原，沂河由北而南在这里经过，临沂因东临沂河而得名。在旧城南约1公里，有两座隆起的小山岗，东西对峙，东岗名为金雀山，西岗名为银雀山。岗呈赤色，曾名赤石山，后因山岗遍布一种灌木，每逢春夏之交，花开似云雀，东岗花为黄色，西岗花为白色，因以得名，遂流传至今。据文物考古工作证明，这里是一处规模较大的汉代墓地，发现竹简的两座墓葬，即坐落在这里。

这两座汉墓的发现是很偶然的。1958年时，曾为临沂地区劳改队的炼钢铁基地，因山石含有赤铁矿，就地采矿炼钢铁，挖了许多矿坑。20世纪60年代，地区卫生局在这里建起办公平房。1972年年初，卫生局计划建一座地下室存放药品，选中了办公室前的一个炼钢铁的废坑开始施工。4月7日，施工人员挖下80厘米即现出椁顶。其中临沂县城关建筑管理站的老职工孟季华，是个业余文物爱好者，他见此情况，立即叫工人停止施工，并向临沂文物组报告。

临沂文物组负责人崔涛接到报告后，就向省文物部门作了汇报。省文物部门很快派来了吴九龙、毕宝启二位文物工作者。他们现场观察认为是一普通汉墓，就让临沂文物组自行清理。参加清理者是崔涛、张鸣雪、刘心健、杨佃旭等人。他们和施工队负责人朱家菴商定，由施工人员先将古墓周围的散乱石渣清理干净，三天以后，前来发掘。

14日早晨，临沂文物组的同志来到工地，按照田野考古发掘的要求，先拍照现场，然后开始了发掘，周围逐渐来了许多观众。张鸣雪在上面守铺看管东西，刘心健和杨佃旭下去发掘，孟季华主动负责维持秩序。

上午，先起木椁上面的盖板（天棚）。椁盖板系用七块长1.76米、厚20厘米、宽20—40厘米的大方木东西横放，南北相连而成。揭开天棚后，露出了椁室，其结构是：东侧为棺木，西侧为边厢，中间置一隔板。边厢是堆放随葬品的地方，积满了水和淤泥。

下午，一面由工人抽排泥水，一面由刘心健和杨佃旭二人自上而下，自南而北，一层一层地起出随葬品。清理至下午4点半时，在边厢东北角发现有一被陶器挤压歪斜的椭圆形木杌，其上有一件彩绘筒形漆耳杯及一堆粘在一起的竹片条，相互连在一起，无法单独起取，只有先将它们一块儿端出来再慢慢清理。故起取时不慎将腐朽的竹片折断了一部分。当时，以为这些竹片和边厢南端盛栗子、桃核的篓片是同样的东西，并未引起注意，故将其随意扔在了坑边。这时，临沂九中驻校工宣队员徐汝管在旁观看，出于好奇，将一残竹片用水冲洗，始见文字。至此才知是竹简，立即停止发掘，将已起出的文物带回，并向县、地、省各级领导汇报。临沂军分区的领导听说发现了竹简，派来解放军战士协助保护现场。

15日，停工一天待命。省博物馆先后派来毕保启、吴九龙、蒋英炬等进行指导，介入清理工作。16日，继续清理边厢。前后两天，从边厢内共清理出残乱竹简4900多枚。

17日，接着清理棺木。棺南北长2.14米，宽0.66米，高0.62米。外髹黑漆。打开棺盖，内髹红漆。棺底铺草荐，厚约3厘米。尸骨已腐朽散乱，性别难辨。头北向，方向正北偏东20°。棺内北端有木枕一块；彩绘漆奁一件，内装有木梳、木篦和一面饰有草叶纹和八角连弧纹的铜镜；棺中间有铜带钩一件。一号墓至下午清理完毕。

二号墓位于一号墓西侧50厘米处，低下50厘米，向南伸出50厘米。由刘心健、毕保启和吴九龙三人进行清理。椁内棺居两侧，东侧为边厢。所不同者，二号墓的木隔板中部还有两扇小门，上下有框，可以启闭。门高23厘米，宽21厘米。方向正南北。棺底无草荐。棺内木枕、漆奁、铜镜均在棺南头，可证头向南。二号墓出土竹简32枚。

竹简经过发掘小组的简要技术处理后，于4月底送省博物馆。当时，张鸣雪留下了一盆竹简做脱水试验，不久，全部毁掉，故后来整理出的竹简文字内容残缺甚多。由于清理现场时不细，又将二号墓中一件重要文物丢掉。这是一件"铁削"，是书写时写错了字、用以削竹简的修改工具。数日后被临沂文化馆副馆长赵海峰捡到，故当时发表的简报中缺少这件文物（此文物现藏临沂银雀山汉墓竹简博物馆）。

二

从残简遗留的痕迹，可以窥其简形制。系先削好单条竹简，采用三道丝绳编联，上下两端编联时各留出1—2厘米的空白作为天地头，中间加一道编联，然后用毛笔蘸墨水书写。每枚竹简书写一行，每行字数不等，多在35—36字，最密的有40多字，少的也有20多字。每篇文章的篇题多写在第一简的简背面，全篇结束后又于尾部标有全篇总字数。也有的篇题书于篇末，而其中《八阵》篇标题在篇首和篇末均有所书。有的篇由于内容残损，未见篇题，后由整理小组根据篇文内容拟加，如《见威王》《兵情》《强兵》诸篇。每篇文章自成一卷，以尾简作轴心，文字朝内自左向右卷起，卷后，其首简背面的篇题即呈现于外，便于检寻。

据统计，一号墓出土竹简4942枚，整简每枚长27.6厘米，宽0.5—0.9厘米，厚0.1—0.2厘米，大部分为兵书。二号墓出土竹简32枚，是一部汉武帝元光元年的历谱，基本完整。每片长69厘米，宽1厘米，厚0.2厘米。简上的文字全部为隶书，字迹有的端正，有的潦草，不是出于一人之手笔。由于竹简在泥水中浸泡2000多年，又受其他随葬物的挤压，已经散乱，表面呈深褐色，编缀竹简的绳索早已腐朽，在有的简上还可以看到一点痕迹，但字迹除个别文字漫漶难辨外，绝大部分很清晰。在一号墓竹简之上，有两枚"半两钱"和一枚"三铢钱"，可能当时是缀在竹简的绳头上作装饰用的。在一号墓竹简东侧，还发现一件木器不知名，椭圆形面，中凿方孔，上装束腰木柄、侧复在简上，长38厘米，宽13厘米，高11厘米，此件还是第一次发现，可能和竹简有关。

出土的竹简转送北京后，国家文物局委托文物保护科学技术研究所召集有关专家学者，组成"银雀山汉墓竹简整理小组"进行整理。整理结果：一号墓出土的竹简，内容计有《孙子兵法》13篇残文和《孙子佚文》5篇，《孙膑兵法》16篇，《尉缭子》5篇，《晏子春秋》16篇，《六韬》14篇，《宋法宋令十三篇》10篇，《论政论兵之类》50篇（其中包括《君臣问签》11篇），《阴阳时令占候之类》12篇，其他13篇。

《孙膑兵法》已整理出222枚，其中整简达137枚，残损部分，每枚也在10字上下，共得6000字以上。其中有关的历史记载，如"禽（擒）庞涓"一篇，与《战国策》所载"禽庞涓"语同，"桂陵之战"的记述较《史记》为详。

《孙子兵法》整理出105枚，"十三篇"都有文字保存，其篇名和《宋本十一家注孙子》版本相同。

其他如《六韬》，整理出53枚，《尉缭子》整理出32枚。对这两部

古代兵书，过去也有人认为是后人的委托，现在从西汉前期的墓葬中发现，可见当时已经传世。

另外，还有一部分竹简的文字，不见著录，有待做进一步研究。

这两座墓葬的年代，从出土的陶器、钱币、铜器和漆木器的形制、纹饰、风格等特点和墓坑形制看来，可以断定是西汉前期。特别是鼎、盒、壶、罐等陶器组合的出现，更证明了这一点，一号墓出土了"三铢钱"。据《汉书·武帝纪》载，建元元年（公元前140年）始铸"三铢钱"，到建元五年（公元前136年）"停罢"，流通时间很短。由此可以进一步断定，一号墓的年代，上限不会早于建元元年。这两座墓葬里还出土了"半两钱"，而没有发现武帝元狩五年（公元前118年）始铸的"五铢钱"。由此，可以推断墓葬年代的下限，不会晚于元狩五年。二号墓出土的《汉武帝元光元年历谱》，更是判断墓葬年代的重要依据，其年代上限应断定为汉武帝元光元年（公元前134年），竹简的时间更早。以竹简用字为秦、汉之际的早期隶书和文字不避汉高祖讳来看，其书写的时间应在秦汉之交。

两位墓葬的主人，由于缺乏材料，不能作出确切的判断。在一号墓出土的两个耳杯底部刻有隶书"司马"二字，刻工较粗，估计是墓主人的姓氏，不会是官衔。因为按照当时的一般习惯，不会把官衔随意刻在器物上的，但是，从墓葬出土的大批兵书来看，可以肯定墓主是一位关心兵法或与军事有关的人物。在二号墓出土的陶罐肩部刻有"召氏十斗"四字，"召氏"也可能是墓主姓氏，但也可能是赠送人的姓氏。

三

竹木简牍有出土实物可证的，最早是在战国时期。《尚书·多士篇》说"惟殷先人，有册有典"，似乎很早已经使用。我国曾多次出土竹木简牍，最早的记载见于汉代，据不完全统计，到现在已有30次以上。中华人民共和国成立以来，各地发现的竹木简也已有20次之多，但大部分为"遗策"，古代的书籍只有1959年9月在甘肃武威磨嘴子东汉墓出土的《仪礼》和1972年11月在武威旱滩坡东汉墓出土的医药简，像这次在两座汉墓中一次出的数类、字数这么多的古籍还是第一次，特别是其中大部分是兵书，更值得重视。失传了千余年的《孙膑兵法》和《孙子兵法》在同时出土，解决了史学界、考古界关于孙子、孙膑是否各有兵书传世，以及孙子与孙膑的关系的长期争论。大量古代兵书的出土，为研究我国古代军事思想提供了宝贵的实物资料。

从二号墓出土的《汉武帝元光元年历谱》，是现今发现的我国最早最完整的古代历谱。这部历谱对研究古代历法很有价值，可以帮助校正《资治通鉴目录》《历代长术辑要》和《二十二史朔闰表》等的遗误。

秦汉之交正是我国文字由篆书转变为隶书的过渡时期。临沂银雀山汉墓出土的竹简文虽是隶书，但仍保留了一些篆书的风格。这批竹简对我们研究我国文字发展和书法艺术渊源也具有一定的资料价值。

银雀山汉墓竹简一经发现，立即受到海内外的关注。毛泽东极为重视这一发现，"整理小组"在郭沫若直接领导下在很短的时间内就影印出竹简书送毛泽东观阅，国内外学者纷纷来银雀山参观考察，并撰写了大量有关竹简研究论文，后来还在临沂召开了第一次《孙子兵法》国际研讨会。政府拨专款在发掘原址上建起了银雀山汉墓竹简博物馆，及时将墓坑保护复原，陈列了出土实物和竹简复制品，供游人参观。

（选自《考古发掘亲历记》，中国文史出版社出版）

沉眠骊山两千年　一朝发现惊世人

赵康民

秦俑早有发现只是不遇识者

1932年，西安临潼岳沟村民在秦始皇陵封土西侧的内外城间挖墓，就在地下一米深处发现一个跽坐俑，可惜没多久这个跽坐俑不翼而飞。后来听人说被一个古董商卖到上海，亦不可知。1948年，上焦村民在秦陵东外城外取土，连出两个跽坐俑。有好事者说它是神，把它放到附近的一座庙宇供奉起来，取了个雅名"瓦盆爷"。这"瓦盆爷"虽未登上博物馆的大雅之堂，却从埋入地下2000余年的土坑中，一跃而成为地上庙宇里的神，这才得以幸存。20世纪50年代初被临潼县文化馆收藏。1957年，原文化部部长郑振铎来陕视察，看到这两个跽坐俑后说："骊山脚下的秦始皇陵前，1956年（应为1948年）出土的一对大陶俑，乃是今日所知的唯一可信的秦代人物形象。"

秦始皇兵马俑发现也很早。西杨村长者杨天德对我说："过去，我们村上有人在村南打井、挖墓，都挖过瓦人和瓦马的尻旦子。当时我们村上人穷，少吃的，说是瓦人夺了人的粮食，都把它砸碎了。"与西杨村毗连的下和村的长者和万春说："我还是孩子的时候，父亲在村南路东打井，一连多天总是挖不出水来。用我们的话说，'奇哉，怪哉，秋树上结的蒜薹'。没挖出水可挖出个瓦人来。父亲又气又恨，指着瓦人说：'怪不得挖不出水来，原来是你这个怪物作怪。'为了出气，就同村上的人把瓦人吊在柳树上，你一棍子，我一镢头，当下把个瓦人打得粉碎。唉，现在想起来多可惜！"

光阴荏苒，日月如梭，秦始皇兵马俑正式被考古工作者鉴定认可，以它年代之久远，塑工之精细，形体之高大，军阵之严整，气势之磅礴，旷世无俦的雄姿，巍然屹立骊山脚下，屈指23年有余。在这23年间，报道发现秦始皇兵马俑的文章多似雪片。1981年7月5日，中国作家协会西安分会的毛锜先生第一个采访了我。他的报告文学《世界第八奇迹发现记》当推首篇。此后，新闻界皆认为"奇货可居"，竞相探访，争发头条。然而多记事不详。在此，曾有不少同行和朋友要我撰文介绍兵马俑发现过程，均被我婉言谢绝。因为鄙人生性耿介，自知无术，不求有功，只讲奉献，从来不愿荣名入仕，更不愿"妇随夫荣"。盛名之下，其实难副。若说秦始皇兵马俑是我率先鉴定、修复和试掘，我毫不推辞过谦。若说是我发现，我可不敢冒天下之大不韪，贪天功为己有。毛锜先生说得好："劳动人民创造的奇迹，最后还是叫劳动人民给发现了。"若不是农民打井，我无论如何也不能发现。

秦俑的最初发掘

1974年3月下旬，农历二月中旬，大地回春，草木绿茵，一年一度的春耕正在不失时机地开展。位于骊山脚下洪积扇台塬，西距秦始皇陵1500米的西杨村也不例外。这里地瘠坑壤贫，多砂石，年获不丰。此时他们兵分两路，大部分的劳力投入春耕，另抽六人打井。

3月23日，以杨全义为队长，杨志发、杨彦信、杨新满、杨学彦、杨高健为队员的打井突击队率先行动。杨培彦、杨文学负责勘察地形，选择井的位置。他们两人沿村西隅的柿子树林向南行进。杨培彦顺手捡来一块石片向空中抛去，那石头不偏不倚正好掉落在蛇形山洪水道中。他自信地说："好，就在这里打井，这里正对王硷山口，地上地下水都从这里经过。"说着，就地画了一个直径4米的大圆形。杨文学将位置

201

义向西移了4余米。

3月25日，风和日丽，杨全义带领打井队开始向地下掘进。

3月27日，掘进深度2米，碰上坚硬的红烧土。杨志发说："这可能是老早里的砖瓦窑。"杨彦信说："我看可能是个古庙底底子。"众说纷纭，莫衷一是。

3月29日，掘进深度3米，杨志发在井下抡镢头，在井西壁挖出一个圆形瓦器，他不由自主地喊了一声："啊，一个瓦罐。"上面有人说："你慢慢挖，听老年人说，地下挖出来的瓦罐放鸡蛋不坏。"谁知挖出来的不是瓦罐，却是一个残破的"瓦人"上半身。

3月31日，掘进深度4米余，红烧土全部挖完，露出整齐的铺地砖。先后从红烧土中取了十几个"瓦人"的残片，还有铜弩机、铜镞等文物。由于春耕紧张，打井暂停。

发现"瓦盆爷"的消息很快传遍附近农村。于是，善男信女接踵而来。有的说"这是龙王爷显身"，有的说是"十八罗汉"，有的直呼之"瓦盆爷"。

4月25日，"瓦盆爷"问世已经28天，晏寨公社水保员房树民来西杨村检查打井工作。队长杨培彦陪他到打井现场，面对井周立着、躺着的陶俑残躯，他也说不上个什么来。当他在井下看到铺地砖时，就对杨培彦说："这井先别打了。"杨培彦问："为啥？"房树民说："你看这铺地砖和秦始皇陵出土的'铅砖'完全一样，一定与秦始皇陵有关系。"

房树民回到公社，立即向公社领导作了汇报。公社领导很重视，随即就叫文书李淑芳给我打电话。李淑芳在电话里说："老赵，你快来，西杨村打井挖出好多瓦人，头比真人头还大，还有铜箭头哩。"我听了这个突如其来的消息，心情非常激动，凭我多年的田野考古经验，当时我就预感到这些瓦人很可能是秦代武士陶俑。二话没说，我就叫起祖居秦陵旁、曾经主管过文化文物的丁耀祖。我说："你公社李淑芳来电话说西杨村打井发现好多陶俑，头比真人头还大。"丁耀祖说："走，把王进成也叫上。"

由于心情过于激动，一路上自行车如飞，不一会儿就到了西杨村，队长杨培彦向我们介绍了陶俑的发现过程。我问："除了'瓦人'还有啥东西。现在都在哪里？"杨培彦说："个别瓦人头叫几个社员拿走了，说是放在红薯窖里吓老鼠。铜箭头和匣子枪样的铜家伙被社员卖到山任村废品收购站。'铅砖'有200多块，除了几个老人拿了几块做枕头外，其余的都堆在队部院子里，井打成后准备用来箍井。"听完介绍后杨培彦先领我们去队部看出土秦砖，接着领着我们到打井现场。这井不偏不倚，正好从坑的东南角挖下，我说："杨队长，你们挖得可真准。"杨培彦说："不是（杨）文学向西移位，可就挖不出'瓦人'了，你们也就看不上了。"

从井下取上来的陶俑残躯横七竖八、或躺或立在井周围。立在红烧土上的两个残躯还安上了头。时见善男信女叩拜，问其故，说是求"瓦盆爷"保佑赐福。

经现场观察，发现陶俑的发形、服饰、面部形象，写实的雕塑手法诸方面均与跽坐俑大同小异。结合伴出的铜镞和铜弩机，当时就肯定了这个坑是秦始皇的武士俑陪葬坑。为了避免干扰和带灾，我们商定暂保密。

我们的到来，无意中招来一些好奇的村民，有的问："这是不是'瓦盆爷'？"由于我心情过于激动，差点脱口说是秦武士陶俑。因有约在先，我只能含糊其词地回说："什么'瓦盆爷'，很可能是国宝。"

夜幕即将降临，我们径直去山任村废品收购站，全部收回被社员卖掉的铜镞和铜弩机。

4月26日，天刚拂晓，我们三人又来到西杨村。恰好县委书记李海亭也来西杨村检查春耕工作。我借机向他汇报了这个重大发现，李书记立即召开队干部会议，要求队长保护好现场，动员群众交出出土文物。

饭后，杨培彦派了几个细心的社员协助我们清理现场，先把井周围

散乱的陶俑片用纸包好，然后把所有的红烧土全部过筛，又分别在麦田里捡回被小孩扔掉的陶俑残片。16时许，队上派杨志发、杨彦信和六个年轻妇女，把全部陶片装上六架子车送到县文化馆。路上有人问这些"瓦人"是不是秦代的。我说，如果是秦代的，那就千金难买。杨志发说："是的。"丁耀祖说："要是秦代的，你们就功德无量。"到文化馆后，我问杨志发："给你们付多少钱？"杨志发说："啥，还给钱？"我说，误了你们的工，当然要付钱。杨志发说："那就给30块钱吧。"他回到队上，把钱如数交给队上，队上给他们每人记了5分工。有人羡慕地说："你们几个把枣胡给蒸软了，送了一回烂瓦片就记了5分工，我们干上一天才记10分工。"

晚上，我奋战了一个通夜，把所有陶片分类排队，清洗茬口污物。

4月27日，开始修复，连续一昼夜，第一个武士俑终于重新站起来了，武士俑高1.78米，身穿战袍，腰间束带，足蹬方口齐头履，右手半握，左手舒掌下垂，好不威武。接着又有4个武士俑站了起来。

5月3日，开始试掘，顺着挖井露出来的东壁向北延伸，至61米左右坑北壁露出。试掘坑宽5米，南北长62.27米。

5月21日，因麦收在即，发掘暂停。下挖深度2米，部分陶俑即将露出。

从陶俑残片的修复，到俑坑的试掘，大概由于职业的敏感，来馆探亲的新华社记者蔺安稳时刻都在"监视"着我。在修复室里问这问那。我如实地对他说：这些陶俑是秦代的武士俑，史书上没有记载。从现场看，原来坑上有棚木，棚木上铺席子，然后填土掩埋。坑因大而塌陷，可能与项羽焚烧陵园有关。蔺安稳说："这么重大的发现为什么不上报？"当时我有些不耐烦地说："连我自己都没有完全弄清楚，你要我报什么，在我未弄清情况之前，你可千万不要说出去，到时候我自然会上报。"

5月24日，蔺安稳假满回京，很快写了一篇题为《秦始皇陵发现一批秦代武士俑》的情况反映，给了《人民日报》编辑部。文章说：

"陕西临潼县骊山脚下的秦始皇陵附近，出土了一批武士陶俑。

陶俑身高1.78米，身穿军服，手执武器，是按秦代士兵的真实形象塑的……

　　"秦始皇陵周围以前曾出土过陶俑，但都是一些体积不大的跪俑，像这样真人一样的立俑，还是第一次发现。特别珍贵的地方在于是一批武士。秦始皇用武力统一了中国，而秦代的武士形象，史书上未有记载。这批武士俑是今年三四月间，当地公社社员打井时无意发现的。从出土情况推测，当时陶俑上面盖有房屋，后来被项羽焚烧，房屋塌了2000多年。这批文物由临潼县文化馆负责清理发掘，至今只清理了一部分，因为夏收，发掘工作停止了。"

　　中央领导看了情况反映，极为重视。时任国务院副总理的李先念同志批示："建议，请文物局与陕西省委一商，迅速采取措施，妥善保护好这一重点文物。"国家文物局接到批示，即与省文管会联系，省文管会回复说不知此事。

　　7月6日，国家文物局文物处长陈志德带着李先念副总理的批示，飞抵西安。当天就与省委商谈保护事宜。

　　7月7日，天刚亮，省文管会主任延文舟来临潼，通知我说："中央来人了，你快去工地安排一下，看你把工地挖得还像个样子不。"我说："不用去，我的工地经得起检查。"延文舟折身又回西安。10时左右，延文舟、陈志德来到临潼。县委副书记陪同，在修复室看了已修复好的武士俑，我向陈志德汇报了武士俑发现经过之后，一同到发掘现场，面对试掘坑，陈志德大为惊奇，又很激动，对发掘现场很满意。他对杨蔚林副书记说："你们临潼立了大功。"接着对延文舟说："老赵把三面坑壁都找出来了，还照他的办法进行发掘。先组织一个省、县联合发掘领导小组。"杨蔚林任组长。

　　7月15日，发掘队冒着酷暑进入工地，杭德洲任队长，我和袁仲一、程学华、屈鸿钧、王玉清、崔汉林为队员。经过两天的准备，于17日正式发掘。

（选自《考古发掘亲历记》，中国文史出版社出版）

马鞍山东吴朱然墓文物出土纪实

杨鸠霞

朱然（182—249年），字义封，汉丹阳（也作丹杨）郡故鄣人。朱然原姓施，是吴兴郡太守朱治的外甥。由于他出身于江南世家豪族，少年时又曾与孙权一起读书，极其友爱，所以孙权一当权，朱然就被任为余姚长，时年19岁。后迁山阴令，加折冲校尉，督5县。孙权赏识朱然的才能，不久任命他为从丹阳郡分出的临川郡太守。因防御曹操南进有功，拜偏将军。汉建安二十四年（219年）朱然与潘璋一起在临沮擒获蜀主将关羽，因功迁昭武将军，封为西安乡侯。同年，虎威将军吕蒙病笃，推举朱然接替自己的位置，镇守江陵。第二年，朱然因抗御刘备有功，拜征北将军，封永安侯。吴黄武二年（223年），魏将曹真、夏侯尚、张郃等攻江陵，朱然守城达6个月之久，魏军无功而退，朱然名震一时，改封当阳侯。吴黄龙元年（229年），拜车骑将军、右护卫，领兖州牧。以后又参加攻合肥、征柤中、围樊城的对魏战争。吴赤乌九年（246年），复征柤中，军以胜返。因屡立战功，威震于敌国，后官至左大司马、右军师。吴赤乌十二年（249年）春三月卒，终年68岁。卒之日，孙权为之素服举哀。

朱然身为世族子弟，又确实具有军事才能，"出辄有功"，因而得到孙权的信任和重用，官职、爵禄步步迁升，成为东吴最高统治集团的重要成员。在目前已发掘的300多座东吴墓中，墓主的身份以朱然的官位最高。因此，朱然墓的发掘是三国时期考古的重要发现，它揭示孙吴最高统治阶层的墓葬面貌，对于我们研究三国东吴的历史，具有十分重要的意义。

马鞍山位于安徽省的东部、长江下游的南岸，东北距六朝古都南京49公里，三国时属东吴丹阳郡管辖。境内采石矶悬崖峭壁，兀立江流，形势险峻，历来为兵家必争之地，是六朝古都南京西南的天然屏障，为东吴防御曹魏的军事重镇，也是江南风景胜地。马鞍山是一座新兴的钢铁工业城市，大规模的基本建设工程连续不断，因此，埋藏在地下的古墓时有发现。

1984年6月初，在市区南部的雨山乡安民村林场的一个土岗上（群众称为马沿岗），沉睡地下1700多年的朱然墓被人们发现了。当时马鞍山市沪皖纺织联合公司在这里征地扩建仓库，民工们在拆房取土时，发现了墓砖，再继续向下挖时，竟暴露出一座砌筑相当规整的古代砖室墓。首先发现的是墓的后室，墓室上有拱形券顶，距当时的地面2米深。券顶的中部被破坏，用泥土填塞的一个小洞，这是很久以前盗墓人挖掘的盗洞。民工们出于好奇，继续向下挖，竟露出了一座棺木。正在该区进行文物普查的马鞍山市文物普查工作队得知消息，立即赶赴现场，采取停工保护措施，并及时向省文物部门报告。省文物考古研究所很快派员进行调查后，会同市文物普查队，按照国家规定的发掘程序，对此墓进行了正式清理发掘工作。笔者有幸奉派参加了朱然墓的发掘。

野外发掘工作从6月9日开始，至23日结束，历时15天。在发掘前和发掘过程中并不知道墓主是谁，是后来在清洗文物的过程中，发现出土的刺和谒，根据上面的墨书，才得知这座墓的墓主竟是三国时期东吴大将朱然。

朱然墓是一座砖室墓，即先从地面向下挖一个墓坑，在墓坑内用砖砌筑墓室，并用砖封成券顶，上面用夯土筑成馒头式的封土堆。朱然墓的封土堆早已不存，无法得知原来究竟多大、有多高。此墓的方向是正南北向。墓坑口南北长9.52米，东西宽3.62米。墓坑底略小于墓口，深

3.60米。墓坑壁不甚整齐，墓坑壁与墓室之间空隙处填夯灰白色土。在墓室前有阶梯式墓道。墓道长9.10米，上口宽2.15米。墓室全用青灰砖砌成，由甬道、前室、过道、后室四部分组成。南北总长8.70米，最大宽度3.58米。甬道较短，与前室相连，位置偏右，其上为一半圆拱券，在甬道内垒砌封土墙，甬道上砌挡土墙。前室的平面近正方形，内长2.76米、宽2.78米、高2.94米。墓顶由四角向上砌券，称为"四隅券进式"的穹隆顶，这种建筑，技术先进，能有效地提高抗压能力。室内的左右两侧各用两层砖砌出祭台，随葬品就放在祭台上。在前后室之间有券顶过道。后室为主墓，室呈长方形，内长4.08米、宽2.30米、高2.25米。墓顶用双层砖砌拱形券顶，顶的两侧有四个加固支撑的砖垛。墓底均用两层铺地砖，铺成仿席的"人"字纹。墓壁采用"三顺一丁"方法砌筑，即用双砖横向错缝平铺三层，间隔一层竖向横立砖，这种砌筑方法使墙体更加牢固。

砌墓用的砖，做工考究，有两种：一种长40厘米、宽20厘米、厚5.5厘米。在砖的一侧模印阳文篆书吉语"富且贵，至万世"，在首、尾和句中各饰一钱币纹；砖的一端印阳文篆书吉语"富贵万世"或"富且贵"。这种字砖较为罕见，是特制的墓砖，在朱然墓中数量约占80％。另一种砖较普通，长36厘米、宽18厘米、厚5厘米。这种砖在墓中较少，主要用在挡土墙、墓顶和加固的砖垛上。

朱然墓早期被盗，盗洞正打在后室的券顶中部，将券顶的砖破坏一部分，盗墓者从这里进入墓室。当时的墓室内没有淤泥，盗墓者进去后就好像进入空房间一样，可以任意活动。盗墓者离去时，为遮人耳目，又用泥土将洞口填塞。长年累月，泥土随着雨水渗入墓室，逐年淤积，使前室和后室都积满了淤泥。

由于后室顶已被破坏，所以我们的清理工作首先从后室开始。为了安全起见，先将后室残缺不全的墓顶揭去，露出长方形墓室，然后开始清理室内淤泥。一层一层地清理，接近墓底时，先用竹扦试探淤泥下是否有文物。遇到文物，就非常小心地用竹扦和小手铲将文物周围的泥土剥去，让文物全部暴露，保持它原来位置，用毛刷刷去文物上的浮土。由于后室漆器较多，暴露的漆器黑得发亮，红得鲜艳，彩绘人物图案清晰，给人以一种崭新的感觉。然后，我们就进行拍照、绘图，记录下原始资料。接着清理前室，由于前室顶部保存完好，而且泥土淤积较浅，这样我们就采取不揭顶的办法，进入墓室用同样方法进行清理。

前后室内各有木棺一具。后室棺较大且棺旁随葬品丰富，应是朱然的葬具。前室棺内死者可能是朱然的妻妾。后室棺出土时翻倒在地，右侧棺板向上，上面有一长方形盗洞，盗洞边缘可见凿痕，痕宽4厘米。墓中有凿落下的碎木屑。棺为漆棺，即在棺的内外表面先贴一层麻布，涂上漆腻，再上漆。棺外髹黑漆，棺内朱漆，均无纹饰。朱然棺盖长3.62米、宽0.94米、厚0.32米，盖面圆弧形，盖内边缘有两道沟槽，便于与侧板上的凸榫相扣合。棺身长2.92米、宽0.92米、高0.73米。两边侧板和底板都用整段木料做成，侧板上边有两条凸榫，两端内侧有两条凹槽。头挡、足挡都用整板做成，左、右、上三边都有凸榫。前室的木棺略小，形制基本相同，在盖板的右侧也凿有盗洞。盗墓者将两具棺木内的随葬品全部盗走。按照一般的规律，放在棺内死者身旁的随葬品均是死者生前最喜爱的、而且也是最珍贵的文物精品，比如金、银、玉器、兵器、铜镜等。墓内的其他随葬品如漆木器、陶瓷器基本上保存完好，但由于盗墓者的扰乱和墓内积水漂浮移位，使随葬品失去了下葬时安放的位置，使我们无法得到一个完整的研究资料，这是一大憾事。

在棺内和铺地砖上出土了大量的钱币，共有6000余枚。其中绝大部分是汉代钱币，如半两、五铢等。有少量钱币是三国时铸造的，如大泉五百、大泉当千、直百五铢、太平百钱、定平一百等。这些钱都是当时流通的货币。

朱然墓出土的文物有漆木器、青瓷器、陶器和铜器等，共140多件，几乎全是死者生前拥有或使用过的。也有少数如磨、仓、鸭、猪、井等是专为死者制作陪葬的模型，即冥器。

朱然墓出土的漆器，是一次重大的考古发现。它弥补了以往研究古代漆器时三国时期资料不足的缺憾。这批漆器数量多，有80多件，而且种类繁多，有盘、案、耳杯、盒、壶、樽、奁等。漆器上的绘画为我国美术史增添了光辉的一页。彩绘的内容丰富多彩，题材广泛。大件的案、盘上的彩绘，画面中心是人物故事，周围是水、云气、动物、植物形态及几何图案。其中有描写贵族生活的宫闱宴乐，有反映封建礼教道德的季札挂剑、百里奚会故妻、伯榆悲亲等，有表示吉祥的神禽异兽如凤鸟、麒麟等。这批漆器中有的底部自铭"蜀郡作牢"，表明漆器产于四川。这对研究三国时期蜀郡的漆器制造业提供了实物资料。朱然墓出土的漆器，多数为木胎，制作方法一般采用剜凿成形，即用整段木头凿成，胎质较厚，多数外髹黑漆，内髹朱红漆，有的在黑漆上用朱绘，在朱漆上用黑绘，色彩鲜明，对比强烈。朱然墓的漆器不仅是日常生活实用器，而且是造型美观、图案优美、色泽艳丽的贵重美术工艺品。

宫闱宴乐图是绘在一张漆案上，这个漆案是出土漆器中最大的一件。木胎，长方形，下面有四个矮蹄形足。案面长82厘米、宽56.5厘米，四边镶嵌镏金铜片。正面以朱红、黑、金等颜色绘画出宫闱宴乐场面，共有55个人物形象，人物旁大多有榜题，表明人物的身份。绘画中的帝后坐在帷帐中，侯、妃等分别跽坐在席上，侍者恭立于后。席前置盘，盘中盛食品。人物形态各异，有嬉戏、交谈、争吵，形象逼真。中间绘百戏舞乐场面，有弄丸、舞剑、鼓吹和杂耍等。主体图案的四周绘云气、禽兽、菱形、蔓草等图案。绘画用笔工整，线条流畅，制作工艺精湛，实为我国古代画苑中难得的一件瑰宝。

朱然墓出土物中有一双漆木屐，就是现在日本人还一直使用的。这使日本人感到惊讶。日本一读者栗原千鹤说："我一直以为木屐是日本独有的东西，压根儿就没有想到这个木屐的根竟扎在中国三国时代的吴国。"柳井卓二说："就世界的说法而言，提起中国就是陶器，说到日本就是漆器。这么一来，两者都是中国的啦。关于木屐的来历更使我惊讶，因为原以为它是日本特有的，总之，衣、食、行等生活的一切，不管什么似乎都可追根溯源于中国。"

朱然墓中还出土了木刺和木谒。刺和谒都是古代的一种名片，它的出土是我们明确朱然墓主身份的确实证据。木刺共14件，为长条形木片，正面直行墨书，字体隶中带楷。行文有三种：一种"弟子朱然再拜问起居，字义封"；一种"故鄣朱然再拜，问起居，字义封"；一种"丹杨朱然再拜问起居，故鄣字义封"。谒三件，长方形木片，正面顶端中央墨书"谒"字，右起直行墨书"□节右军师左大司马当阳侯丹杨朱然再拜"，字体隶中带楷。以上墨书均用毛笔书写，是目前保存最早的楷书墨迹，最能代表当时的楷书面貌，是研究中国书法史最珍贵的实物资料。

三国时期是我国青瓷发展史上的重要阶段，朱然墓出土了青瓷器30多件，这对研究东吴青瓷制造业的发展及其工艺水平显然具有较为重要的意义。出土的青瓷器种类繁多，有碗、盘、盏、盆、罐、盘口壶、熏、灯、勺等，均属于生活日用器皿，反映了当时的青瓷器使用已普及社会生活的许多方面。其中以一件卤形壶最为珍贵，壶身扁圆形，蟹壳青釉，釉厚而均匀，造型非常优美，比较少见。

朱然墓内铜器较少（也有可能被盗墓者窃取了），只出土6件，均为生活用器，有炉、熨斗、盉、水注和铜镜等。

朱然墓的发现，曾轰动了考古界，引起各界人士的关注。朱然墓的发掘简报于1986年3月在《文物》上发表。同年，《人民中国》日文版12月号又以大篇幅刊文介绍。1986年12月1日，日本《读卖新闻》用重要版面评介朱然墓及出土文物，在日本引起了强烈的反响。

1986年7月，朱然墓被列为安徽省重点文物保护单位。1987年，由马鞍山市人民政府拨专款修建朱然墓陈列馆，占地面积9600平方米。

1987年日中经济协会常任顾问、日中友好事业奠基人之一的冈崎嘉平太先生，为纪念日中恢复邦交十五周年，函请将朱然墓出土文物去日本展出。同年，朱然墓出土的铜水注、卤形壶、木刺、谒、木屐、漆槅

等文物，参加了日本国举办的《三国志展》。从1987年至1988年，先后在日本的东京、大阪、京都、奈良、川越等城市巡回展出，受到日本人民的赞赏，称这些文物是东方人的骄傲，称这次展出是日中文化交流史上划时代之举。

（选自《考古发掘亲历记》，中国文史出版社出版）

敦煌莫高窟北区探秘

彭金章

在许多国人的心目中，敦煌是那么遥远而神秘。它距首都北京有数千公里之遥，如搭乘从北京开往乌鲁木齐的特快列车用两天两夜的时间还只能到达距敦煌仍有135公里的柳园车站，换乘汽车后方可抵达敦煌。就是从甘肃省会兰州算起，与敦煌的距离也有1000余公里，与北京到武汉的距离不相上下。即使是从北京乘飞机到敦煌，由于敦煌机场狭小，不能降落大中型飞机等原因，总得途中在兰州中川机场降落加油，然后再飞往敦煌，这样一来，从北京飞往敦煌也得需要4个多小时。由此可见，即便是现代，乘坐飞机、火车等方便、快捷的交通工具到敦煌都并非易事，更何况古代呢？

敦煌位于甘肃河西走廊西端，在历史上它处于从长安至罗马著名的"丝绸之路"咽喉之地，成为联结中外、沟通东西的必经之路，许多中外客商、高僧大德、文臣武将以及文人墨客，曾先后沿着"丝绸之路"经敦煌西去东往，因而在地上或地下也就遗留了丰富的文物古迹，留下了久负盛名的诗篇。其中在唐代诗人王之涣《凉州词》"黄河远上白云间，一片孤城万仞山。羌笛何须怨杨柳，春风不度玉门关"、王维《渭城曲》"渭城朝雨浥轻尘，客舍青青柳色新。劝君更进一杯酒，西出阳关无故人"等著名诗作中提到的玉门关、阳关均在古敦煌郡内，其遗迹至今犹存供世人凭吊。每当一轮红日从玉门关关楼城墙遗迹缓缓升起，每每落日的余晖洒满阳关故址，而此时此景带给人们的将是无限的遐想

和沉思。

然而，更令世人感到神秘的是博大精深的艺术宝库敦煌莫高窟及其开凿的传说。

一、莫高窟——"沙漠中的美术馆"

在敦煌内有两座山，一座叫三危山，因山有三峰危岩欲坠而得名。一座叫鸣沙山，因山为流沙堆积而成，众人从山顶滑下，沙石摩擦，轰响如雷，故名。两山之间有一条河叫大泉河，从远古以来大泉河就长流不止，以致形成一道深而广的河床，河床东岸是起伏不平的沙丘，西岸则是陡立如削的崖壁，在陡峭的崖壁上，排列着状如蜂巢的洞窟，它就是举世闻名的敦煌莫高窟。

莫高窟，俗称千佛洞，西北距敦煌市区25公里，据原竖立于莫高窟第332窟的唐武周圣历元年（698年）李克让修《莫高窟佛龛碑》记载，前秦建元二年（366年）的一天，有个名叫乐僔的和尚，手持禅杖云游到了敦煌三危山下，这时正近黄昏，太阳快要落入茫茫无际的沙漠之中，但这个和尚当时还没有找到住宿的地方，他正在寻思今晚如何度过。蓦一抬头，在他眼前出现了奇景，对面三危山上一片金光耀眼，霞光万道，在闪烁的光芒中，仿佛有无数千佛在金光中显现。乐僔和尚被这奇景惊呆了，他想"这真是个圣地啊"，便募人在这个地方开凿了一个石窟，1600多年前的莫高窟第一个石窟就这样诞生了[1]。在乐僔和尚开凿了第一个石窟不久，又有一个叫法良的禅师从东方来到这里，并在乐僔和尚所开石窟旁开凿了第二个石窟，莫高窟"伽蓝之起，滥觞于二僧"[2]，从那时起莫高窟洞窟营建的历史也就开始了，并不间断地开凿

---

① 参看李永宁：《敦煌莫高窟碑文录及有关问题》（一），载《敦煌研究》试刊第一期。

② 参看李永宁：《敦煌莫高窟碑文录及有关问题》（一），载《敦煌研究》试刊第一期。

一直延续到元代。

莫高窟保存至今仍有洞窟的崖面全长1700余米，依照洞窟在崖面的分布情况分为南北两区，南区有洞窟的崖面长1000余米，北区有洞窟的崖面长700余米，原已编号的492个洞窟中，除第461窟至第465窟分布在北区崖面外，其余洞窟均开凿于南区崖面。在业经编号的492个洞窟内，至今仍保存着绚丽的壁画4500多平方米，其中许多洞窟壁画，虽经千百年的漫长岁月，却依然满壁生辉、光彩照人。此外，还有多彩多姿、美不胜收、琳琅满目、栩栩如生的彩塑2415身。如果将这些壁画、彩塑布置成高度为1米的画廊，其长度延绵可达45公里。对于莫高窟这样一处中华民族的艺术瑰宝，早在1961年就被国务院公布为第一批全国重点文物保护单位，又于1987年被联合国教科文组织公布为世界文化遗产。莫高窟是当今世界上诸多有名的佛教石窟中，连续开凿时间最长、规模最宏伟、保存最完好的佛教艺术宝库。作为国人，若能亲眼目睹这样一处历史悠久、灿烂辉煌的艺术殿堂，无疑是一种美的享受。

二、藏经洞——中世纪的"古代图书馆"

在莫高窟原已编号的南区洞窟中，有一个洞窟颇引人注目，它就是于光绪二十六年（1900年）五月二十六日，由太清宫住持道士王圆箓一个偶然机会发现的藏经洞（今第17窟），在该洞窟内被幽闭了900年之久的数万卷佛教经典、社会文书以及绢、麻、纸质绘画、刺绣、木雕等稀世珍品的重见天日，使之成为中国近代三大考古发现之一，藏经洞文献的被发现，震惊了中国乃至世界的学术界，引起了国内外众多专家学者的极大注意，于是一个新兴的学科——"敦煌学"也就应运而生，经这几代中外学人整整一个世纪的潜心研究，取得了一大批极为重要的研究成果。据不完全统计，在中国以及世界其他国家和地区，迄今已出版

的有关敦煌学的专著和杂志就多达700余种[1]，敦煌学已成为当今世界的一门显学，敦煌莫高窟也因此而蜚声海内外。

三、揭开蒙在北区洞窟的面纱、探索北区洞窟之谜

随着敦煌学研究队伍的不断壮大，敦煌学研究结构的日渐增多，敦煌学研究的步步深入，于是在世界范围出现了持续多年的"敦煌热"。莫高窟的知名度也因此而越来越高。尤其是近二十年来，伴随着国家的对外开放，一批批国内外宾客不远万里到莫高窟参观，他们在饱览了莫高窟南区美轮美奂、金碧辉煌的壁画、美丽动人的彩塑后流连忘返。在聆听了有关藏经洞发现经过、丰富的内涵以及这些珍贵遗物流散史实后余兴未消，并对北区崖面上的洞窟产生了兴趣，随即向陪同参观的讲解人员询问，北区崖面开凿那么多洞窟是做什么用的呢？其中有没有第二个藏经洞？斯坦因、伯希和除了染指藏经洞外，有没有涉足北区？北区洞窟内有没有壁画和塑像？其内部结构有什么特征？它们与南区洞窟有什么异同？两者之间有什么关系？这些问题成为一个个谜而为国内外学术界所关注。

在莫高窟北区崖面上除有五个洞窟已编号外，尚有数百个洞窟未编号[2]。这些未予编号的北区洞窟，也和南区洞窟一样，彼此上下相接，左右毗邻，状如蜂巢，洞窟最密集处上下可达四层或五层，远远望去亦十分壮观。由于这些洞窟内多无壁画和彩塑，因而长期以来未引起艺术家的足够重视，故使得这些开凿于此区崖面的绝大多数洞窟，几乎成了被人遗忘的角落。

为了揭开蒙在北区洞窟的面纱，探索北区洞窟之谜，在经过报请国家文物局和甘肃省文物局批准后，由笔者主持对北区崖面上的数百个洞

---

[1] 据敦煌研究院资料中心原主任冯志文先生统计，迄今世界各国家和地区已出版的中、日、西文等文学的敦煌学专著、杂志等有700余种。

[2] 参看敦煌研究院编：《敦煌石窟内容总录》第5页，文物出版社1996年。

窟，逐一进行了断断续续长达数年的发掘，从而揭示了北区洞窟诸多鲜为人知的内涵[①]。

（一）多种类型洞窟的发现

1.北区崖面僧房窟数量多。无数例证表明，一座完整的佛教寺院应由三部分组成，即礼佛场所，僧众日常起居生活之处，死后处理遗骨、遗体之地。就莫高窟而言，有壁画和塑像的洞窟无一例外都属于佛的神圣殿堂，是僧众俗人向佛顶礼膜拜、进行佛事活动场所，是莫高窟佛教寺院的重要组成部分，但还不是寺院的全部，莫高窟还应有供僧众日常居住的僧房和死后的瘗埋之地。有壁画和塑像的礼佛窟集中开凿于南区，那么众多僧人的生活甲窟开凿于何方？经过对北区洞窟的发掘使我们了解到，莫高窟北区是僧房窟的集中开凿地，在业经发掘的243个北区洞窟中，僧房窟约占1／4，在北区崖面开凿的各类洞窟中其数量之多仅次于禅窟，可见当年僧人数量之多。这类洞窟开凿于北区崖面各段，且往往成片分布，面积大小不一，洞窟平面呈方形或长方形，顶部形制有人字披顶、覆斗顶、平顶，以人字披顶最常见。洞窟内必有灶和炕，是僧人也食人间烟火的证据。有的僧房窟至今还保存着放置灯具的小龛，有的小龛还开凿成类似燕巢状的凹窝，内盛灯油以供照明。上述两种小龛往往残留厚厚一层油垢，表明这些僧房窟曾长期使用过。它们的时代有早有晚，时代比较早的僧房窟面积一般较小，窟内有灶和呈横条形的岩石炕。时代比较晚的僧房窟面积一般较大，有灶，炕的形制多样，除呈横条形者外，还出现了呈竖条形、曲尺形、不规则形者，有的僧房窟甚至出现了用土坯砌成的带有烟道的火炕。以往莫高窟的僧房窟鲜为人知，此次众多僧房窟的发现，而且开凿于北区崖面，从而填补了莫高窟僧众日常生活用窟的空白，其数量又如此之多，这在全国诸多石

---

① 从1988年至1995年我们对此区洞窟断断续续进行了六次发掘。

窟中也是极为罕见的①。

2.北区是瘗埋僧人遗骨之所。瘗窟是指瘗埋死者遗体、遗骨、骨灰的洞窟。这种类型的洞窟也应是石窟群中不可缺少的一个组成部分。从刊布的资料得知，在河南洛阳龙门、甘肃天水麦积山、宁夏固原须弥山、河北邯郸响堂山等石窟都曾经发现瘗窟。但在举世闻名的佛教圣地莫高窟，直至1988年以前仍未发现瘗窟。这种情况引起了世人关注。莫高窟石窟群中究竟有无瘗窟？如果有瘗窟它们又开凿于何处？经过对北区崖面上的洞窟进行发掘，这个问题已获解决，即莫高窟不但存在着瘗窟，而且数量有24个之多，这样一来就填补了莫高窟乃至敦煌地区瘗窟的空白。开凿于北区崖面的这类洞窟，往往成组分布，每组由2—5个瘗窟组成，瘗窟的特征是，洞窟一般比较小，平面呈方形，面积3—6平方米不等，窟顶比较低，窟门比较矮，窟门往往用土坯、石块封堵，窟内有呈横条形或曲尺形的棺床，遗体、遗骨处理方式有火葬、二次葬、棺葬、坐化式葬、仰身直肢葬、多人合葬、洞窟内建舍利塔瘗埋等多种。这些瘗窟全部发现于北区崖面，证明北区是当年莫高窟僧众僧腊生活结束后的归宿之所。就瘗窟而言，在全国诸多石窟中虽有发现，却以莫高窟发现的瘗窟数量最多、保存较好、延续时间最长而著称于世②。

3.环境幽静的北区是僧众进行禅修的好去处。据《坐禅三昧经》云："闲静修寂志，结跏坐林间。"《禅秘要法经》云："出定之时，应于静处，若在壕向，若在树下，若阿练若处。"《禅秘要法经》中明确指出，修禅时的外界环境应是闲静之处，其四周有树，或者是有坟壕，或"阿练若处"。从莫高窟南区已发现的带有小禅窟的第268、第285、第487窟等礼佛窟以及第266、第295、第426、第429、第434、第436窟等一批单室禅窟分析，说明北周及其以前的莫高窟南区洞窟数

---

① 参看彭金章、沙武田：《敦煌莫高窟北区洞窟清理发掘简报》图四左、图五、图六，载《文物》1998年第10期。

② 参看彭金章、沙武田：《敦煌莫高窟北区洞窟清理发掘简报》图十，图十一，载《文物》1998年第10期。

量还不多，僧众也比较少，因而外界环境还比较安静，还是"凿仙窟以居禅"的理想之地（当然北区更是理想之地）。可是到了隋代，由于文帝、炀帝两代帝王佞佛，并用行政手段弘扬佛法，极大地推动了佛教的发展。在隋代统治的短短38年间，莫高窟开凿的洞窟却多达80个。随着南区洞窟规模不断扩大的需要，处于南区的属于北周及其以前的一批单室禅窟也被改造成了礼佛窟，甚至连第268窟所附属的小禅窟也绘制了壁画，随着南区礼佛窟数量的增加，佛事活动的频繁，在南区进行修禅已不再适宜，而此时的北区环境依然安静，加之崖面上又有瘗窟分布其间，故当时在北区禅修更合适，北区崖面上保存至今的80余个禅窟就是其证据。禅窟形制可分为单室禅窟和多室禅窟，其中以单室禅窟者数量最多，有70余个①，多室者有9个②。但不论是单室还是多室禅窟，其洞窟内均有禅床，无灶，无用火痕迹。多室禅窟面积较大，内部结构比较复杂，有前室、中室和后室，在中室左右侧又有1—5个数量不等的侧室。有关资料表明，供僧众修禅用的洞窟在国内许多处石窟群中均有发现，却以莫高窟北区发现的禅窟数量最多，有些禅窟的时代可能还比较早，尤其是多室禅窟的发现，受到学术界的高度重视。

（二）大批珍贵遗物的出土

在莫高窟未设立保护研究机构以前，北区洞窟同南区洞窟一样，亦曾屡遭劫难。据有关资料显示，先后涉足北区的外国人有英籍匈牙利人斯坦因、法国人伯希和、俄国人奥登堡以及沙皇俄国的残余军人等，国人张大千先生也曾指使人在北区洞窟中进行过乱挖乱掘，所获遗物均已流失域外，但具体数量及其内涵至今不详，究其原因，或许与盗宝之嫌有关。此次经我们数年对北区洞窟科学发掘所获遗物，实属经多人涉足后该区洞窟遗物之劫余。现择数件（类）略作简介。

1.丝绸之路上的"硬通货"——波斯银币在北区洞窟中被发现

---

① 参看彭金章、沙武田：《敦煌莫高窟北区洞窟清理发掘简报》图四右。
② 参看彭金章、沙武田：《敦煌莫高窟北区洞窟清理发掘简报》图八。

波斯银币是古波斯帝国的一种货币。据有关资料记载，这种在中世纪的陆上和海上丝绸之路享有国际货币地位——硬通货的钱币，随着波斯使者和商人的东来而广泛流通于中国境内的丝绸之路沿线各地，在我国的十余个县市出土的100余枚波斯银币，就是其实物证据①。然而在陆上丝绸之路的重镇、号称"华式所交一都会"的敦煌，虽经数十年考古调查与发掘，始终未见波斯银币的踪影，这一局面一直维持到莫高窟北区洞窟发掘前。1988年11月19日，我们在对北区第222窟（当时临时编号为A 31窟）进行发掘时，出土了一枚直径0.29—3.1厘米、厚0.1厘米、重3.88克，属于波斯萨珊王朝卑路斯王在位时所铸造的波斯银币。这一重大发现，为莫高窟乃至古敦煌郡波斯银币的首次发现。它不仅填补了该地区波斯银币的空白，还为研究中西交通与商贸往来提供了又一种极为珍贵的实物资料②。

2. 北区洞窟出土的西夏钱币，为敦煌地区该类货币的首次发现

由于种种原因，有关西夏历史的文献记载非常缺乏，而其中涉及西夏钱币的记载就更少。据《宋史·夏国传》记载："绍兴二十八年（西夏天盛十年，1158年）始立通济监铸钱。"清人吴广成在其所著《西夏王书事》卷第三十六更具体地记载了天盛年间铸钱事，"自茶山铁沿入于中国，国中乏铁，常以青白盐易陕西大铁钱为用。及金人据吴右，置兰州等处榷场，若以中国钱贸易，价辄倍增，商人苦之。仁孝乃立通济监，命监察御史梁惟忠掌之，铸天盛永（笔者按：当为'元'之误）宝钱，与正隆元宝并用。金主禁之，仁孝再表请，乃许通行。"不仅在文献中有关西夏钱币的记载不多，就是在历年考古发掘中，西夏钱币的出土数量也很少，而且往往与宋钱或其他钱币同出。甚至还有一些西夏墓

---

① 参看国家历史博物馆编：《简明中国文物辞典》第345页，福建人民出版社1991年。

② 参看彭金彦、沙武田：《试论敦煌莫高窟北区出土的波斯银币和西夏钱币》图一，载《文物》1998年第10期。

葬或城址只出土唐钱和宋钱，而不见西夏钱币①。令人兴奋的是我们在发掘莫高窟北区第113窟（当时的临时编号为C20窟）时还出土了两种西夏钱币，一种是铸有汉文的天盛元宝铁钱，计12枚；另一种是铸有汉文的乾祐元宝铁钱，计16枚。与西夏铁钱同出的还有1枚宋祥符通宝铜钱和8枚宋宣和通宝铁钱②。这一重要发现有如下意义：（1）不仅填补了莫高窟乃至敦煌地区西夏钱币的空白，而且是迄今甘肃河西走廊（除武威地区外），出土西夏钱币最多的一次。（2）此次发现仅有汉文西夏铁钱，不见西夏铜钱，证明诸家著录中所公认的西夏"铁钱多而易得，铜钱精妙而少"论断的正确。（3）西夏铁钱与宋代钱币同出于莫高窟地区第113窟，既表明宋代钱币曾广泛流通于西夏境内，同时也证明西夏建国后的十代帝王中，虽说先后在位的九位皇帝有铸造钱币的实例，但西夏始终未能以其所铸钱币来取代宋朝钱币③。

3. 北区洞窟发现的多种文字文献弥足珍贵

虽说在北区未发现"第二个藏经洞"，但在北区许多洞窟出土了大量多种文字文献残卷，这是继莫高窟藏经洞、莫高窟土地庙出土敦煌遗书后该遗书的又一重要发现。此次在北区洞窟发现的古代文献，按文字种类分有汉文、西夏文、回鹘文、藏文、梵文、回鹘蒙文、八思巴文等文献残卷残页④。按字体分有手写体，也有印刷体，其中手写体中有行书、有楷书，有的则为硬笔书写。印刷体中有的为木刻本，有的则为木活字印刷。其内容多为佛经，社会文献为数不多。佛经中汉文佛经有《佛说救疾病经》《佛说灌顶经卷十二·佛说灌顶拔除过罪生死得度

---

① 参看宁夏回族自治区展览馆：《宁夏石嘴山西夏城址试掘》，载《考古》1981年第1期。

② 参看彭金彦、沙武田：《试论敦煌莫高窟北区出土的波斯银币和西夏钱币》图二及附表。

③ 参看白滨：《西夏官印、钱币、铜牌考》，载《西夏文物》第20页，文物出版社1988年。

④ 参看彭金彦、沙武田：《敦煌莫高窟北区洞窟清理发掘简报》彩色插页壹1、2、3、4。

经》《妙法莲华经嘱累品》《妙法莲华经神力品第二十》《大宝积经第九十四卷》《华严经第五十五卷》等残卷。西夏文佛经有《金光明最胜王经》卷第五、《大方广佛华严经》卷第三（铁）、《地藏菩萨本愿经》等残页①，此外还有用泥金泥银（俗称金银书）书写的藏文佛经②，回鹘文《中阿含经》《阿毗达摩俱舍论实义疏》第一卷③回鹘蒙文佛经、八思巴文佛经残页④，以及梵文佛教残片等。社会文书中，汉文社会文书有衣物疏、牒、官告、勋告、残名籍、残辞、贷钱折粮账、纳物折钱账、顷亩计账、捉钱账、契约⑤以及《三国志》《排字韵五》等残页残片。西夏文社会文书有《番社会时掌中珠》《三才杂字》《碎金》等残页残片⑥。回鹘蒙文社会文书有官方文书、卖身契等残页⑦。这批文献的重见天日，为敦煌学研究提供了不可多得的文字资料，其中有些文献是国内孤本，有的则为海内外所仅存，因而有很高的学术价值。

4. 经过科学考古发掘出土的回鹘文木活字

在伯希和著《敦煌石窟笔记》第380页第181号洞标题下有这样的记载："我们于那里发现了用于印刷蒙文（笔者按：应是回鹘文）书籍

---

① 北区出土的西夏文文献由中国社科院民族研究所研究员史金波先生进行释文与研究。

② 北区洞窟出土的藏文文献将由中国社科院民族研究所研究员黄颢先生予以释文与研究。研究结果待刊。

③ 北区出土的回鹘文文献由中国社科院考古研究所巫新华博士进行释文与研究。

④ 北区出土的回鹘蒙文、八思巴文文献由内蒙古师范大学蒙古语言文学系副教授嘎子迪先生进行释文与研究。

⑤ 北区出土的汉文社会文书研究曾得到武汉大学历史系教授陈国灿先生的帮助。

⑥ 北区出土的西夏文文献由中国社科院民族研究所研究员史金波先生进行释文与研究。

⑦ 北区出土的回鹘蒙文、八思巴文文献由内蒙古师范大学蒙古语言文学系副教授嘎子迪先生进行释文与研究。

的大量小方木块，它们各自能印出一个完整的字来。"①伯希和将这些"小方木块"全部运回法国，总数有900余枚，现收藏于巴黎国立法国图书馆东洋写本部②。另一据在莫高窟掘获回鹘文木活字的人是俄国人奥登堡，他于1914—1915年挖掘到回鹘文木活字130枚，运回俄国后收藏于圣彼得堡，现不知下落③。奥氏所获木活字估计亦出自此区。20世纪40年代，国立敦煌艺术研究所在莫高窟成立后，也曾收集到6枚回鹘文木活字，但不知出自何处。1989年下半年，我们在发掘第464窟及其附近的北区洞窟时，发现回鹘文木活字47枚，而且在每一个木活字上尚残留墨迹，这一发现使我们惊喜万分，因为它们是目前国内外仅有的经过科学发掘的回鹘文木活字实物。根据木活字所存墨迹，我们推测13—14世纪，莫高窟北区的今第464窟及其附近，很可能存在过印制回鹘文佛经的场所。北区洞窟出土的用木活字印刷的回鹘文佛经中有一些或许是在北区印刷的。

四、结语

《敦煌莫高窟内容总录》一书所记录的492个洞窟中均有壁画和塑像，其内容都是依据佛教经典和教义绘制、塑造好，这些有壁画和塑像的洞窟，既是佛的神圣殿堂，又是供僧众、俗人礼佛、做佛事活动的场所，俗称礼佛窟。在莫高窟的492个礼佛窟中，有487个分布于南区，只有5个开凿于北区，表明南区是礼佛窟集中分布区。但在北区新编号，并经我们发掘的243个洞窟中，只有2个洞窟属于礼佛窟，其余洞窟则分

---

① 参看［法］伯希和著，耿升、唐健宾译：《伯希和敦煌石窟笔记》第383页，甘肃人民出版社1993年。

② 参看［日］森安孝夫：《回鹘语文献》，《讲座敦煌·6·敦煌胡语文献》第3页，大东出版社昭和六十年，日本东京。

③ 参看［俄］孟列夫：《俄藏敦煌艺术品和序言》，载《俄藏敦煌艺术品》（Ⅰ）等9页，上海古籍出版社1997年。

别为僧房窟、禅窟、瘗窟、食库窟、僧房窟附设禅窟等①，表明莫高窟北区主要是供僧众生前生活、居住、禅修以及死后瘗埋的区域。由南北两区这些性质与功能不同的洞窟，共同构成了完整的莫高窟石窟寺，从而证明开凿于北区崖面的洞窟，是莫高窟石窟群中不可缺少的重要组成部分。

在北区洞窟出土的大批遗物中，有的为莫高窟乃至敦煌地区首次发现，有的则为国内所仅存，还有的遗物甚至为海内外的孤本，因而受到学术界的瞩目。

总之，经过我们对开凿莫高窟北区崖面数百个洞窟长达数年的考古发掘，现已基本弄清了它们的全貌及其内涵，尤其是性质与功能不同于礼佛窟的其他类型洞窟的发现，填补了原已知莫高窟洞窟类型方面存在的空白，逐步揭开了蒙在北区洞窟的神秘面纱，从而使长期困扰学术界而不得其解的莫高窟北区洞窟之谜得以初解。通过对北区洞窟的发掘，揭示了许多鲜为人知的内涵，填补了敦煌莫高窟乃至全国佛教石窟考古学领域的某些空白，无疑是一次重大的考古新发现②。这些发现对于世人全面了解莫高窟的营建史，进而探索敦煌、河西以及中国中世纪的政治、经济、宗教、文化、交通史，促进敦煌学的深入研究和更大发展，具有很高的学术价值和极其重要的意义。

（选自《考古发掘亲历记》，中国文史出版社出版）

---

① 除此之外，还有无法确定性质的洞窟和未开凿完的洞窟数十个。

② 以研究莫高窟北区洞窟发现的重要遗迹和珍贵遗物为主要内容的"敦煌莫高窟北区洞窟考古研究"课题，已被国家社科规划领导小组批准为国家社科"九五"规划重点项目。研究工作正按计划进行，并已取得了阶段性研究成果。

贺兰山洞窟彩绘岩画发现敬记

李祥石

这是一次历史的馈赠。

1989年春季收到惠农县文物管理所所长艾天思写来的信，告诉我贺兰山白芨沟煤矿子弟小学的老师发现了一处凿刻岩画点，从此白芨沟岩画就一直挂在我心上。1990年8月初我终于申请到了岩画的调查经费，起先是打着出国参加国际岩画研讨会的旗号，因为意大利国际岩画委员会给我寄来了邀请信，文化厅领导表态支持我去，当时我心里明白，这仅仅是口实而已，当真让我去我还真不想去呢，出国门拿什么出去，仅靠发表的十来篇文章不免太寒碜了，没有岩画专著不要说到国外，就是在国内也站不住，学术界的优胜劣汰和竞争，局外人是难以理解的。所以我那个时候一心想的就是先取岩画资料，尽快出版岩画专著才是头等大事。另外从实际考虑，不尽快收取回岩画资料，按眼下的速度，要不了多久许多岩画将不复存在，到那时再调查取资料就为时太晚了。近年来事实证明许多珍贵岩画确实是没有了，尤其是惠农县、石嘴山市沿山洪积扇上麦汝井、树林沟、扁沟等地岩画基本上没有了，让农民拉石头快要搬光了，多亏1990—1991年惠农县文管所艾天思所长动手早保存了一部分实物，要不然只能是望山兴叹了。尽快取资料这是一场时间的较量、意志的较量，也可以说是一次"抢救的发掘"。从岩画损失的事件中我也体会到，搞文物工作要有紧迫感，要给自己上"发条"，松劲拖拉不仅误人误事而且对国家的损害往往是最大的，说实在的，谁也有惰性，时间一长就自然会放松，只有硬着头皮上，能吃苦耐劳、坚忍不拔就可以战胜困难取得胜利。

取岩画资料谈何容易，几乎全在人迹罕至的荒山野岭之上，而且分散不一、大小不一，有完整的也有破碎的，甚至风化严重模糊不清的，高者百仞之上，下者崖下沟畔，远者几百里，近者约百里，大者约10米，小者方寸之间，诚如斯者，困难重重可想而知，故许多人望而却步。如之经费不足或没有经费，独木难交，仅凭个人之力太微薄了，支撑不起这座文化的大厦。

我打的报告是出国参加岩画学术研讨会，这是幌子，笔锋一转，我又说为了尽快取回岩画资料，现在不想去了，请拨给一部分经费取资料这是当务之急，又是进行岩画研究的基础，因此希望领导能支持我。报告交给了文物处长马鸣信，他看完说：这就对了，出不出国都是扯淡，出书才是正路。当即他就批了同意先给2500元，终于有了资金。

有了经费首先买胶卷，然后是硫酸纸、宣纸、塑料薄膜等，准备就绪采取先近后远的方针行动。

来到石嘴山市已是9月底了，先取了韭菜沟的岩画资料，因为这里是军事禁区，进去不容易，过去得到宁夏军区开通行证方可进入，现在不必跑那么远了，也得有省驻军政治科开证明，所以先拣麻烦的下手，免得拖后腿。那天从韭菜沟取回资料转到武当庙参观和休息，碰到一个叫陶四的青年牧民，中等个，人很机灵，通过交谈他知道了我们的身份，主动告诉我们白芨沟岩画点，这正是我们求之不得的事，我们向他打听了到哪坐公共车，在什么地方下车，他告诉我们到上土村如何找他的亲戚祖全有，总之陶四是个活地图，需要了解的情况他全告诉了我。第二天我和朱存世照他说的路线，中午就顺利地找到了祖全有。老祖正在上房泥，为了我的事放下手里活带着我们去了岩画点。进入白芨沟约1.5公里路程，在一个坐南面北的石崖上，长6米、高约4米上制作有一百多个形象，有放牧图、狩猎图，形象生动逼真，这处岩画在银北地区是最大的一块岩画。10月初山下还暖融融的，而这里已经冷气袭人了，岩画点不仅高而且下面有泉水流过，对临摹岩画十分不便。我问老祖有没有梯子，他说有，我们返回村子抬来一个铁焊的梯子，上去取资料不能时间太长，冻得我们受不了，干一干，下来晒一晒太阳，然后再上去干一阵，再下来晒一晒，反复了几次才把岩画资料完整地取了下来。我问老祖这里还有没有岩画，老祖说没有了，不过山里有一个大山洞，我说有多远？他说估摸有20里吧。我又问那洞里有没有岩画？老祖说没见到有岩画。我想既然没有岩画就算了吧，20里路，去一趟也不容易，再说又没有岩画，等以后有机会再去吧。我们在老祖家吃了顿面条，付过钱后由他的小女儿领着我们抄近路翻过一架小山来到公路边，当天下午我们又回到了石嘴山市。这次我们犯了一个错误，如果那天住在老祖家，第二天由他带路去那个大山洞考察考察，可能贺兰山岩画当年就得改写了，我们的那本《贺兰山与北山岩画》专著的内容就会更丰富了，另外彩绘岩画的发现至少会提前5个年头。做梦也不会想到历史又一次开了一个玩笑，我们已经走到彩绘洞窟的门前却退缩了，失之交臂。5年后的1995年4月19日我旧地重游发现了彩绘岩画之后，才深感当年仅一念之差就耽误了5年！

白芨沟洞窟彩绘岩画的发现是一个奇迹，而且富有戏剧性。

1995年3月的一天中午12点，儿子下班回来领了一位面目清秀戴着一副近视镜的小伙子，文质彬彬，高约1.7米，他叫李长征，是石嘴山市邮电局的技术员。中午饭已经做好，既然来了客人，我让儿子下楼去买馒头，又多炒了两个菜。

饭后叙家常，小李问我做什么工作，我说是搞文物工作的。他又说：听说如今贺兰山岩画很吃香，还开过一次宁夏国际岩画研讨会。我对他的谈话很吃惊，居然知道这些与他并不相关的事。我说，我就是搞岩画的，并拿出我的那本《贺兰山与北山岩画》专著给他看，他翻阅了好一阵，突然问我：你的这些岩画是怎么制作的，有没有颜色？我说，这些岩画制作基本上有三种方法，有磨制的、凿刻的和敲击的，岩画本身没有颜料，不同于南方的彩绘岩画。听完我说的话，他放下书，抬起

227

头，看着我又十分神秘地对我说：我家在贺兰山白芨沟时，我到过一个山洞，上面画的岩画好像是红色的。职业的敏感性使我不由大吃一惊，莫不是他看到了彩绘岩画？我又问他：你说的那种岩画与我这本书上的彩色照片有什么不同？他说：我只记得好像是红色的，我那时还小，那个洞离我们家不是太远，我和弟弟去玩时看到过，后来长大了，上学去了，也就没有机会去玩了。再后来家也搬了，许多年再也没有去过了。听了他的这番话，我以为他的父亲是煤矿工人，其实他父亲是位供水员，用泵站把山下的水通过管道送到山里饮用，后来泵站和管道废弃了，他们也就搬出了深山。

临走时小李提出想再看看我的那本书，我欣然允诺，并且约好，要不了多久我会去找他的，一定到那个大洞窟里看个究竟。

原定《中国文物地图集·宁夏分册》的复查工作从4月中旬开始，我做好了考察岩洞的一切准备。临行前有人格外关照地对我讲：这次文物复查你就不要再考察岩画了。他哪里知道我心里早盘算好了，此次复查的第一站就是考察洞窟岩画，我绝不会放弃岩画的，我的命运已经同岩画结下了生死之交和不解之缘。

4月17日我和沈自龙来到石嘴山市，第一件事是请石嘴山市文物管理所吴尚仁所长联系租车的事，然后我给李长征打电话通知他我到了石嘴山市。第二天租了辆吉普车，晚上在电话里同小李商量好出发的时间和等车的地点。4月19日这一天天气晴朗，一大早就在邮电局门口接到了他，然后车又开到武当庙接了一位小青年，吴尚仁说这个小伙子听说内蒙古山里发现了一座辽代兵器库，由他联络我们一道去看看。这种信息无疑是很有诱惑力的，让他挤进来我们就上路了。坐在车里闲聊，原来坐在我身边的小伙子就是陶四，几年不见变成一个英俊的小伙子了，又穿着一身黄军装，自然就认不出来了。老朋友相见免不了要感谢他5年前的帮助。

4月的贺兰山依然春寒料峭，泉水欢畅地流着，不时可以看到大山阴面有的地方冰还没有化尽。一路顺利地来到了白芨沟。

旧地重游，百感交集，终于来还5年前的愿来了。

沿着山沟，踏着泉水，七拐八湾，行程10公里来到了一处开阔地带，近面一座高山似乎挡住了去路，崖壁下有一个扁形的石洞。小李说到了，我们急匆匆下了车直奔山洞而去。

山洞似张开的大口，坐北面南，开口长约40米，高约20米，进深约35米，可容纳上百人。山洞是自然形成的，在洞的东侧是一面陡坡，上去就在石头的层面与节理面上看到了熠熠生辉的赭绘岩画，我止不住激动起来，连连说太好了、太好了！在拍照岩画时由不住地手在抖动。这个洞窟岩画在宁夏是第一次发现，在西北地区也是十分罕见的，尽管在新疆、内蒙古、西藏也发现过洞窟赭绘岩画，但没有这么多这么精彩，这是我国岩画艺术上的一个奇迹，是先民们馈赠给我们的一份厚礼，是我们民族文化艺术的骄傲！

"人骑"到白芨沟考察洞窟岩画，爬上光滑的石坡拍照时站不住就跪在石头上边记录边拍照，上上下下来来回回好多趟，磨坏了我的一条新裤子，搞清楚了有37组一百多个单体形象和符号。这批彩绘岩画的内容大体上是纪实性的，描绘了当时人们的生活情景和所见所闻，有人物形象，有牧场生活写实，晚期作品有人们赛马时的热烈场面，人物头部有羽毛和飘逸的头饰，显得格外英俊潇洒。动物岩画有北山羊、马、狗、蛇的生动形象；有对太阳崇拜的描绘，有彩色的空心手印。手印岩画是一个古老的题材，中外岩画均有反映，这里手印岩画多达18个，制作于岩洞夹缝的顶部，离地面约2米，可分辨出左右手，制作方法是用骨管蘸上颜料，然后把手按在岩石上，把颜料吹到手上，留空心手印，早期的空心手印是黑色的，后来人们又用赭色颜料不仅制作了空心手印，也相继绘制了赭色岩画。

彩色岩画是用赭石粉末掺杂其他黏合剂绘制成的，然后用兽毛或羽毛制成笔，或用手指蘸颜料绘制成画。赭石即赤铁矿，《管子·地数》中记载："上有赭者下有铁。"赭石呈现红色，是许多民族喜爱的颜色，因为红色是太阳、血液和火焰的颜色，象征着生命、力量，是原始先民讴歌生

命、赞美生活、向往美好愿望的壮丽篇章，洋溢着情感的波澜。

结束这次考察后，我们在彩绘岩画洞窟前摄影留念，记录下了这不同凡响的瞬间。然后由陶四带路去寻觅辽代的兵器库，在贺兰山里转来转去，找了好几处蒙古人家也没有结果，但每次陶四都由他一人去，不让我们去，他终于露出了破绽，经过大伙的"审问"，只好交代，他去会晤相好的蒙古姑娘。说来我们也为他尽了一次义务。

4月底结束了银北的文物复查，我开始整理彩绘岩画资料，5月12日在《宁夏日报》发表"贺兰山发现彩色岩画"，5月21日《银川晚报》发表"贺兰山彩色岩画"，7月16日《中国文物报》发表"贺兰山发现彩色岩画"，一时间报纸、电台、电视台争相报道贺兰山洞窟彩绘岩画，继1991年宁夏国际岩画研讨会之后，又一次掀起古代岩画热潮。5月16日我在青海天俊县考察卢山岩画，这里海拔3800米，由于高山反应无法入睡，打开电视机意外惊喜地看到中央电视台晚间新闻播出贺兰山白芨沟洞窟彩绘岩画，在青藏高原看到了那些熟悉的画面，激动之情驱散了缺氧造成的痛苦。

为了更深入地考察和整理这批彩绘岩画资料，同年9月26日我们乘银川市文管处的客货两用车再次去了白芨沟，时逢雨季，泉水陡涨，客货车马力小底盘低，刚进入山口就陷进了泥坑里，我们三个人起先搬石头往里填，后来又用千斤顶顶起来填，谁料越填越陷，汽车排气管都进水了。没法子我们只得从上游筑起一道拦水坝，才看清车轮下是细沙石，车轮震动沙子就松，石头就往下陷，汽车自然出不来。前前后后折腾了两个钟头，人困马乏口干舌燥，只好到村子里找人帮忙，多亏请来了司机小杨，他的车在修理，没事在家教孩子学习，人很爽快，一说请他，他抄起一把大锨就来到了陷车地点，他先用大锨把沙子挖出，把汽车摆平了，然后我们三个人一使劲，腾地一下汽车就跳出了泥坑。对他的帮助真是感激不尽，给了他10元劳务费还是硬塞到口袋里才收下的。

山口离岩洞20里路，汽车不敢开了，只得步行，我们背上相机、塑料薄膜就出发了，这一路上几乎全蹚着黑水行走，现在的泉水里有矿井中排出的水，还有生活污水，上面漂浮着塑料瓶、烂菜叶等，散发着一股腐臭味。经过急行军，从下午1点半到3点，又一次来到了洞窟，忘了疲劳，忘了饥渴，我们抓紧时间进行拍照、观察、比较，认真分析了岩画的叠压关系和色彩的变化；然后拿出塑料薄膜在岩画上进行临摹，用了约20米长的塑料薄膜全部取回了资料。一看表正是4点，不敢停留收拾好东西往回赶。我们这时才想起来除了早上每人吃过两根油条和一碗稀饭外，再没吃没喝，忙掏出仅有的两个馒头，一人一个狼吞虎咽地吃了进去。

为了走近道，我们翻过一架山，谁知环境大变，似乎没见过这种地貌，山石突兀，岩洞大小高低错落，更为奇怪的是泉水向反方向流淌，登上一个高坡一看，泉水又向另一个方向流去，在高坡两侧各有一股泉水，方向相反，如同进了迷宫，作难了，这可怎么办？时间一分分一秒秒地飞快过去了，太阳早已偏西，我们走到了什么地方？一合计，只能逆流而上，不然就回不到原来的地方了。下了坡我们逆流行走，越走越惊异，根本没见过这些地方，奇峰如镞，怪石林立，怎么一点印象也没有，原来走的路不是这样嘛。管他呢，逆流走不会错，也许先前走得急，没有顾上多观察。走着走着，转过一个弯，突然眼前出现了一个大山洞，啊！这不是彩绘岩画洞窟吗？我们两人异口同声地说出了这句话。这时才明白，先前为了省时省路忙中出错走错了路，竟围着彩绘岩画洞窟的山头整整转了一大圈子，真是活见鬼了。

天渐渐变暗，我们不能再迟疑了，也不敢抄近路了，老老实实蹚着水往回走吧。人常说：人倒霉喝凉水也塞牙。好不容易，来到山口，偏偏又不见汽车，只得往前走，走到村口看见汽车开过来了，谁料，我们在岸上汽车在沟里，我们又是喊又招手，近在咫尺，擦肩而过，司机根本没有听见我们喊，又进山口接我们去了。没法，只得返身再去找车。这一天我们饱尝了岩画调查的劳顿艰辛，从早上出发，直到深夜才在汝箕口吃上饭，由于太累，胃口也不好，如同嚼蜡一般，回到家已是次日凌晨了，只想躺下来睡它三天三夜。

1995年秋，意大利岩画专家、联合国教科文组织顾问、前国际岩画委员会主席阿纳蒂来访，不知谁给他透风宁夏贺兰山发现了洞窟彩绘岩画，在他参观考察银北岩画时，当面向我提出要看彩色岩画，这个时候仅距发现洞窟彩绘岩画半年时间，这是一个出我意料的要求，由于这批珍贵的岩画资料尚未发表，直到此时我还没有找到哪个刊物尽快发表这批资料的东家，出于我国文物权益的考虑，我唯一的选择只能是委婉谢绝他的要求。阿纳蒂先生就不问了，他自然明白这批岩画资料的珍贵，他曾经对欧州早期狩猎洞窟岩画做过高度的评价，他说那些洞窟岩画"是西方文化的基本部分，对它的研究无疑有助于深入考察欧洲文明的根"。一个西方人自然有着西方人的思维方式，但我们东方人也知道自己土地上文明之根的重要性。

为了维护岩画的正当权益，在过去的十多年里我曾经多次说过十分强硬的话，也得罪过一些权贵，但是我从来没有后悔过，我坚信我们有志气有能力解决岩画中的疑难问题和难解之谜，我们中华文化源远流长，有丰富的典籍，有自己研究的优势，完全可以承担起研究自己文化的重任；当然外国的先进方法应当学习，但不能放弃民族的利益，个人的荣辱永远同民族的尊严息息相关。

1996年6月"贺兰山白芨沟洞窟彩绘岩画"调查报告在《宁夏考古文集》正式发表，了却我的心愿。发表后，我给国际岩画委员会通报了这个重大发现，他们在回信中称赞这是一个重要发现，有着重大意义。

我再一次体会到：具有民族特点的，才是具有世界意义的。

但是，令人不无遗憾地说，这个重要的洞窟岩画点被人们糟蹋得不成样子了，在岩画及四周歪诗、题记、签名胡涂乱抹不说，一些岩画被撬破或不翼而飞，损失严重。这一切丝毫没有打动我们文物部门的铁石心肠，我曾在文物处会议上提出过这个问题，有人还说风凉话："你报道干什么，不报道也就不破坏了。"无知到了如何可悲的程度。这正是我们事业难以发展的悲哀之处。

一个不热爱自己文化的人能热爱自己的祖国吗？也许历史就给了我

们这一次馈赠，让我们珍惜这种千年难遇的机遇吧，加强管理，有效保护，充分发挥岩画的社会效益和经济效益，为社会主义精神文明，为弘扬民族文化贡献一份力量和智慧。

（选自《考古发掘亲历记》，中国文史出版社出版）

长沙走马楼吴简发掘纪实

邱东联

　　1996年7月11日，长沙市文物工作队为配合城市基本建设，对五一广场东南侧走马楼湖南平和堂商厦区域内文化遗存进行了抢救性考古发掘，共清理战国至明清时期井窖61口，出土了一大批珍贵文物。特别令人震惊的是在编号为第二十二号井窖中，出土三国孙吴纪年简牍17万余枚，超过全国各地已出土简牍数量的总和，其内容涉及吴国的政治、经济、军事、文化、赋税、户籍、司法、职官诸方面，为相对贫乏的三国史料作出了无与伦比的、全面而精确的补充。这一考古发现被誉为本世纪中我国继甲骨卜辞、敦煌文书之后在古代文献资料方面又一次重大发现，被评为1996年中国十大考古新发现之一，引起了海内外的广泛关注。

　　长沙吴简出土至今，已整整两年了。两年来，有关长沙吴简的保护、整理、建设工作都在有条不紊地进行，同时，诸多有关长沙吴简的发掘情况及其价值意义均见于报刊。作者自始至终参加了这一世纪性考古发掘工作，追忆往事，当时的曲折反复场面至今历历在目。

注目走马楼

　　长沙是国务院首批公布的24个历史文化名城之一。浩瀚的历史长河，灿烂的古代文明为长沙留下了十分丰富的文化遗产，从神秘凝重的商周重彝到争奇斗艳的楚风汉韵，从唐代敢为人先的铜官窑到揽天下奇才、育湖湘学派的岳麓书院，绵绵数千年，如璀璨群星点缀着古老的名城。长沙素称"屈贾之乡，楚汉名城"。然而，其古城特色是什么？楚汉故城究竟在哪里？

20世纪50年代初至80年代中期，文物考古工作以古代墓葬的发掘为主要对象，通过数千座楚汉古墓葬如浏城桥战国楚贵族墓、马王堆大型汉墓、望城坡"渔阳"王后汉墓的发掘，充分地展示了长沙楚汉名城的特色。80年代中期以来，随着改革开放和大规模城市建设的发展，长沙市文物考古工作者及时地把考古工作重点由古墓葬为对象的考古发掘转移到以老城区的城市文化遗存为对象的考古发掘上来，这一战略性转移，为日后长沙吴简的重大发现奠定了基础。1987年，长沙市考古工作者首次配合五一路地下商场的建设，发掘了战国至明代古井20余口，出土了大量的古城长沙人们生活的遗物，从此揭开了探索古城长沙中心区域的序幕。

1987年以后，以五一广场为中心的城市改造建设蓬勃兴起，城市经济和建设的繁荣期则是文物考古发现的丰硕期。随后的几年，我们围绕着五一广场及其附近的建设工地坚持不懈地进行考古发掘工作：1989年的锦绣大厦等建设工地，都发现了大量的古井和古代城市居民日用生活遗物及大片建筑基址，从而充分证实：今天五一广场及其周边地区是长沙楚汉故城的中心位置所在地。

长沙自秦汉以来就是湖湘地区的政治、军事、经济、文化、教育中心。2000多年来，长沙城一直没有移动位置，只是在旧城的基础上不断改造和拓展。这一特点是世界城市建设历史上十分罕见的，其中心也一直是在今天的五一广场。这一科学结论的得出坚定了我们日后相信在此区域一定会有更重大的考古发现。

走马楼今昔

走马楼，其名始于明代，距今已有500余年的历史。其原为明长沙吉王府东圃的一处建筑，因其高大可以"走马"故以为名。该楼清初已颓败，楼名相沿流传至今。长沙巷陌百姓至今流传一首名谚："南正街，北正街，县正街，府正街，南北县府四正街，街上灯笼灯笼街；东牌楼，西牌楼，红牌楼，木牌楼，东西红木四牌楼，楼下走马走马楼。"

明太祖朱元璋立朝后，即分封诸子为王，在全国各地建立屏藩。明太祖洪武三年（1370年）朱梓在长沙首建潭王府。英宗天顺元年（1457年）吉王朱见浚在潭王府故址上改建吉王府。据《湘城访古录》记载："考明藩邸制，五殿三宫，设山川社稷庙于城内，城垣周以四门，堂库等室在焉。总宫殿室屋八百间有奇，故省会几为藩府占其十之七八。"吉王城仿北京故宫紫禁城，坐北朝南。城内有承运殿，为吉王府正殿，其在今五一广场东南侧至平和堂商厦和中山商厦一带。宫殿以东为王府的东圃（花园），明人有《登城头望园林》诗云："柳絮飞疑梁苑雪，花香啼尽楚台莺。林林净绿烟如织，片片胭红蝶故迎。"即是当时花圃的情景。其有屋数楹，即走马楼。1996年平和堂商厦第八号明代砖井中出土大量精美"大明成化年制""大明年制"以及"吉府上用""丽香斋""博古斋""万福攸同"等款识的瓷器以及精美的龙纹琉璃建筑构件，再现了吉王府昔日的宏大规模和非凡气势。明朝末年，张献忠攻克长沙，长沙藩王仓皇逃命。顺治十一年（1654年），洪承畴驻兵长沙，下令拆毁吉王府故墙。至此，明王府荡然无存，走马楼也仅有其名了。

初次交锋

当我们将关注的目光投入五一广场这一片神奇的土地时，历史终于赐给我们机遇了。

1995年12月，长沙市人民政府成立了五一广场商业特区开发建设领导小组，实施对东起文运街、犁头街，西到藩城堤、三泰街，南邻东、西牌楼，北至紫荆街、新安巷等面积达25公顷的旧城区进行统一规划，分步开发成商业经济特区的工作。这一工程是树立长沙商业形象、扩大长沙对外开放的一项重点工程，首期工程主要开发五一广场东南西北四个角区，与此同时，位于五一广场西南角区的锦绣大厦（原湘绣大楼）启动建设。在此区域我们共计清理了历代古井窖20余口，出土了一大批珍贵文物。这次考古工作为我们更完整地掌握五一广场周围的地下文物埋藏情况，获得了更可靠的信息。

1996年春季，位于五一广场东南侧占地约11000平方米的湖南平和堂商厦工程开始拆迁。平和堂商厦是湖南省和日本滋贺县友好建立15年的结晶，是目前省内第三产业最大的外商投资项目，其建成后将是集商贸、餐饮、娱乐、写字楼于一体的多功能建筑工程，是当时长沙号召建设国际性大都市的重点工程。至6月中旬，位于其范围的银星电影院、银苑、玉楼东酒家、凯旋门照相馆等建筑相继拆迁完毕。当建设部门开始挖地基时，我们文物部门迅即派遣专业人员与平和堂建设方就工程建设范围的文物考古工作事宜进行协商。

依据《中华人民共和国文物保护法》的规定，凡建设项目涉及文物保护的，建设单位应当事先会同文物业务单位在工程范围有可能埋藏文物的地方进行文物勘探、考古发掘工作。所需费用和劳动力由建设单位列入投资计划和劳动力计划，或者报上级计划部门解决。《湖南省文物保护条例》也明确规定：在文物埋藏区内进行任何建设工程，建设单位应征得当地文化行政管理部门的同意。在可能埋藏有文物的地方进行大型基本建设，建设单位要事先会同当地文化行政管理部门进行文物调查或者勘探、考古发掘工作，所需经费由建设单位列入投资计划。当我们怀揣着这些法规文件和历年来积累的考古资料兴致勃勃地去寻找建设方时，我们发觉我们遇到了比考古发掘更困难的事情。我们不是吃闭门羹，就是被礼节性拒绝。有效的时间在五一广场与河西岳麓山庄平和堂

有限公司之间的奔波中耗去，时间在一天一天地浪费。进入7月上旬，有关文物部门就何时进入建设工地进行考古工作、文物考古经费如何落实、现场安全保卫怎样开展等关键问题还迟迟不能解决。而平和堂公司可不顾及这些，他们必须赶时间、上进度。大规模的地基开挖工作开始了，五六台大型挖掘机一字排开，数十辆卡车浩浩荡荡，他们从平和堂范围的西北角开挖了。

与我们预想的非常一致，当堆积的垃圾土挖掘完毕，便露出了积满淤泥的圆形古井，井在一口一口地增多，也有随时被毁坏的可能。凭着对事业的执着和热爱，注视着打上历史烙印的古井，我们坚定了信心。宋心华队长召集我们开会讨论，我们决定就是长沙市赔尽老底，也要坚决做好这次考古工作。当即决定兵分两路，一部分人马利用工地白天休息的空闲，抓紧清理已暴露的古井中的文物，另一部分人马继续与建设方协商。进入8月中旬，我们已清理出20余口古井，出土了许多完整的陶瓷器和精美的建筑构件，这是我们感到欣慰和庆幸的。但是与建设方的交涉仍然毫无进展。

也许正如民谚所说的，"天无绝人之路"，8月中旬的一天，位于市左家塘的新世界商贸城工地发现几座汉墓。我陪同湖南经济电视台记者前去采访报道。其间，我将最近平和堂工地考古发掘的意义和所处的困境告之记者。不久，"平和堂考古获重大发现"新闻即与广大观众见面，并对此进行了追踪报道。随后几天，经视新闻将每天的最新发现结合历史背景以及社会的关注，通过特技制作，进行了连续的长达8（天）次的滚动报道。一时间，平和堂考古成为长沙人议论的热点，许多市民纷纷前往五一广场围观，工地旁熙熙攘攘、热闹非凡。适巧此时，我们发现了一大批夯土台基。为配合宣传，我们邀请省会文物考古知名专家，汇聚平和堂工地进行考察座谈。而另一方面，与经视台遥相呼应，《三湘都市报》《长沙晚报》等均派出记者对平和堂考古工作进行纪实报道，将最新的考古信息传达给社会，并就平和堂考古工作引发的矛盾进行诘问和讨论。《三湘都市报》在8月25日的热线传真中一针见血地指出："虽然长沙市政府一再发文强调，坚决杜绝历史文物的'建设性破坏，要用强烈的文化意识指导长沙城市建设'，可当经济建设中文物与城市开发建设之间的矛盾摆在面前时，后者往往摆在了优先的位置上。现代文明的建立，难道总是要以特殊历史文化遗产为代价吗？"文章热切呼吁：保住这些古城和古井，让我们保住古城长沙的"根"吧！这些精辟的语言代表着我们的心声，引起了全社会的共鸣，从而让平和堂考古工作的转折赢得了时机。时至今日，我们深感新闻舆论的感召力和正义性。

新闻部门的介入以及市委主要领导的质询，使平和堂公司和五一特区办开始意识到问题的严重性。在交涉中，我们明显地感觉到他们姿态高了，口气变了，商量的余地多了。但在具体运作中，他们要求我们考古发掘不能影响施工，考古经费只能象征性地交付一部分发掘工资。

趁着雨天和工地施工的间隙，8月下旬，宋少华、何旭红、彭奇策和我四个人赶赴广州，了解学习广州市文物考古研究所如何协调处理其与广州市电信局建设工地中的南越王宫署遗址的考古发掘工作。南越王宫署遗址是广州市电信局在市中心建设电信大楼发现的，其时代为西汉，该发现被评为1995年全国十大考古新发现之一。该遗址发现后，广州市文物部门想方设法赢得了政府的支持和理解，在市电信局投资数百万元的前提下，广州市委、市政府毅然决定立即停工，就地对遗址加以保护和建设。广州市的做法给我们启发很大，也使我们进一步坚定了信心，但我们更感肩上的担子很沉重。

回长沙后，我们发觉又有数口古井被毁掉了，为杜绝再次发生毁井事件以及争取应征收的考古经费，我们将有关情况和长沙市政府82号文件向省文物局汇报，请求省文物局的指导。省局立即作出反应，特邀省人大有关代表亲临平和堂工地考察，并对五一特区办、平和堂公司发布了一个措辞严厉的关于做好平和堂文物考古工作的通知。省人大、省文物局的坚决支持，进一步使平和堂考古工作发生转折。至10月上旬，通过晓之以理、动之以情的反复协商，我们终于从平和堂公司落实了6万

239

元的文物考古经费。这6万元是我们通过近3个月的反复争取而获得的，它缓解了我们的燃眉之急。但这6万元仅仅是依法应征收的36万元的六分之一。而此时，我们已发掘历代古井近40口，明代长沙府夯土台基一处，出土了数千件珍贵文物。

世纪性的发现

虽然6万元经费是太少了，但对于当时的我们来说真是雪中送炭。我们白天加倍地清理古井，晚上坚守工地。一切似乎显得那么平静。10月17日上午天气晴朗，上白班的工人陆续走向工地，我队派出的负责工地调查和勘探的技工们也像往常一样进入了工地。孟科保，这位在长沙市文物工作队经过近8年训练的刚过而立之年的发掘技工，工作善用脑子，喜欢以审视的目光看待每次考古发掘工作。他仔细地勘探昨晚机械施工的场地，在施工场的南部，他已新发现四口古井。大约8点30分，小孟观察到昨晚施工的场地上积满黑色的淤泥，感觉驱使他前去看看。他由南向东探寻，在一台挖掘机的西部和北部，小孟发现几堆黑色的淤泥，他用身旁的小木棍轻轻地拨开淤泥，蓦地，一块长约20厘米的木板显露，长期的职业训练使他没有轻易放过。他小心翼翼地取出木板，揩去淤泥，发现木板上有隐约可见的墨迹。于是，他又寻找到附近的积水坑，用水洗净木板上的淤泥，几行墨书文字清晰地显现。此时的小孟很清楚地意识到：发现带文字的文物就是一项很重要的发现，必须尽快地勘探到带文字木板的古井。很快，在施工场地的东南侧，一个巨大的椭圆形坑被他发现。坑的上层已被挖掘机的反铲掀开了半边，坑内积满了水，水面上露出墨黑的淤泥，泥土下的断层面隐约可见层层相叠的木板。这里是一处包含有很多文字木板的坑，必须安全保护它。此时，小孟果断地把另一位发掘技工曹彪叫来，嘱咐他插上文物队特制的"此有古井，严禁动土"的指示牌，保护现场。自己则以最快的速度跑到平和堂工地对面的中山商厦旁的公用电话亭，将这一发现向文物队考古部的何旭红报告。何旭红一边吩咐小孟保护现场,一边驾驶摩托车以最快的速度赶赴现场。他接过孟科保递过来的木板一看,认为这是古代书写文字的木牍,并发现上面的文字有"叩头死罪死罪白",另一块上面书有"嘉禾三年"的年号,赶紧将这一情况电告宋文华队长。宋队长一边叮嘱何旭红一定要保护好现场,不要忙于清理和翻动;一边赶紧查阅资料,确定"嘉禾"年号是三国时期吴国的孙权年号,并随即赶往现场。此时已是中午时分。考古发掘人员顾不上吃中午饭,将整个工地查勘了一遍,在汽车拖运渣土的路上,果然发现了若干片简牍。等宋队长赶到现场时,数十片参差不齐的简牍已浸泡在一只枣红色的大塑料盆中。宋队长迅即查看已被挖掘机掀开半边的圆坑,并将这个圆坑暂叫"嘉禾井"。他环顾井的四周散落着不少从井里挖出的淤泥,并发现井中的部分简牍已被扰乱。经向守夜值班的工人了解到,在当日凌晨4时左右,此井的淤泥已被运出几车。情况紧急,宋队长当即决定:兵分两路。自己带一路守住现场,组织人力将附近的黑包淤泥清理装袋,绝不能随意处理这些淤泥,并用木桩和绳子将现场团团围住。与此同时,将平和堂工地的这一重大发现迅即向市文化局、省文物局领导汇报。15分钟后,市文化局主管文物的副局长赵一东、文物科长杨晓刚、市文物工作队党支部书记李嘉明赶到了现场,他们在一起研究抢救保护方案。另一路则由何旭红带领直奔长沙城东郊5公里外的湘湖渔场卸渣区,不惜一切代价追回简牍。下午2点左右,天下起了大雨,考古人员一天未吃东西了,此刻阵阵凉意袭人,渔场的股股恶臭熏人。但巨大的发现使考古人员忘却了这些。经过多方打听,何旭红他们终于找到了平和堂的近200平方米的卸渣区域。他们采用考古学中的每隔一米布下一条探沟的方法,冒雨寻找。10月28日,总共挽回了近800片珍贵的简牍文物。

一个世纪性重大的考古发现就这样在瞬间诞生了。透过积水注视着这层层相叠的简牍,我们欣慰了。回想自6月以来,为了抢救保护平和堂商厦的地下文物,我们奔走呼号、辩论、争执,承受了巨大的压力和委屈,今天终于得到了回报。我们相互祝贺,此时此刻,没有什么比这

更具有意义和价值了。

也许是冥冥之中的刻意安排，至今我们都无法解释当时出现的一些现象。这个后来被称为第二十二号的井位于走马楼街50号房屋下。50号房屋本来不属于平和堂商厦建设红线，而是平和堂公司努力争取的。而50号房屋的迟迟不拆迁似乎是在有意等待时机。本来位于"嘉禾井"旁的这台挖掘机是停放在工地的西边作业，但到17日凌晨4时左右，施工负责人突然想起其东壁渗水严重，这样既会影响施工车辆运行，而沾满泥浆的车轮又会影响市容卫生，于是这位屡遭罚款心有余悸的负责人急忙调机去东边挖掘一个蓄水坑。谁知刚挖掘了几铲，此台机械发生了故障，工人修了两个多小时仍未能修好，此时天已大亮，只好作罢。也许真的是上苍有眼，印证了千古不变的真谛："天道酬勤。"

再次交锋

10月17日晚上，宋队长与杨科长、李书记连夜起草了关于抢救保护走马楼三国孙吴纪年简牍的紧急报告。18日上午迅即向市委、市政府汇报。与此同时，湖南省文物局针对"嘉禾井"被毁、简牍被扰乱的现状，向五一特区办、平和堂公司等有关单位发布了一个措辞异常严厉的要求保护好走马楼简牍出土现场的通知。长沙市委、市政府也给予了高度重视，18日下午，市委常委、宣传部部长郑佳明、副市长王柏林联合签发意见书，责令有关部门和单位必须保护现场，并决定于21日召开平和堂考古工作现场办公会。

接下来的两天是异常难熬的两天，一方面我们继续组织力量清理已发现的古井；另一方面我们要准备翔实的材料，以备在现场办公会上说明我们的工作，申辩我们的理由，回答人们的诘问。

10月21日上午9点多，市委常委、宣传部部长郑佳明、副市长王柏林在中日合资湖南平和堂实业有限公司、湖南省国际经济开发公司、长沙五一广场商业特区办公室、长沙市文化局、长沙市文物工作队等有关单位领导的陪同下，来到平和堂工地，现场考察走马楼孙吴简牍的出土和埋藏情况。就在此时，还有人面对黑压压的简牍表示疑问，认为这些木片片，说不定是文物队在作假！顿时，毕业于北京大学历史系，后在湖南师大获得历史学硕士学位的郑佳明瞪眼望着发问的某单位负责人说："我是学历史的，这个，我懂！"现场考察完毕，随即在五一特区办公室举行办公联席会议，专题研究走马楼简牍的保护和工程施工协调等问题。宋少华队长首先汇报了走马楼简牍和前期古井发现的经过，并从全国的角度论证了这批简牍出土的重大意义，还从"以文立市"的战略方针、历史文化名城的角度请求妥善保护和抢救这批国宝级文物，要求平和堂公司迅即停止施工并立即交纳文物考古经费。而平和堂建设方则特别强调工程的重要性，必须抢时间、抢进度。经过唇枪舌剑、短兵相接，最后形成《平和堂工地文物保护现场办公会议纪要》（以下简称《纪要》），以长政办纪〔1996〕154号文的形式下发给各有关单位。《纪要》强调：平和堂工地的文物发掘保护工作必须继续加强；平和堂工程部与文物工作队要密切配合，当文物发掘与工程施工发生矛盾时，要服从文物保护；责令平和堂公司、五一特区必须紧急安排解决文物考古发掘经费30万元，且必须在11月中旬到位；要求平和堂公司停止施工30天，市文物工作队必须集中人力，在11月下旬完成所有的考古发掘工作。

这一切是那么姗姗来迟。我们久久地呆坐在办公室，长长地吐着烟圈，因为市委、市政府承认了我们的工作。这次我们赢了，可以说长沙历史文化的深厚积淀和我们艰辛的劳动铸成了今天的结果。同时，我们感叹到非要用重大的文物考古发现来换取对文物保护工作的支持是何等的艰难。

发掘大会战

21日晚，平和堂工地往日的机械喧嚣声没有了，静静地坐在工地

上，仰视着苍穹的繁星，我们思绪万千。原来遥远的历史就在脚下这片废墟里。我们亲手发掘的浏城桥楚贵族墓、马王堆汉墓以及"渔阳"王后墓的主人们，曾经在这里是何等的奢华，然而这一切最终淹没在厚厚的尘土瓦砾中。蕴含着巨大数量的简牍到底记载着孙吴帝国怎样的秘密？我们急急地盼望着。22日，我们集中了文物队所有的力量，开始了平和堂工地考古工作大会战。我们买来了彩条布，利用工地的脚手架，搭起了一座简易工棚。这座不足10平方米的工棚便成为随后25天我们的大本营。此时，除"嘉禾井"外有20余口古井，我们将每口井分配到人，严格地按照考古工作程序进行科学发掘。我们夜以继日地工作在工地上，中午简单地吃完盒饭便开始发掘，晚上工作至看不清井中的文物为止。正是在这种科学与扎实的工作态度下，我们又发现了近千件珍贵文物。同时，通过发掘将生活用井、仓储井、基础用井等不同功能井窖区别开来，为探讨这一区域的历史面貌提供了完整的资料。

"嘉禾井"后来被我们编号为第二十二号井，其清理工作进行较为缓慢。我们前后用了5天时间才把周围的淤土全部清理装袋完毕，共计80余袋，事后经过筛选又清理数十片简牍和签牌。至10月28日，终于将扰乱的部分全部清理完毕。展现我们面前的是一个距地表深约9米、东西直径3.1米、南北径3.5米的井坑。从井中的现存堆积的剖面观察，简牍的堆积呈坡状，其中间厚四周薄，分析的结果是袋状井壁因年久自然坍塌所致。清理完简牍上的覆土后，我们按照预先设定好的十字坐标将井划分出四个区，各区内又按简牍相连的前后顺序及叠压关系细分为若干小区，并将简牍成捆扎册，然后再一一分取，至11月27日才全部清理完毕。发掘结束后，我们将井内残存5.6米厚的堆积分为四层：第一层为褐色覆土，土质纯净，无包含物，厚20—50厘米，其可能系井壁塌陷所致。第二层为简牍层，中间厚四周薄，呈坡状堆积，厚20—50厘米。第三层为黑灰土层，其中包含有木、竹屑、草藤、树叶、碎砖瓦、青釉瓷片等，厚20—50厘米。第四层为灰褐土层，出土大量的碎砖瓦及完整的青瓷罐、坛等，厚310厘米。在井深512厘米处发现一方形木构井圈，井圈四周各钉一根木桩，桩外四面各放置两块木板做井壁，木板四周再填土加固，从第二十二号井中堆积分析我们可以知道，此井原是一个仓储井，其功能是用以储藏食物，而井底的木结构是为了保护仓储井的干燥而设置的。井中出土的简牍后经中国文物研究所专家的统计，总计达17万片之多。如此众多的简牍文书掩埋在一个废井中确实令人费解。有专家联系到三国时期的动荡局面，认为可能系战乱或其他政治变故所致。而联系到井中简牍堆积较为有序，又从简牍内容分析，其大部分是佃田租税券书和经济合同等凭据，我们认为这批吴简埋在废井既有到期失效、就此作废的意思，也有郑重封存、避免流失的意思。

至11月28日，我们在市委、市政府规定的时限内如期地完成了平和堂工地11000平方米范围的考古发掘工作，共计清理战国至明清时期古井61口，除17万片吴简外，还出土铜、铁、陶瓷、竹木漆器共3000余件。

1997年11月20日，长沙市委、市政府隆重召开表彰会，表彰为平和堂工地走马楼三国孙吴纪年简牍考古发掘工作作出成绩的单位和个人。受到嘉奖的单位有长沙市文物工作队、长沙市文化局、中日合资湖南平和堂实业有限公司、长沙市五一广场商业特区办公室，分别给予宋少华、何旭红、邱东联等20余人记二等功和三等功以及嘉奖。

强大冲击波

长沙吴简的出土，立即形成了一股强大的力量，冲击着史学界。一些知名专家、学界泰斗迅即作出反应，他们亲临长沙，对吴简在学术上作出定性分析。原故宫博物院院长、著名考古学家张忠培教授考察吴简后，惊叹不已，称"长沙吴简是1996年其他考古发现所难以比较的，可列为世纪性大发现"。中国历史博物馆馆长、著名考古学家俞伟超教授来长沙观看吴简后，激动地说："长沙吴简完全有资格与甲骨文、西北屯戍简牍、敦煌藏经洞文书、清宫内阁档案相提并论，也将形成一门学

科的分支，成为国际学术界重要的研究课题。"

为了使全国乃至全世界迅速了解这次考古发现的重大意义，我们准备于当年12月21日在长沙麓山宾馆召开新闻发布会。当我们一切准备停当后，19日国家文物局紧急电话通知湖南省文物局，称国家文物局十分重视长沙吴简的重大发现，要求做好一切准备，赴北京召开新闻发布会。12月27日，国家文物局、长沙市人民政府、湖南省文物局在北京中国历史博物馆联合召开"长沙走马楼三国孙吴纪年简牍考古重大发现记者招待会"，国内外百多家新闻媒体对长沙吴简作出了详细报道。与此同时，国家文物局成立了由张文彬局长为组长的长沙走马楼三国吴简保护领导小组，领导和协调长沙吴简的保护、整理工作，决定由北京大学历史系、中国文物研究所、长沙市文物工作队等实施对吴简的保护和整理研究工作。1997年5月，张文彬局长到长沙主持长沙吴简保护领导小组第一次会议，讨论通过了《长沙三国吴简保护整理总体方案》，使长沙吴简的保护整理工作科学有序的开展。

长沙吴简被发现后，从中央到地方、从国家领导到普通百姓，都给予了极大的关注和支持。

1997年9月，"辉煌的五年"成就展在北京举行，长沙市呈送了六片吴简中的"佃田租税券书"简参展。9月10日晚，中共中央总书记、国家主席江泽民在湖南省委书记王茂林的陪同下，来到了湖南展厅。江总书记透过玻璃仔细地观看了长沙吴简，并问道："为什么能保存这么久？"王茂林书记答道："17万片三国吴简是去年在长沙走马楼废井中发掘，因为埋藏深，有水，又密封好，所以保存了这么久，当然还有许多问题有待进一步研究。"江总书记听后频频点头。展览期间，李鹏总理在省长杨正午陪同下仔细参观了长沙吴简。

中共中央政治局委员、国务委员李铁映同志对长沙吴简的保护整理工作非常关注。1996年12月21日，在国家文物局的《文物要情》上对长沙吴简作出重要批示："这是一次重大的文物发现，一定要全面、妥善地保护好。组织专家，进行系统地整理和研究，并规划、设计文物的展览、保护方案，列入长沙市的建设规划中。"1997年年初的全国文物考古工作汇报会期间，湖南省代表邀请李铁映同志回长沙视察吴简，李铁映当即表示不去长沙，他说："长沙吴简，你们送来的我已经看到了，但埋藏吴简的古井已经被毁了，我们回去看什么？"他对第二十二号井没有被保存下来的不满溢于言表。第二十二号古井没有保存下来是这次考古工作中最大的遗憾。虽然发掘时我们努力争取过，但终究未能保存，这将成为历史的不幸！

（选自《考古发掘亲历记》，中国文史出版社出版）

中国瓷器釉下多彩发源地
唐代古窑发掘经过

周运坤等

　　长沙铜官窑是我国瓷器釉下多彩的发源地，堪称我国陶瓷史上的里程碑。1955年被著名考古学家、故宫博物院古陶瓷专家冯先铭先生首次调查确认，并给予了很高的评价："铜官镇瓦渣坪烧制的瓷器，它所采用的装饰方法超出了当时一般规律，突破了传统的单色釉，烧成了青釉带褐绿彩的瓷器，在一千年以前能够用三种不同金属烧出三种色彩的花纹，这一成就应给以极高的评价。特别是褐绿彩都是釉下彩，尤其难得。"这一点也为后来多次考察所证实。但是，这种釉下彩如何烧制而成，窑的形状是什么样子，这是考古界极为关注的焦点。考古学家渴望对遗址进行科学发掘，寻找实物，揭开千年古窑之谜。日前，笔者走访了丁字镇古城村瓦渣坪村民组，听取了众多村民对1983年的一次大规模的文物考古发掘的回忆。这次考古，成功地发掘了一座完整的唐代古窑，为釉下彩的烧制提供了充足的实物依据，同时也为研究唐代长沙铜官窑的生产规模和陶瓷业的发展情况提供了丰富物质资料。现将他们的回忆情况记录整理如下。

一

瓦渣坪位于湘江东岸，南距长沙27公里，北与铜官镇紧紧相连，这是我们祖祖辈辈栖息、耕耘、生活的地方。瓦渣坪，顾名思义，最大的特点就是瓦渣多，房前屋后，山上山下，比比皆是。听前辈的前辈们说，很久很久以前我们这里原先是一个窑区，方圆三四公里的地方，家家户户都是以陶瓷为业。在湘江边上有一个深水码头，做出来的陶瓷器皿就从这里上船运往他乡，江面上桅帆蔽日；码头、窑厂商贾云集，人来车（土车、马车）往，川流不息。这在当时算是一个热闹非凡的集镇，后来，因为地下的料土挖完，做瓷缺乏原料，瓷工们被迫停产，有的改行做其他生意，有的迁往江西继续经营陶瓷业务，有的在云母山（铜官）发现料土的储存量很大，于是就把窑址迁到了铜官。唐代诗人杜甫晚年出蜀、循湘江去耒阳，夜宿铜官避风时，即兴作有"水耕先浸草，春火更烧山"的诗句，其中"春火更烧山"就是他当时对烧窑的生动描写。由此可见，那时早有陶瓷工人迁往铜官山了，一直延续至今，创建了繁荣的十里陶城。瓦渣坪也就烟消窑塌，变成废墟，究竟是什么时候停止烧窑却无人知晓，还有待进一步发掘论证。

瓦渣，对我们来说，既是"宝"又是"害"。所谓"宝"，还不是从文物角度而言，这种东西在我们这里取之不尽，用之不竭，我们常用它围菜园、做挡土墙、砌围墙、铺路，稍完整的碗碟，我们就用来做鸡、鸭、猫、狗的食盆，五颜六色的瓶、壶、罐、钵是孩子们的最好玩具，留之不嫌、弃之不惜。所谓"害"，是说这种历史"垃圾"既无法销毁又无法清理，我们这里没有一块纯净的土壤，下田插秧、除草，经常被瓦片划伤手脚，瓦渣堆中是蛇、鼠、蜈蚣、蜥蜴的藏身之所，也直接威胁着我们的生活和工作，总想有那么一天能得到全部清理才好。

<h1 style="text-align:center">二</h1>

1983年11月，湖南省长沙市来了文物考察队，对瓦渣坪的古陶瓷进行大规模的科学考察。这次发掘分两组进行，一组是湖南省博物馆，有熊传新、何介君、高至喜、周世荣、杨应鳝等同志参加；一组是长沙市博物馆，有肖湘、黄刚正、何强、宋少华、罗敦静等同志参加，还有文物考古队员共计20余人。望城县有文物管理所干部秦志明协助联络，请用民工。他们自带行李、炊具、活动钢丝床、发电机等生活必需品，集中在南岸嘴生产队吃、住，伙食摊子就搭在村民余长庚家。他们按男工每天2元、女工每天1.3元的工价取用了我们四个生产队的60多名劳力，分成7个点进行挖掘。开始是由我们砍荆棘、树枝、挖树蔸、铲草皮、掀开表土，快接近文物层时，由他们负责划格、布方，用手铲慢慢进行挖掘，我们在旁负责取土、运土。

这次挖掘成果最大的要算市文物队，他们在谭家坡挖出一条完整的唐代古龙窑。考古工作队先在谭家坡南面山腰横开了一道探沟，找到了龙窑的两壁，然后沿窑壁将探沟向上下扩展，整个窑身就全部裸露出来。谭家坡龙窑坐北向南，依山而建，分窑头、窑床、窑尾三大部分，窑顶已经坍塌，上部为浮土覆盖，窑壁用青砖砌成，最高处约1.4米，龙窑总长41米，宽度大小不一，最宽处3.5米，最窄处2.3米，坡度大约为20°。为了搞清整个窑头的结构，挖掘时还在窑头前向东、南、西三个方向扩方，其东面未发现任何遗物、遗迹，西南两面有大小不同的坑洞。根据坑洞分布情况推测，窑头火门外曾有防雨棚，坑洞就是当时雨棚柱腐烂后的痕迹。窑床长约30米，两侧窑壁均保存较好，东壁仅有一窑门，西壁有3个窑门，是装卸窑货供人出入而用的。窑床内出土了大量的完整匣钵，排列有序，从火膛上部至10多米处，每横行排列11垛匣钵，共有60—70排，同时每一垛有3—6个匣钵，钵内多为碗碟釉下彩器物。遗憾的是大都是破残变形的废弃品。但这样大规模的生产，用匣钵烧制釉下彩绘陶瓷，我们还实属少见。窑尾为烟囱，呈矩形，最长的边与窑床同宽，因烟囱塌陷，无法量出它的高度。烟囱是龙窑的最高部位，已接近分水岭。越过分水岭，是谭家坡山的北坡，这里堆积大量的瓦渣，几乎半边山全是瓦渣。根据现场推测，这里是窑渣倾倒场，瓦渣是该窑清理出来的窑渣、烧变形的废弃品，以及搬运时损坏的陶瓷器物。在这些残片中，还可清楚地辨认出壶、碗、罐、碟、杯、炉、盅、瓶、盆和镇纸、砚滴、笔洗的形状和大小。瓷片上有黄、褐、绿等彩色花纹图案，梦线条刚柔相济，精美别致，文字以行楷为主，技法娴熟，瓷片虽经千年的风霜雨雪的摧残，仍光滑如镜。为了保护这唯一完整的唐代原窑，考古队员又将匣钵放回原处，上面盖上塑料薄膜、稻草和泥土，按原样保存起来，准备将来作为釉下彩考察基地和为游人提供古窑址形象进行参观游览。

三

在挖掘文物的同时，文物队员还向我们家庭征收各类文物。他们说，文物是国家的宝贵财富，上交文物是爱国主义行为，私藏文物或搞文物走私是违法犯罪，将要受到法律的制裁。我们认为，这些东西（古瓷器）既不能吃，又不能用，留在家里还占地方，你们喜欢就拿去吧。于是，他们就以每件器物5分、1角、8角、1元不等的价格进行收购。除了我们自觉上交以外，他们还挨家挨户上门查收。凡壶、瓶、碟、碗、罐等，只要形象特别或上面出现有花纹图案、文字的器皿，都一律收缴，这次文物考察算得上文物大清理，短短的20多天时间，共挖掘、收缴文物四卡车。

回忆：周云坤　余长庚　余长荣　余莉辉　李忠柱

　　　　王海刚　蔡金任　周富兴　蔡杰文

资料：余耀国　刘亚飞

执笔：李渝新

（选自《考古发掘亲历记》，中国文史出版社出版）

南唐二陵

杭　涛

　　南唐二陵位于南京市城南中华门外风景秀丽的祖堂山南麓，是五代十国时期南唐烈祖李升的钦陵及其长子中主李璟的顺陵。二陵毗邻，东依红山，北靠白山，西临山谷，南面是开阔的山坡地。

　　钦陵和顺陵均封土为陵，陵冢呈圆形。钦陵周长约170米，高12米，当地百姓称作"太子墩"。顺陵位于钦陵西北，相距50余米，其北、西面都与山麓相连，隆起不甚显著。二陵陵园的原地面建筑，历经千余年风雨变迁，早已荡然无存了。

　　1950年春，江宁县牛首山附近发生了古墓被盗掘的事件。有些被盗出的文物，流到南京古董商人的手中。南京市文物保管委员会得悉这一事件后，立即向南京市人民政府报告。市政府一方面通知当地政府，禁止犯罪分子继续盗掘，一方面指示文物保管委员会联合南京博物院前往实地调查。

　　调查小组于5月1日出发，当天就调查了水阁村、段石村、祖堂山3处古墓。其中祖堂山的古墓即是钦陵。当时钦陵的前室西侧室室顶的西南角被掘了一个才容人出入的小洞，前室中的枋、柱、斗拱上的部分彩绘已暴露。调查小组在当时虽还不知道此墓的确切年代和墓主的身份，但从墓的规模、结构及彩绘看来，已经认识到它在考古学上的重要性。同年10月，经文化部文物局批准，南京博物院组织力量对祖堂山古墓进行了正式发掘。

钦陵的发掘从10月8日开始，到1951年1月21日结束，历时89天。其中也遇到了不少的困难。如塞住陵墓入口处的大石条，共5层，29块，每块重达2—3吨。在当时一无大型陵墓发掘经验、二无大型机械设备的情况下，工作人员和民工们创造了一种"滚筒"的办法，仅用一周时间即将石条全都移走了。

当钦陵发掘工作将近结束时，工作人员又根据附近的地形，推测李升钦陵西面山坡的尽头，应有一座相类似的墓葬。后面的工作证实了当时的判断，工作人员还根据墓中出土的石哀册上的文字断定为南唐中主李璟的顺陵。

南唐二陵历经千年风雨和数次战乱，均多次被盗，陵中随葬的金银财宝洗劫一空，只剩下一些破碎的陶、瓷器、陶俑及哀册等，给世人留下无穷的遗憾。但即便如此，这些遗物的出土仍给我们提供了丰富的历史实物资料，填补了南唐历史的空白，对今后的历史研究工作大有益处，尤其是哀册的出土，成为判断二陵时代和墓主身份的主要依据。

一、二陵的建筑

二陵的建筑规模大致相同。在布局方面，自外而内，分前、中、后3主室，每室都附有陈设随葬品的侧室。在结构方面，钦陵的前、中2室，用砖造，后室用石造，顺陵全部用砖造；二陵内四壁均仿木建筑式样，做出柱、枋、斗拱等。在装饰方面，二陵均有彩画，钦陵并有石刻浮雕。

钦陵墓道长19米，沿墓道而进，墓室分为前、中、后3主室，两侧有10个侧室。室顶全用青砖叠砌成穹隆状。陵墓全长21.48米，宽10.4米，高5米多，主室、侧室之间有拱形门洞式短过道相互贯通，形成了一座布局严谨、坚固宏伟的地下宫殿。

钦陵墓门和前、中、后3个主室建筑均仿照地面木结构房屋式样，在壁面上用砖砌出柱子、梁枋和斗拱等结构。陵门为圆形拱式门，墓门、墓室的斗拱、倚柱均有彩绘牡丹、宝相、莲花、海石榴、云气纹等，色彩艳丽夺目，呈暗红色色调，显得深沉而庄重，虽经千百年剥蚀，大部分已经毁损，但昔日彩色仍依稀可辨，这是我国发现的较早的建筑彩绘之一。在中室石制门楣上部有一幅双龙戏珠石刻浮雕，五爪金龙张牙舞爪，鳞甲生动，双龙相对，雕刻精美。正中宝珠周围刻有火焰，下有祥云相托。门楣下左右两壁各镶嵌一大型武士浮雕像，武士身披盔甲，双手持剑，足踩祥云，左右侍立卫护。这3件精美的大型浮雕曾敷金涂彩。但经多次盗掘，被人刮去金饰，后又受淤土侵蚀，已非旧观，唯在石刻线条深处，留下星星点点贴金敷彩残迹，使人们联想起它们当年金碧辉煌的壮丽。

后室为安置李昇及皇后宋氏棺木的梓宫所在，比前二室更大，装饰更为华丽讲究。墓室全部用石砌筑，长宽各约6米，有用整石细雕而成的石柱8根，撑托着也用石雕的一斗三升式斗拱，柱为灰黄色，拱为深灰色，上面绘满彩画。四壁表面涂有朱彩，室顶装饰绘有日、月、星辰的"天象图"，均有彩绘，东方有红色旭日，西方有淡蓝明月，南有南斗，北有北斗，大小星宿共达100多颗。与之相对，在地面所铺青石板上也雕刻有蜿蜒曲折的山岳江河地理图，象征着南唐王朝统一天下，上下天地交相辉映。室中央是安放李昇和宋氏棺椁的青石棺床，由6块方形大青石组成，长3.8米，宽2米，厚0.5米，后段嵌入北壁龛内。棺床正中有长方形小井，称金井，棺床侧表浮雕三爪金龙8条，并用浅刻的卷草和海石榴花纹作棺床平面的边饰。后室两侧各有二侧室，侧室门旁有八角形倚柱，形成了一排廊柱式建筑，使整个立面显得更加高大、宏伟、庄严、华丽。整个陵墓雄伟富丽，匠心独具，蔚为大观。

相比之下，顺陵的规模装饰就要逊色许多了。李璟死时，南唐已向后周俯首称臣，国力日衰，岌岌可危。陵墓的规模也就没有钦陵的豪华气派了。

从这两座保存得相当完好的帝王陵墓，可以看出唐宋间帝王陵墓制度的大概，也反映了当时建筑艺术的风格和成就。

　　二陵依山为坟，钦陵是在山的缓斜坡上，取一片凿为平地，造成墓室，然后将从外地运来的青石块及本地的黄石和黄土在墓室周围填筑起来，形成了圆形的土阜。顺陵则是在一伸至平地的舌形山坡的一侧，取一片凿为平地，造成墓室，然后周围填筑，墓的西、北两面均与山相连。这种依山为陵的方法，比平地造墓要节省些，也更坚固。唐朝时的陵墓，已多用此法营造，二陵无疑承袭了唐代制度。

　　二陵的建筑材料，是砖石并用的，这种例子，自古有之。在唐朝强盛之时，皇陵内的玄宫大致全是石料建造或至少以石料为主，到衰微之时，由于人力、财力不足，才会全用砖或以砖为主。二陵中钦陵用石较多而顺陵用石较少，正如反映了南唐国力衰落的过程。

　　在平面布局上，二陵都有前、中、后3室，并各有侧室，这种轴对称的布局法，自汉已有，到唐代，似乎成为帝陵的规定格式。墓中棺床的设置也沿袭了唐朝的制度。除了墓葬制度沿袭唐朝以外，二陵中的彩画雕刻也承袭了唐朝的风格而少有创新。彩画中的枝叶回绕的牡丹花纹与海石榴花纹、宝相纹、斜角棱形内一整二破的柿蒂纹、东莲花纹、蕙草云纹等，在敦煌壁画的边饰中都是常见的。将这些花纹用于装饰柱、枋、斗拱，二陵却是已知存世中最早的例子。我们以往只知这类的彩画存于敦煌宋初的窟檐，最早的建于宋开宝三年（970年）。而钦陵的彩画，据史料记称，最迟亦成于南唐保大元年（943年）。这些彩画及棺木床上的雕刻，其内容差不多全是唐代流行的纹样，回绕的花叶活泼多姿，颜色浓艳，线条浑厚流美，都是地道的唐风，但比起敦煌壁画边饰内容的丰富、结构的严谨、笔调的变化多端，则还有不及的地方。

二、二陵的随葬器物

　　二陵在古代曾经数次被盗，在考古发掘时也发现当年留下的盗洞，陵内大部分文物，尤其是金、银、铜质料的器物均被洗劫，考古发掘中仅出土了一些陶、瓷器及陶俑、玉、石哀册等。陶器有尊式缸、四系

罐、壶、碗等，质地均较粗糙，制作简陋，全无王室浮华之风，大概是临时赶制的。瓷器大多残破不堪，完整器仅复原7件。大致可分白、青两种釉色，而以白瓷为主，器型有碟、碗等，顺陵中还出土了一些只经素烧，未上釉色的半成品，这从一个侧面也反映了李璟时期南唐的衰落。尽管如此，二陵出土的瓷器也为我国瓷业史提供了珍贵的科学材料。过去，关于南唐时期的江南地区的瓷器发展，我们所知甚少，只有黄矞《瓷史·卷上》："宣州瓷器，为南唐所烧造，以为供奉之物者。南唐后主尤地珍玩。"又云："（宣州瓷）色卵青而微灰……"这与二陵出土之白瓷特征基本吻合，大概这些瓷器就是宣州窑的贡品吧。

陶俑是二陵随葬品数量最多的一类，总数达190件，其中钦陵出土136件，顺陵出土54件，为研究晚唐及唐时期的雕塑艺术和服饰制度提供了丰富的材料。

钦陵的陶俑在前、中、后3室均有出土，以后室为最多，53件，中室次之48件，前室29件，在墓门前也出土6件。就男女陶俑的形态看，可分为拱立俑、持物俑和舞蹈俑，以持物俑最多，拱立俑次之，舞蹈俑最少，而女俑83件又多于男俑53件。

顺陵出土陶俑54件，数量较少，且不见舞蹈俑。

二陵出土的陶俑都是用含有砂质的黏土烧制而成，一般身高0.4—0.6米，俑头部与身部高度比为1：3。当时的制法大致是先用模子制成俑的头部和躯干，并趁湿压合在一起，有时插入一根直立的小泥条，使连接得牢固一些。其次用刀子在泥坯上刻画出各种衣纹，背部用刀削平，不加刻画。随后入室烧制。出窑后，大多数陶俑经过涂粉加饰。男俑一般在面部涂上白粉，男舞俑和女俑的面部则在白粉的底子上再涂红粉，少数女俑的唇上还有涂朱的痕迹。女俑的身部一般都涂红粉，少数女俑的身上还可以看出画在红粉底子上的白色花朵的痕迹。在个别女俑高髻上的小圆孔内，还发现有锈蚀了的金属物，可能是头钗一类的东西。

二陵陶俑的服饰比较繁复，尤其是男俑更甚，大致有道冠状、莲瓣状、方形、幞头状、胄形、风帽6种帽子；方领长袍、圆领长袍、战袍及舞衣4种衣服；圆头、元宝头、草鞋形、靴子状4种鞋形。女俑则大多梳着高髻，前面高耸，后面结成长圆形拖于头后，两侧薄贴鬓发，下垂过耳。身上都穿广袖直领的外衣，胸前露出"抹胸"，袒露着颈下和前胸的一部分，下着曳地的长裙，两肩披着"云肩"，脚部一般都为长裙所掩，只露尖而上翘的鞋头。

除了男女陶俑之外，二陵中还出土了一些动物俑和人首动物身俑，共41件，其中动物俑21件。俑的质料与人俑相同，但均为手制。从类别看，动物俑有马、骆驼、狮、狗、鸡、蛙等。人首动物俑有人首蛇身、鱼身、龙身等。

二陵出土的陶俑在我国雕塑艺术史上填补了唐宋之间南方雕塑艺术的一个空白，具有相当的历史价值。在风格上，它沿继了唐代的写实作风，在技法上更加细致入微，栩栩如生，其中不乏成功之作。而人首动物身俑则反映了当时人们对自然界某些动物的崇拜和"神"化。

三、墓主家史

二陵墓主身份及时代的确定，主要是根据二陵出土的玉、石哀册。钦陵出片状玉册23片，顺陵出石哀册40片。由于长年的侵蚀和人为的损坏，哀册出土之时破损严重。经过工作人员认真的整理考证，终于将二陵墓主身份之谜揭开。原来钦陵出土的哀册又分两函，分别属烈祖李昇和皇后宋氏的；顺陵出土的石哀册亦分两函，分别属中主李璟及其妻钟氏。哀册是墓主死后其后代为表悼念而刻并在下葬时随葬的。

李昇，字正伦，徐州人，少时孤贫，被吴太祖杨行密部将徐温收为养子，后被封为齐王，镇守金陵。吴天祚三年（937年），李昇篡位，改国号为"齐"。昇元三年（939年），又改国号为"唐"，史称"南唐"。李昇在位期间，吸取唐末军人割据、吏治败坏的教训，力戒武人执政，修明吏治、废除苛政，大力发展生产，使都城江宁府成为当时繁华的商业都会。此时之南唐比起同时割据的诸国，地大物博，人才众多，又据长江天险，隐然大邦。943年，李升归天，葬于钦陵，庙号烈祖。

同年，长子李璟继位，改年号"保大"。西灭楚，东灭闽；占地三十余州。保大四年（946年），李升妻宋氏亡，亦葬于钦陵。李璟统治后期，重用邪佞，政治日趋腐败，阶级矛盾日益激化，淮南、岭南先后起义。后周柴荣乘机挥兵南下，后周显德五年（958年），李璟被迫向后周奉表称臣，去帝号，称国主，以长江为界。961年，李璟死于南昌，同年8月，归葬于钦陵侧畔，曰顺陵，庙号元宗。965年，李璟妻钟氏亡，祔葬于顺陵。

李璟死后，子李煜即位，就是那位闻名词坛却昏庸无能的李后主。李煜只擅弄词，不理朝政，即使宋兵临城下之时，李后主犹在宫中赋诗填词，词未尽，城已破。975年，南唐亡。

南唐二陵是中华人民共和国成立后首次发掘的帝王陵墓，在历史学和考古学上具有较高的研究价值。其中出土的多件文物被评定为国宝级文物，藏于南京博物院。如今，二陵已被修葺一新，成为南京一处著名的风景名胜古迹。

1997 年 5 月

（选自《考古发掘亲历记》，中国文史出版社出版）

重庆涪陵白鹤梁"石鱼"题记

龚迁万

涪陵白鹤梁"石鱼"及文字题记，经过文物考古和水文工作者们多年来不断的调查、研究和宣传工作，取得了很大的成果，并引起许多中外专家学者极大的兴趣和重视。是重庆及三峡地区的一处珍贵文化遗产，被誉为"世界第二古代水文站"，也有"水下碑林"之称。从唐代广德元年（763年）以来，用刻"石鱼"记水位高低的方式，已有1200多年的历史，为国家的重要建设工程——葛州坝及三峡工程提供了有力可靠的历史依据。每当冬春之季的枯水时节，还迎来了成千上万的群众前往参观游览，成为三峡地区一个重要的文物古迹和旅游胜地。1978年被定为涪陵县的文物保护单位，1980年又升为四川省级文物保护单位，1988年经国务院公布为全国重点文物保护单位，纳入国家重点保护之列。

遵照重庆市政协之嘱，兹将白鹤梁的一些情况概述于后。

一

白鹤梁位于重庆市涪陵城外，是长江之中的一道天然石梁，石梁自西向东伸延，与江流平行，将长江分隔为二；梁内水流平缓，当地人称"鉴湖"，梁外为长江的主流。早年因白鹤群集梁上而得名。古代在白鹤梁上刻有双鱼图案，故名"石鱼"。历代的官吏和文人墨客，常前往

观看石鱼出水，以预示年丰。故有"石鱼出水兆丰年"之说。因而在梁上留下了100多幅历代的碑刻文字，所以称这些碑刻文字为石鱼题记。白鹤梁全长1600余米，平均宽度15米，石梁被江水分割为三段，岩层面向江心倾斜15°，为中生代的侏罗纪砂岩。

有关白鹤梁"石鱼"文字的研究和著录情况先做一历史的回顾。

我国是世界文明发达较早的国家之一，早在公元前3世纪之前，古代的先民们就知道"刊木"以测水位的涨落。《禹贡》记载："禹敷土、随山刊木，奠高山大川。"《史记·夏本记》司马贞《索隐》："谓刊木立为表记。"战国时期，秦建都江堰，开凿宝瓶口，就在岩壁上刻有分划，用来测量岷江水位的高低，《华阳国志·蜀志》还有关于在都江堰设"水则"的记载，"……于玉女房下白沙邮，作三石人，立三水中，与江神要：水竭不至足，盛不没肩"的堰水管理准则。1974年在都江堰渠首工程中，曾在江中发掘出东汉建宁元年（168年）造的李冰石像，石像上还刻有"……选三神石人，珍水万世焉"的汉代都江堰管水准则。李冰石像的出土就证实了《华阳国志》上所述史料的正确性。《宋史·河渠志》又有"请立木为水则，以限盈缩"的记载。但是，由于年代久远，"刊木""立木"等实物均已无存。唐代就已见到的白鹤梁"石鱼"水标，则是长江中至今保存完好的一处十分珍贵的古代水文实物例证，距今已有1200多年的历史。

从史料中得知涪陵当地历来就有"石鱼"出水兆丰年的传说，唐广德见到的"石鱼"应该是广德以前的人所刻。古人是想用衔着莲花的鱼来预示年年有余的美好愿望，从而石鱼兆丰年的心愿就代代相传.有关"石鱼"的文献记载，最早见于北宋地理学家乐史撰的《太平寰宇记》一书中："开宝四年（971年）黔南上言：江心有石鱼见，上有古记云：广德元年（763年）二月，大江水退，石鱼见，部民相传丰稔之兆。"南宋王象之的《舆论碑记目·黔州碑记》中亦将广德元年碑收入其书中，但只记书目而无碑文。明人曹学佺著的《蜀中名胜记》在涪州条目中引："《舆地记胜》云：开宝四年黔南上言，江心石鱼观，部民相传丰稔之兆。"又说"按其处，在近州鉴湖中央，石上刻双鱼，一衔蓂叶，一衔莲花，各三十六鳞，旁有石秤、石斗。或十年或三、五年一出。唐大顺元年镌侍甚多"的记载。《大明一统志》也谈到"石鱼"之事："江心石鱼在鉴湖上流。"

清光绪二十一年钱保塘编的《涪州石鱼题名记》中共收录了100段石鱼文字，是我国第一部著录石鱼文字的专书，钱保塘也是第一位较全面考证石鱼文字的学者。他对题记中的人物仕履、历史事件、地理沿革、年号、职官等方面，将所收录的100段文字内容逐条做了考证。对我们研究白鹤梁石鱼题刻十分重要。

姚觐元、钱保塘于民国元年刊印的《涪州石鱼文字所见录》一书中，收录石鱼文字97段。

陆增祥在1925年出版的《八琼室金石补正》中，收录了石鱼碑刻100段。至此，关于涪州石鱼文字的著作就有三种之多。但其内容大体相同，以钱保塘的《涪州石鱼题名记》最好。

在涪陵的方志中，也有不少关于石鱼的记载，仅同治年间编的《涪州志》就收有石鱼文字40段之多。

以上就是中华人民共和国成立之前有关石鱼及其文字的著述和研究概况。但它们都属旧金石学的范畴，多偏重于人文、书法、诗文、职官等的考证上。从科学领域去探索和研究石鱼文字的内涵和价值，还是中华人民共和国成立后开始的。

二

1962年春，重庆市博物馆筹划在原有碑刻藏品基础上，进一步收集四川地区的古代碑刻拓片资料，计划编辑一部《四川石刻文字图征》的册子，根据当时邓少琴馆长的建议，馆里于1962年3月初派龚迁万和胡人朝前往涪陵工作。我们于3月13日至30日对白鹤梁进行了第一期的调查工作。

关于石鱼文字是个什么情况，我当时不甚了解，馆里也没有其他人去看过。当我们第一天登上白鹤梁时，就被梁上那一大片古代碑刻文字吸引和震撼了。因为在四川还从未见过一处地方保存了这么多的古代碑刻，何况是在水下更为壮观、奇观。于是我们怀着十分兴奋的心情投入了勘察工作。次日，我们向县文化馆张蕴德馆长作了汇报，要求该馆派人和我们共同工作，以便两馆均能收集一套完整的石鱼文字拓片资料。张馆长即派郭昭岑和徐泽光二人协助。由于梁上碑刻数量多，工作量就很大，我们又请了三四个青年临时工，组成了七八人的工作班子。每天上午9时至下午4时大家努力在梁上工作。经过18天的辛勤劳动，终于抢在了长江洪水上涨之前，完成了对碑刻的编写、测量、绘图、摄影和部分碑刻拓制工作。4月初长江桃花汛期来临，江水开始上涨，白鹤梁快被淹没，我们才十分惋惜地结束了第一期调查工作返回重庆。共计拓制石鱼文字拓片81份，并用基线测绘法测绘了白鹤梁的地形和石鱼碑刻的位置分布草图，并用白色油漆将全部碑刻做了统一编号，为第二期工作做准备，此外还拍摄了大量的照片资料。

由于1962年长江水位还不十分枯下，当时石鱼腹部刚显露水面，清代萧星拱的"重镌双鱼记"碑刻还没于水中，因此我们当时也未能弄清楚石鱼的年代始末。经过我们初步考察研究之后，已在众多的鱼形图案中（梁上现存鱼形图案有18条之多），明确了作为具有"水标"价值的石鱼位置的所在，并发现现存衔蓂叶鱼的尾部是在铲去宋绍兴十八年（1148年）邓子华等人的部分题名后重新刻上的。由此我们断定现存的"石鱼"最早只能是宋绍兴以后重刻的。同时又发现就在现存两石鱼中间之下部尚存有一条隐约可辨的较小的鱼形图案。这就证明现存双鱼是在铲磨去原来石鱼后重刻的。我们就认定那隐约可辨的鱼才是最早的原始"石鱼"水标。在现存双鱼的尾部上还可看到刻得很深的隶书体的"后夬"二字，说明这隶书的"石鱼"二字就是原始石鱼的原始名称。然后我们对"石鱼"水标做了详细记录和测量。

涪陵"石鱼"共两板，均为线雕。一前一后呈溯江而上的游动姿势，刻于白鹤梁梁尾光滑平整的岩层斜面上。前者口衔莲花，36鳞，身长160厘米，宽28厘米；后者口衔蓂叶，37鳞，身长105厘米，宽27厘米。

古代的"石鱼"和现代水位有何关系呢？为了弄清古代"石鱼"水标和我们现代长江水位的关系，我们于1962年3月17日实地测量了"石鱼"中线距江面的垂直距离（从石鱼中部的鱼眼至江水平面）为26厘米，我们又对设在白鹤梁附近龙王嘴航道水位标尺上，查看到当天的长江水位亦为零下26厘米（水位标尺现已不存）。证明了距今一千多年前雕刻的古代石鱼水标，竟和现在长江最低水位的"零点"大致相等。石鱼的中线（鱼眼部）就等于现在长江水位标尺的"零点"。只要长江水位退至零点以下，"石鱼"就能露出水面。现代长江沿岸所使用的水位标尺，是交通部门为便于轮船航行设立的。标尺的"零点"是采用多年江面平均最低值来设定的，不表示海拔高程。

"石鱼"题刻中记载了唐、宋、元、明、清至近代，历时一千多年的很多水文资料，是重庆地区保存比较完整的一处大型古代碑刻群体，对研究重庆及四川地区的历史具有重要价值和意义。题记内容告诉我们，历代在每岁冬去春来之季的枯水时节，古代的人们常邀约结伴赏春泛舟"鉴湖"，游憩于白鹤梁上观看石鱼，然后赋诗刻文或题名留念。并在题记中记录了当时石鱼露出水面的尺度，它为我们今天留下了一份宝贵的历史水文和农业丰歉史料。

题记多出自历代官吏和名人雅士之手，在题记中署名者多达三百多人。其中有北宋文学家大书法家黄庭坚"元符庚辰涪翁来"的题名，还有朱昂、吴革、刘甲、刘忠顺、晁公武、王士祯等人的诗文题记。字体：楷、行、篆、隶皆有；书体：颜、柳、欧、苏俱全；雕刻有浅浮雕、高浮雕、线雕和花边、鱼形装饰图案等，真可谓风格各异、精彩纷呈，实属罕见的水下碑刻奇观。

1962年6月5日我将第一次调查所获写了一篇短文在《文物》杂志1963年第7期上发表后，白鹤梁的千年石刻题记才逐步引起了社会各方

面的重视。

1963年2月初，因长江水枯。我再赴涪陵，与文化馆郭昭岑等同志进行第二期调查工作。主要任务是继续捶拓去年未拓完的碑刻拓片，经一个月的努力，终于在长江水涨之前将白鹤梁上全部碑刻题记拓制成两套（168幅）供保存和研究使用。

由于1963年水位很低（如2月15日），"石鱼"就露出水面1.45米，碑刻露出很多。"石鱼"下面清康熙乙丑重刻石鱼题记亦显露。我们方知现存双鱼乃康熙二十四年（1685年）涪州牧萧星拱命石工重刻。题记称："涪江石鱼，镌于波底，现则岁丰，数千百年来，传为盛事。康熙乙丑春壬（正月），水落而鱼复出。望前二日，偕同人往观之，仿佛双鱼萼莲隐跃，盖因岁久剥落，形质模糊，几不可问，遂命石工刻而新之。俾不至淹没无传，且以望丰亨之永兆云尔。时同游者：旧黔令云间杜同春、悔川州佐四明王运亨元公，盱江吴天衡，□□何谦文奇、西陵高应乾倡叔、郡人刘之益四仙、文珂奚仲。

涪州牧盱江萧星拱薇翰氏记略。"

这就证实了我们1962年第一次调查时所说"现存石鱼应为宋代以后重刻"论断的正确。

时光流逝，岁月久远，作为水标价值的石鱼，随着历史进程，自然会出现新老标志的更迭现象，为了今后人们研究和使用的方便，我们将原始的"石鱼"定名为"唐代所见鱼"；清代萧星拱命石工重刻之鱼定名为"康熙二十四年重刻鱼"。

这次白鹤梁石鱼的调查是继清代姚觐之、钱保塘之后的第一次全面的科学考察，并将两次调查所得辑成《四川涪陵石鱼铭刻图案》的资料专集。石鱼题记从历史、人文、地理、水文气象、农业灾害、河道变迁等诸多方面向人们提供了一些新的探索、研究课题。由于条件所限，我们这次只着重研究介绍了它在水文方面的一些价值和作用。

白鹤梁现存时代最早的题记是北宋开宝四年（971年）谢昌瑜的申状题记："大江中心石梁上，□□古记，及水际有所镌，石鱼两枚。古记云：唐广德元年春二月岁次甲辰，江水退，石鱼出见，下去水四尺，向古志，咸云：江水退，石鱼见，即年丰稔。时刺史州团练使郑令珪，记自唐广德元年甲辰岁，至开宝四年岁次辛未二月辛卯朔十日丙□□余年，今又复见者，览此申报……"

这段最早的碑刻记载了唐广德元年至宋开宝四年两次"石鱼去水四尺"的长江历史枯水记录，历代记载石鱼出水的题记不少，如：

1074年（宋熙宁七年），韩震："广德年鱼去水四尺，今又过之，其有秋之祥欤。"

1086年（宋元丰九年），郑："江水至此鱼下五尺。"

1107年（宋大观元年），庞恭孙："水去鱼下七尺。"

1129年（宋建炎三年），陈似："石鱼去水六尺。"

1143年（宋绍兴十三年），李景享："鱼在水尚一尺。"

1145年（宋绍兴十五年），杨谔："鱼出水面四尺。"

1148年（宋绍兴十八年），何宪："鱼出水数尺。"

1179年（宋淳熙六年），宋永裔："今春出水凡四尺。"

1226年（宋宝庆二年），李玉新："石鱼出水面六尺。"

1329年（元天历二年），宣侯："己巳春水去鱼下二尽，庚午后去五尺。"

题记很多，此不多述。

石鱼题记中，记录长江位和川东农业丰歉者甚多。这里略举数条以说明之。

涪陵石鱼及其石刻文字题记，断续记载了从8世纪至20世纪初叶长江枯水和农业丰歉情况，因此，对我们今后在改造长江和研究重庆辖区农业气象方面提供了具有历史价值的科学资料，它不仅提示了长江水量的多少与农业生产的关系，同时亦说明我国远在一千多年前人们就有了较高的水文气象知识。

1972年春，长江水利委员会派汪跃奉、施定国来重庆博物馆特邀我和周世武共同进行长江上游宜昌至重庆河段的枯水考察工作。要求我们

为三峡工程的设计提供枯水水文资料。随即组成联合调查组，历时两个多月，对重庆辖区的重要枯水石刻集中地点如江津的莲花池、重庆朝天门的丰年碑、巴县的迎春石、丰都的龙东石、涪陵的白鹤梁、云阳的龙脊石等多处古代枯水碑刻群体，做了全面系统的科学考察和海拔高度测量工作，并选定白鹤梁为这次重点考察目标。对古代的石鱼水标和位于石鱼以下的碑刻，用三等水准测量标准对其做了精确的海拔高度测量，测得石鱼高度（吴淞标高）见下表。

石鱼名称	鱼眼平均高度（米）	鱼脊平均高度（米）	鱼腹平均高度（米）
唐代所见鱼	137.91	137.92	137.86
康熙二十四年鱼	137.95	137.99	137.90

再将白鹤梁的100多段碑刻题记，按时代先后分为康熙二十四年前后两类进行高度推移，前一类以唐代所见鱼为准测算，后一类以康熙二十四年标高测算。在100多段题记中共测算筛选出72个有水文运用价值的长江（川江河段）枯水水文记录年份。其中1140年（宋绍兴十年）、1796年（清嘉庆元年）、1937年（民国二十六年）三个年份又是长江上游枯水年份，并在这次调查的基础上编写出20多万字的《长江上游——宜渝段枯水调查报告》。

此次专业性的调查为三峡工程提供了从唐广德元年以来历时1200多年的72个重要历史枯水水文记录年份，为三峡工程设计提供了重要的史料参数。

1973年夏，国家文物局在汉口召开了第四次长江流域文物考古工作座谈会，有14个省、市代表参加。我代表重庆市博物馆向大会作了《长江上游水文考古工作汇报》，着重介绍了白鹤梁石鱼题刻的水文价值，受到与会专家代表们的一致好评和重视。

1974年我又执笔将上述调查的主要成果写了一篇《长江上游宜渝段历史枯水调查》的论文在《文物》杂志1974年第8期上发表，得到水利专家们的重视。1974年联合国教科文组织在巴黎召开的国防水文工作会议上，我国水利部的代表在会上介绍了白鹤梁"石鱼"题刻——古代水文站的情况，引起了与会学者、专家们的极大兴趣。

三

白鹤梁石鱼题记，自1962年开始调查以来，已有35年了，在此期间，经过很多专家学者不断深入调查研究和探索，已取得了不少成绩，也发挥了一定作用。我虽已退休多年，但仍然关注着白鹤梁的事情，总觉得还有一些课题尚待人们进一步去探索、研究，做出更多的成果，使它能更好地服务于社会。

1.关于石鱼的始刻年代、为何人所刻、为何而刻的问题。

石鱼究竟刻于何代，至今尚不清楚，有待进一步探明。在宋人陶仲卿题记中说道："涪陵江心石梁上刻二鱼，古今相传水大落鱼出则岁丰。自唐广德间，剌史郑令珪已载其事，而鱼之镌刻莫详何代？"唐广德时就见到"石鱼"出则岁丰。所以我们也只能称它为"唐代所见鱼"。

2.关于石鱼能否兆丰年的问题。

在题刻中历来就有不同的两派意见，多数人题记歌颂赞扬"鱼出兆丰年"，其中也有不少人借用石鱼出水来赞颂地方官吏和皇帝的。如1049年刘忠顺诗，"帝念决饥剌史贤"，"案诗褒激守臣贤"。1167年赵彦球题记，"具此大有年之兆，而贤太守德化之所悉也"。1254年蹇材望题记，"以岁事之丰，彰太守之贤尚矣"等即是。

最早反对石鱼兆丰年的人是1145年宋代的晁公遡，他以两三年来亲自见到鱼出为凶年之事，警告后人应善政而不必象鱼。1514年黄寿诗："时乎鸾凤见，石没亦是丰；时乎鸥鹄见，石出亦是凶。丰凶良有自，奚关水石踪。节用爱人心，胡为有不同。"主张节用而反对胡为。他的主张得到当时人们的赞同，利用良等人在倡和黄寿的五言联句诗中说：

"鱼出不节用，年丰难为丰，鱼没知节用，年凶未必凶。"以上说明有关石鱼能否兆丰年之事，自古就存在两种相反的看法。我们今天得用科学的分析研究来说明石鱼为什么能兆丰年或为什么不能兆丰年以正之。

3.应早日出版发行一部全面、系统的石鱼文字题记书籍，供社会各界研究使用。近几十年来有关石鱼的文章著述不少，但多属报道、宣传和介绍之作，尚缺全面系统之著。

4.关于石鱼题记的保护问题。

由于三峡工程的兴建，十年之后库区蓄水，就会将其淹没于水下40米深之处。据我所知，目前文物保护和工程部门都尚未拿出统一的保护方案。务请从速决策为好。

（选自《考古发掘亲历记》，中国文史出版社出版）

唐安公主墓清理记

陈安利

发现墓葬纯属偶然

西安市东郊有一地名叫王家坟，我原来一直纳闷怎么会叫这样的名字，地名带"坟"毕竟是不吉利的，所以"王家坟"可能有它的来历。20世纪五六十年代，这一带建工厂时，曾清理出上百座唐代墓葬，出土了许多精彩的随葬品，但墓主身份没有太高的，似乎和王家（皇家）并没有什么关系。直到1989年，此地果真发现了一座唐代唐安公主墓，我们才真正理解了王家坟的含义，王家坟即皇家坟，这里应是唐代皇家的一处坟地。

位于西安市西北电力职工医院，在院外的马路边挖渠埋电缆线时，偶然发现了这座唐墓，如埋电缆线坑挖掘超过1米多的话，此墓就可能与我们失之交臂。负责施工的人员立即打电话通知陕西省博物馆，博物馆闻讯后马上派人赶到现场。

由于墓室刚好位于东西向城市干道的北侧，墓道、甬道等部分均压在马路的下面，在当时情况下，要想按正常的考古发掘程序，在马路南侧找墓道口，然后将墓道来个大开挖，显然是很困难的。经上级主管部门同意，我们最后做了随工清理的决定。既然墓室顶部已被工人挖开，我们就只好从墓室顶部缺口进入墓室，从墓室往墓道进行清理，这与正常的考古工作程序正好是相反的。

墓室遭劫壁画幸存

当时正值7月天气，地面上骄阳似火，但墓室里凉爽如春，只是有些潮湿，让人产生有汗出不来的感觉。我们几个人都是刚从学校出来没几年的青年，身处千年古都西安，时常也有机会随工清理一些汉唐古墓，但像这样比较完整、等级较高的唐墓尚属首次。因此大伙干劲很足，再加上墓内淤土不是很多，前后仅用了5天时间，即将该墓主要部分清理完毕。

这是一座南北向的单室砖墓，由墓道、甬道和墓室组成。墓道为土洞式，拱形顶，底部由南向北倾斜，近北端有一道砖封门。由于此处已深入马路地下较远，出于安全考虑我们再没有往前清理。封门砖以北墓道东、西两壁各开一壁龛。墓道及甬道内有大量淤土，均来自封门砖以外，分析封门砖以南墓道顶部可能有盗洞或天井，也未能做进一步清理。

墓道北口接甬道，甬道长3.8米、宽1.2米、高1.84米，券顶，用双层长条砖砌成。甬道中装有一道石门，由门墩、门槛、门框、门额、门楣及门扇构成，朝外的一面上有线刻花纹图案。甬道北口接墓室。

墓室砖砌，平面近正方形，四壁略外弧，穹窿形顶，边长4.4米，顶高4.23米。西侧有石棺床，长3.7米、宽2米、高0.3米，系用两层石板铺成，朝外的一面有用阴线刻成的牡丹花图案。在棺床北端与墓室北壁之间的空隙发现人头盖骨及铁棺钉等，推测墓内原应有木棺，墓主人头可能向北。

此墓早年被盗，清理时墓室遍地陶片，墓志断裂，志、盖散置于墓门内侧，石门倒仆，断成几块。墓道东龛内残存陶质骆驼、胡人骑俑、女立俑、男俑等。除个别小俑完整外，其余均为残块，很难修复。此外，在甬道及墓道淤土中清理出象牙簪1件、"开元通宝"钱4枚。

墓室、甬道均彩绘壁画，墓道未做清理，有无壁画尚不好说。甬道两壁所绘男女侍保存较好，墓室西壁花鸟图及南北两壁所绘朱雀、玄武大部分尚存，东壁（可能绘奏乐图）及墓室穹隆顶的天象图脱落殆尽。壁画做法是先在砖面上抹一层草拌泥，再涂白灰，然后作画。

甬道两壁各绘男女侍6幅，共12幅，其中男侍8幅，女侍4幅。男侍均头戴黑色幞头，身穿袍服，腰束带，足穿靴。唯手势各不相同，有的袖手，有的叉手，有的抬手，东壁一男侍双手举一马球杆。马球在唐朝宫廷很流行，墓主生前也是一位马球爱好者亦未可知。

女侍壁画女侍身体已显丰硕，穿对襟阔袖曳地长裙，肩搭长巾，胸束带，双手笼于胸前。其中3人头梳高髻，一人头梳回鹘髻。后一种发式在以往的唐墓壁画或陶俑中很少见到，而甘肃天水麦积山石窟北魏壁画会乐有与此相似的发式。

墓室顶部绘天象图，大多已褪色，仅可看到少许流云和星斗，墓顶西南角尚存一弯新月。墓室相邻两壁交界处以红色边框分隔，形成4个独立的画面。其中东、西、北3壁画面面积相等，宽3.8米，高1.8米；南壁因有墓门，画面稍窄，宽2.4米，高1.8米。墓室南壁为朱雀图，朱雀的尾、爪已残缺。钗喙张口，长齿外露，展翅，似作立姿，下有圆形花边的垫子，周围有如意云6朵。采用淡墨线勾勒、平涂填色的画法，施绿、蓝、黄等色彩。

墓室北壁壁画分两部分。西部为玄武图，大致与棺床同宽，龟、蛇头部均残，四周亦有如意云纹。东部原来可能绘有一组侍从，现在仅存靠近玄武的两人下半身：一人着窄袖长袍，腰束黑带，袍下露足尖，当为男侍；另一人长裙曳地，微露足尖，当为女侍。

墓室东壁壁画大部分已残缺，仅两侧残留少许画面。南侧画面为一女性，肩以上部分残缺。上身着窄袖衫，下着曳地长裙，裙下露如意云头形履尖，立在一块方形垫土。此女左侧（靠近南壁）画几块山石，旁有花草。右侧仅见右下方有山石，另残存一男性双脚。从整个布局看，东壁中部原来似画一组奏乐场面。

花鸟壁画——华夏至宝

最珍贵的发现是墓室西壁的花鸟画，构图完整，主题鲜明。图中两侧的树梢相交于顶部。中间置一圆形圈足木盆，外髹黑漆，间施团花图案，盆内盛水。盆四周有几只鸟，左起依次为斑鸠、鹦鹉、白鸽，或俯首饮水，或攀缘而栖。盆左上方有2只黄鹂，前一只在欢飞中回头顾视鸣叫，后一只翘望振翼，追赶跟随。右上方2只雉鸟一前一后展翅飞翔。两旁各有一枝红梅，并有凤仙、金钟等花草。画面清新活泼，情趣盎然。这是迄今所知最早的有明确纪年的一幅唐代花鸟画。

中国花鸟画至唐代开始形成独立的画科，当时服饰、器物均以奢丽为尚，普遍装饰花鸟纹饰。自盛唐至中晚唐，见于文献记载的花鸟画家就有30余人，他们在表现手法上各有所长。遗憾的是，唐代花鸟画家的作品均未流传下来，我们只能从文献记载及为数不多的石窟、墓室壁画或其他花鸟纹样中窥其一斑。但以往发现的唐墓花鸟壁画，如永泰公主（706年）、韦浩（708年）等墓的花鸟画，每每穿插在人物之间，作为陪衬、点缀，未成独立画面。再如西安郊区发掘的梁元翰（844年）、高克从（847年）、杨玄略（864年）等墓以及新疆吐鲁番阿斯塔那唐墓，虽独立地绘出云鹤、飞鸽等禽鸟花卉，但这些作品又多受表现形式局限，囿于屏风式格局内，每扇屏风内孤立地绘出禽鸟或花卉，显得构图拘谨，内容不够完美，而且时代也都偏晚。

唐安公主墓西壁的这幅花鸟画，以花鸟为主体，不只是单纯地描绘一花一鸟，而是通过一定的情节，把它们构思安排在统一的整体之中，情景交融，扩大了花鸟画的思想容量和意境。在构图上，突破屏风式格局，活泼自然，大小、前后、远近互相关照映衬，布局巧妙，富有新意。周围是花的世界，花繁叶茂，密而不堵；中间是鸟的天地，鸟鸣雀跃，开阔空灵。鸟动花静，动静互生，相映成趣，升华了内容。因墓主是当朝皇帝的长女，深得皇帝宠爱，估计作画者当是画坛高手。

墓志铭——逝者的颂歌

墓志发现于墓门内，出土时志、盖都已断裂。志盖方形，边长66.5厘米，中间篆书"大唐故唐安公主墓志"。志石亦方形，边长66.2厘米，志文楷书，共29行，满行29字，全文缺损3字。好在志文不长，特把志文标点录于此，以便了解唐代墓志志文的格式。

故唐安公主墓志铭并序

朝散大夫、守尚书、职方郎中、翰林学士臣吴通微奉敕撰

皇唐唐安公主，今上之长女，东宫之同母妹，元妃王氏之所生也。承九圣之瑶图，体二仪之纯粹，禀日月以呈曜，发星辰而炳灵，诞秀椒宫，实为□媛。文母思斋之训，天人不学之知，故琬琰成性，自然孝友，兰桂含姿，居常□惠。若乃茂范中积，徽柔外朗，非礼勿动，惟义之从，敬慎其仪，肃雍其德。恕情以周物，降贵以接卑，丝竹繁合，纮缊丽，群材众艺，一见旁通。无劳形管之诗，不待姆师之教。皇慈所重，贵里攸瞻，逮年甫有，行礼及厘降，锡之美号，是曰唐安。

同姓诸侯，即开汤邑，高车使者，且择勋华。聿求令挨，方系韦氏属。殷忧在运，銮跸时巡，缭绕江山，逶迤禁辇。公主疾不言倦，孝以安亲，天心则怡，宸虑斯解，实谓神衰，所启福履，攸宜奚辅，善之难忱，忽弥留而遘疾，岂无医氏，岂爽明诚，禀命不遐，何嗟及矣。兴元元年三月十九日薨于梁州城固县之行在。上避寝缠哀，彻悬兴恸。禁卫无色，川原敛辉。春秋廿有三。

泪霜剪群盗，天旋六龙，煌煌故郊，戚里相属。望亭皋兮聚舞，俯城阙兮连护。而帝子不归，空宫遂注，百身难赎，万感何追。此圣情所以惨伤，中宫所以为恸也。越十月廿二日迁神于长安城东龙首原。诏京兆尹李齐运监护，礼也。皇上念元良之克哲，恨

同气之先凋，沉想成悲，阅川兴劾。词臣奉诏，式纪徽猷。铭曰：

灵源仙裔，宗皇祖帝，宝牒连辉，瑶图纂系，

感月成德，瞻星比丽，望美秾华，芳流兰桂，

披箴问史，终温且惠，鄂邑建封，平阳起第，

笄纵耀□，公侯择婿，五马初驰，三星未晰，

王室多难，微阴昼曀，帝慈蒸人，薄狩时迈，

銮辂登降，江山亏敝，爱主问安，皇心则契，

下嫁方及，上仙俄逝，虚幕风飞，别弦秋脆，

天狼既灭，龙驾旋旆，物伺昭苏，主独潜翳，

宸慈轸念，中贵联缔，还窆京师，别阵容卫，

泉闱始辟，陵树初缀，龙首城隅，天心目际，

元妃望断，同气涟涕，颂石铭徽，千秋莫继。

唐代墓志文大体如此。前面一大段其实只是序，而最后的一段四字句才是志铭，序比正文还长，实在有点本末倒置。完整的志文前有标题，紧接着是撰、书者的名字，志文末了，还有刊刻者的名字。但一般的志文都有缺项。

唐安公主志文可分为四段：第一段是说公主如何贤惠聪明，龙生龙，凤生凤，皇帝的女儿还能有差；第二段是说公主正准备与韦家成婚，却碰上"銮跸时巡"，即她随父亲外出逃命，不幸病逝于城固（今陕西城固县）；第三段是说圣上如何伤心，并决定迁葬于长安城东；第四段便是四字句的志铭，等于把前面的序文重叙了一遍。

唐安公主墓志洋洋600余言，但其中除了赞语还是赞语，实际的事实倒没有多少，这是唐代墓志文的通病，即志文要为尊者讳，为长者讳，为亲者讳。即使生前作恶多端，但人死了也就不提了，甚至还要美言几句。

唐朝不幸唐安不安

唐安公主是唐德宗的长女，皇太子李诵（后继位为顺宗）的胞妹。兴元元年（784年）三月十九日卒于梁州（今陕西汉中）城固县，卒年23岁。当年十月二十二日迁葬到长安城东龙首原。

据《新唐书·诸帝公主列传》记载："韩国贞穆公主，昭德皇后所生。幼谨孝，帝爱之。将下嫁秘书少监韦宥，未克而朱泚乱，从至城固薨，加封谥。"可知"唐安"乃始封号，死后又加封"韩国贞穆公主"。唐代公主的封号多为吉祥用语，如长乐、永泰等，死后亦不例外。按唐安公主死时23岁，她应出生于761年，正值安史之乱期间。因此，她的唐安封号很可能是在安史之乱平定以后封的，昭示着唐朝开始平安。只可惜没有平安几年，就内乱再起，唐安公主本人也成了内乱的直接受害者。

安史之乱后，出现了唐朝中期藩镇割据的局面。唐德宗建中二年（781年），成德节度使（治今河北正定县）李宝臣死，其子李惟岳自为留后，请求继任，被德宗拒绝。李惟岳与魏博、淄青、山南东道等节度使联兵反唐，淮西节度使李希烈随后起兵响应，形成五镇连兵的局面。唐军在襄城被围，前往救援的泾原兵路过长安，因朝廷不给犒赏，兵士哗变，拥朱泚为秦帝，德宗出奔奉天。兴元元年（784年）德宗在奉天诏赦五镇节度使，专讨朱泚。不久，前往求援奉天的朔方节度使李怀光又反，与朱泚联合起来，德宗只好又逃奔梁州。唐安公主即随德宗一起逃亡，辗转流离，病死于城固。幸好李晟等唐朝将领率各路援军艰苦奋战，克复长安，才迎德宗回宫。唐安公主也得以安葬在长安城旁。

（选自《考古发掘亲历记》，中国文史出版社出版）

宝丰清凉寺汝官窑

赵青云

汝窑系我国五大名窑之一，向以产青瓷著称，它既用南方越窑的釉色，同时又继承了河北曲阳定窑的印花技术，创造了印花青瓷的特殊风格。汝瓷在北宋时期曾为宫廷御用品，到了南宋就已成了稀世珍宝。正是由于汝窑为宫廷烧制御用品时限很短，传世更少，加上文献记载不详，那么作为"青瓷之首，汝窑为魁"的汝官窑口究竟在何处，早已成为历史之谜。半个世纪以来，集合文献记载，经过多年调查，于20世纪80年代经考古发掘，终于在河南宝丰县清凉寺找到了汝官窑址，从而使这一历史悬案了结，成为1987年度我国十大考古发现之一，消息传出，在国内外学术界引起了强烈反响。

一、调查与发现

据宋人叶寘《坦斋笔衡》记载："本朝以定州白瓷漆有芒不堪用，遂命汝州造青瓷器，故河北、唐、邓、耀州窑悉有之，汝窑为魁。"这足以证明，汝瓷在我国青瓷史上占有极其重要的地位。然由于其窑口悬而未决，所以曾引起不少陶瓷专家、教授、学者的极大关注，从20世纪50年代以来，北京故宫博物院、河南省文物部门以及原洛阳地区及汝州的文化、文物部门曾先后多次在临汝县（今汝州市）内进行多次考察和考古发掘，并在东北乡的大峪店、城西南的蟒川一带发现了40多处烧造印花青瓷的窑址，有的规模较大，产品精良，工艺俱佳，釉色莹润，注重装饰，图案丰富，但无一处可与汝官瓷的"青色淡雅，素面无纹，裹足之烧，全上满釉"的宫廷用瓷的"高雅素净"相媲美。虽然这类刻、印花卉的青瓷纯属于民间用瓷，同类产品除遍布临汝四乡外，在河南境内，还有宜阳窑、新安城官窑、禹州钧台窑、许昌五楼村窑、内乡大窑电窑、鲁山段店窑和宝丰清凉寺窑及黄河以北的安阳善应窑。其中鲁山、宝丰宋代均属汝州管辖，所发现的青瓷窑址已引起学术界的关注，鲁山段店窑从唐代烧造黑釉花斑腰鼓器，曾有"鲁山花瓷甲天下"之誉，从晚唐、五代烧造青瓷，且裹足满釉支烧，釉色莹润，开片密布，可谓"工艺精湛，技艺超群"，为汝官瓷的兴起开了先河。而宝丰清凉寺窑，我们在20世纪六七十年代的调查中，现场采集了不少瓷片标本，并以《汝窑之我见》《钧窑与汝窑》《对河南宝丰清凉寺汝瓷窑的调查与认识》等论著见于报端，我们采集的瓷片标本虽然工艺精细，釉色也非常莹润，然未找到标准的汝官窑瓷片，又无经过考古发掘，所以虽引起了学术界的高度重视，但无法作出准确的定论。到了20世纪80年代后期，宝丰县文化馆馆长邓诚宝和县紫砂瓷厂业务科长王留现在宝丰清凉寺村发现了两件新出土的标准汝瓷笔洗，于1986年中国古陶瓷研究会县年会上提供给专家鉴赏，引起了在场专家的高度重视，上海博物馆馆长汪庆正立即派人到现场进行了复查，河南省文物研究所也派人到现场进行考古钻探与发掘。这一重要发现，拉开了研究、探讨汝官窑及其窑口重大学术课题的新的序幕。

二、钻探与试掘

通过筹备并报经国家文物局批准，由我领队组成三人工作组（另两人是毛宝亮、赵文军）先行钻探与试掘。清凉寺瓷窑址位于宝丰县城西南20公里大营镇清凉寺村南一带，宝丰清凉寺汝窑地全景由南向北，窑址北去汝州25公里，南距鲁山段店窑20公里。窑址就在清凉寺村南河旁

台地上，地处半山区的丘陵地段，周山环抱，中间为一片丘陵盆地，河流纵横，矿藏丰富，地下百里煤场，地上瓷土、釉药丰盛，尤其附近玛瑙的蕴藏量十分丰富，更为古代瓷业的兴旺，提供了得天独厚的物质资源。

经过调查和考古钻探获知：从清凉寺村到韩庄相距5华里范围内，瓷片和窑具堆积如丘，窑址毗邻交错，遗物相当丰富。在清凉寺村南河岸断崖处看到瓷片和废窑具的堆积厚度最多为12米，其中三个小丘全为瓷片堆积层，其产品丰富，品种多样，而且规模可观，工艺俱佳。过去韩庄村村民在平整土地时，曾发现有残破的窑炉，据当地人回忆，窑为圆形，窑口向南，向前有窑门，中间有火膛和窑床，直径约3米，后壁设有三个烟囱。窑旁堆积有许多废窑具和瓷片。

在调查和钻探的基础上，我们在临清凉寺村南的高地上，开了两个相距30米的探方，共计200平方米，进行试掘。由于经过了认真调查，又进行了考古钻探，对该窑址的生产布局做了科学分析，选点准确，命中率达百分之百，仅在200平方米内，发现了两座窑炉、两座作坊、一段排水沟、一个灰坑，还在一个作坊的附近发现了一个储藏坑，坑内储藏有较完整的瓷器20多件，其中最珍贵的有汝窑天青釉瓷盘、天青釉笔洗、粉青釉盏托、天蓝釉刻花鹅颈瓶、天青釉盘口折肩瓶、天青釉小口细颈瓶以及黑釉天目瓷茶盏、柿釉红小口罐等，其中的汝瓷与北京故宫和台北故宫收藏的传世汝官窑完全相同。真可谓：稀世珍宝千古谜，今日出土露真容。对这一惊人的发现，我们试掘组的成员兴奋不已，随即将喜讯报告了宝丰县委、县政府，由于工地电信不方便，由他们转报平顶山市和省里的有关部门。当时的试掘工作已处于尾声，我们除认真搞好现场的发掘清理工作外，并对已发掘的资料、实物进行了整理。根据发掘的地层关系叠压情况，断定这里从北宋初年创烧，中经北宋中期、晚期、金直至元代延续烧制，明代窑废停烧。从出土瓷片的种类，这里不仅为北宋宫廷烧造御用汝瓷，也为民间生产刻、印花卉的汝青瓷、磁州窑类型的白地黑花、白釉加绿彩、珍珠地刻花及青白瓷，还有绛釉、柿红釉、黑釉兔毫天目釉、色泽明快的宋三彩和风靡一时的仿钧制品等。试掘表明，该窑是一处宋、金、元代以来烧造历史延续数百年之久的重要制瓷场地，不仅规模宏大，整个面积约在87万平方米，而且内涵十分丰富。第一次试掘工作于1987年年底结束。

三、共同的心声

在试掘过程中，当地政府及文化部门给予了积极的支持和协助，宝丰县文化局局长亲自出面安排食住和劳力，并派文化馆干部住在工地协助我们工作，为我们试掘工作的顺利开展提供了便利条件。试掘中县委领导还亲临工地慰问，帮助解决实际问题。当有重要发现时我们立即报告县委领导。不久由县委、县政府主要领导陪同平顶山市人大常委会的负责人再次亲临现场参观并观赏了出土的窖藏稀世珍品。大家对出土文物惊叹不已，说是珍宝再现，大开了眼界。对我们的工作给予了高度评价，希望我们再接再厉，获取更丰盛的成果。同年11月我们接到中国古陶瓷研究会的邀请，我和宝丰县文化馆馆长邓诚宝出席了中国古陶瓷研究会在福建晋江举办的1987年年会暨学术讨论会。会上我们将这一新的发现作了披露，并向与会代表展示了少量出土的汝瓷碎片标本。从出土的实物标本与介绍的发掘情况看，与会者一致认为宝丰清凉寺系汝官窑口无疑，可以正式公布于世。会议结束后，我们立即返回工地搞好收尾工作。试掘结束后，接到平顶山市文管会通知：发掘品在返回郑州之前先到平顶山市向市委领导作一简短汇报。为了文物的安全，我们特意租了一辆密封车，由宝封县文化局局长亲自押运到平顶山市。按照市文管会的安排，向市委、市政府、市人大、市政协领导作了汇报，并展示了部分精品。他们看后非常振奋，当场拍板，既然宋代五大名窑之一的汝官窑在宝丰，除积极协助省里搞好发掘外，要加强对遗址现场的保护，并在市区建一个中型博物馆，以展示平顶山地区的历史概况特别是汝窑这一名窑的历史风貌。

我们返回郑州后，向省里有关领导作了详细汇报，并对全部精品立即做了包装盒，也请有关领导和专家进一步做了鉴定。1988年元月，省文物局在省文物研究所贵宾室召开了新闻发布会，并邀请了中央人民广播电台、中央电视台、《人民日报》《光明日报》驻河南记者站、新华社河南分社、中国文物报社、河南日报社、河南人民广播电台、河南电视台、郑州电视台、郑州晚报社、河南科技报社、平顶山市电视台、平顶山日报社等二十多家新闻单位的编导和记者。主持新闻发布会的省文物局赵会军处长向大家正式宣布："通过考古发掘，在宝丰清凉寺发现一处规模较大的窑址，出土一批极其珍贵的汝官窑窑器，经过全国各地专家论证，这批汝瓷与北京故宫、台湾的故宫博物馆收藏的汝瓷传世品完全一致，证明都是出自一个窑口。为此我宣布，宝丰清凉寺就是宋代五大名窑之汝官窑口。"宝丰清凉寺窑的发现，揭开了历史上汝窑之谜，汝官窑的历史悬案正式了结。

新闻发布会开过之后，我国各大报纸、电视台、电台、新华社等单位经过认真采访和录制、拍摄，从不同的角度向国内外作了广泛的报道。

四、大面积发掘

当消息公布之后，在国内外引起强烈反响，不少专家、旅游团体纷纷要求到现场参观考察。鉴于对该窑址试掘面积太小，有许多学术问题及对汝官窑瓷烧造的工艺技术及各窑区的分布尚待进一步证实，为此决定在原试掘的范围进行有计划的大面积发掘，以弄清该窑址的历史原貌。于1988年重新组队进行了大面积的发掘。其发掘方法是在原开探方的东侧并排开方，若有重要遗迹可暂时保留，以备将来保护和组织现场参观。

发掘工作从1988年秋开始至1989年麦收前结束，整个工作达半年之久。参加发掘的共5人，发掘面积1150平方米，发现房基和作坊5座，其中有单间和四开间，连同第一次试掘发现的作坊正好成排房，显然这里应是当年瓷器作坊的中心。同时还发现水井4眼、澄泥池1个、灰坑8个，出土各类瓷器和窑具2100多件，瓷片上千枚，其中比较重要的有汝瓷洗、盘、器盖，印花青瓷碗、盘、青瓷龙纹盘，刻花青瓷执壶，青瓷凸线纹碗，三彩荷花枕、三彩莲瓣纹灯、三彩执壶，黑釉绛彩灯炉、黑釉兔毫盏，白釉珍珠地刻花腰圆形枕等，极大地丰富了第一次试掘的遗迹和遗物内容。根据遗迹这样集中、遗存这样丰富，我们判断其烧造区也应距此不远，若继续发掘，一定会有更重要的发现。由于经费的限制，发掘中途停止，即将所有遗迹就地封存。

发掘之后，当地政府和文化部门对窑址的现场保护非常重视，协助乡、村统一规划了土地，并要求当地群众地面可以耕种，但要保持原貌不动；河南省文物局也曾下发文件，要求地方政府对窑址现场加强管理，切实搞好保护。宝丰清凉寺汝官窑的重要发现，在国内外学术界曾引起强烈反响，并被列为当年全国十项重大考古发现之一，现已报请国务院核准，列入全国重点文物保护单位。宝丰清凉寺汝官窑址也成了国内外旅游爱好者的向往之地。

五、汝瓷热再度兴起

宝丰清凉寺汝官窑的发现，从1988年1月新闻发布会公布之后，引起学术界极大关注，作为中国宋代五大名窑之一的汝官窑历史之谜终于被揭开，我国历史学界、古陶瓷界、艺术界的专家学者，都感到欣慰。然由于汝官窑早已成为历史悬案，所以对其收藏、鉴定、鉴赏、研究等各持己见、莫衷一是。宝丰清凉寺汝官窑口发现之后，我们也先后撰写、出版了一些论文、报告和专著，如《宝丰清凉寺汝官窑址的试掘》《宝丰清凉寺窑址第二、第三次的考古发掘》《汝窑新议》《汝瓷探源》《汝窑的新发现》等，在学术界引起了高度重视，从而在国内外学术论坛上形成了新的研究课题，再度兴起了汝瓷热。1989年由中国古陶

281

瓷研究会河南分会和河南科技史学会古陶瓷专业委员会在宝丰县联合召开了汝瓷专题学术研讨会，出席代表70余人，提供论文60余篇。不久台湾的《陶瓷故乡》摄制组亲临汝州采访录制。此后每间隔一年在上海召开的中国古陶瓷科学技术国际学术研讨会，曾连续邀请河南专家为大会撰写汝瓷方面的论文，并在1990年、1992年两届年会上均以汝瓷为主题，进行了广泛深入的研究、探讨。汝瓷的收藏热也逐渐兴起，汝瓷的仿制也相继经专家论证通过获得成功。日本京都同志社大学特意要求将宝丰清凉寺窑址作为中原陶瓷旅游线上的一个重点，供陶瓷界旅游参观。经香港大学艺术博物馆要求，并经上级文物部门批准，我们在香港大学艺术博物馆举办了一次汝瓷展。英国学者也提出，希望在英国伦敦举行一次宝丰清凉寺出土汝官窑专题展，并结合专题展举行一次汝瓷鉴定与鉴赏专题学术研讨会，开展学术交流。中日联合拍摄的《中华五千年》也把宝丰清凉寺汝官窑作为反映北宋光辉的历史、灿烂的文化、优秀的传统工艺技术之实物见证纳入宋代的主篇章。中央电视台和河南地方电视台也曾多次到现场采访录制，从不同的侧面对清凉寺汝窑加以宣传，了解汝瓷、鉴赏汝瓷、研究汝瓷一时成了热门话题。我国艺术大师李苦禅也曾挥笔题词："天下博物馆无汝（瓷）者，难称得起尽善尽美也。"致使民间也流传有："纵有家产万贯，不如汝瓷一件。"一时汝瓷的仿制品也售价不菲。至于国内外慕名而到宝丰清凉寺窑址现场参观、考察、研究汝瓷者更是络绎不绝。宝丰清凉寺汝官窑的发现，使汝瓷热再度兴起，在国内外引起了强烈的反响。

1997 年 7 月

（选自《考古发掘亲历记》，中国文史出版社出版）

南宋官窑——中国青瓷的瑰宝

沈芯屿

位于杭州的南郊，钱塘江畔，有一座乌龟山。据古书记载，宋高宗南渡以后所立的新窑就在这乌龟山的南麓。这里是汴京窑的继续，故称南宋官窑。又因窑场西面离郊坛很近，郊坛是皇帝祭日的地方，所以，又称南宋郊坛下官窑。

乌龟山窑址的发现和确认其为南宋官窑，是在20世纪20年代。与北京官窑一样，南宋官窑的确切年代及窑址的位置，一直为国内外学者所关注，近半个多世纪以来，曾有许多学者来凤凰山一带进行实地考察。早在20年代，有一个日本人来杭州寻找南宋官窑，他在杭州拾到了一些瓷片，就把它们当南宋官窑瓷片研究起来，并发表文章。后经有关专家鉴定发现，那里面没有一片是南宋官窑的瓷片。30年代，又有一个叫小笠原的日本人，在杭州乌龟山南麓发现了南宋郊坛下官窑遗址，并盗走了许多瓷片标本。当时的中方当局得知后，立即派了我国最早的陶瓷科学研究专家周仁先生，对实地进行三次考察，后发表《发掘南宋官窑报告书》，为南宋官窑进行科学的考察研究揭开了序幕。

中华人民共和国成立以后的1956年，由浙江省文物管理委员会组成的一支考古队，对南宋官窑进行了小规模的科学发掘，清理出一条长23米、宽2米的龙窑，并获得了大量的瓷片标本。

大规模的考古发掘工作，是在改革开放以后的1984年开始的。这支由中国社科学院考古所临安考古队、浙江省文物考古研究所和杭州市园林文物管理局组成的联合考古队伍,对南宋郊坛下官窑遗址进行了全面的发掘和研究,在长达两年之久的时间里,清理出的遗址有练泥池,成型、上釉等作坊遗址和一座龙窑以及大量的瓷片标本和窑具,为研究南宋宫廷用瓷提供了完整而宝贵的资料。

考古资料表明,南宋官窑是烧于南宋初年,窑场三面环山,仿佛沉睡在一个群山怀抱之中。工房在乌龟山与桃花山之间的山岙平地上,窑场设在乌龟山西坡。这里山林茂密,又有丰富的瓷土矿,为烧制瓷器提供了有利的资源。窑旁的紫金土,就是形成"紫口铁足"的主要原料。

南宋官窑设在杭州,但它的产品融汇了南北高超制瓷工艺。发掘出来的一座瓷窑长40.5米,宽度为1.4—1.85米,头低尾高,窑身狭长,加上两边的墙和半圆的拱顶,颇似一条俯冲而下的龙。因此,考古学家称它为"龙窑"。这种依山而筑的瓷窑,是浙江各地制瓷作坊的传统窑炉,具有悠久的历史。而在制作工艺上,南宋官窑又表现了北方汝窑的风格,改南方的泥点支烧为支钉支烧,使产品更趋于精美。还有大量的匣钵和垫饼等窑具的出现,都说明了南宋官窑在烧制过程中,对每一道工序的要求都是很严格的。因此,应该说,南宋官窑是中国制瓷史上结合了南北优秀制瓷工艺的结晶,是中国青瓷的瑰宝。

南宋官窑青瓷可以分两个阶段,早期的产品釉色典雅,表面有光泽,胎体厚,并没有形成自己特有的风格。到了南宋中晚期才形成自己的风格,且器形变化比前期丰富,造型古朴典雅,线条更加优美。其中有日常用具的碗、盘、盏、碟、杯、壶、罐、盂、熏炉等,还有文具用瓷和大量的仿铜器和祭器如觚、尊、贯耳瓶、鬲式炉、簋式炉等,其他还有鸟食罐、象棋,等等。在釉层方面从配料到上釉都有较大的革新。先对坯体进行素烧,然后经2—3次上釉,出现了薄胎厚釉的产品。

南宋官窑,是我国宋代五大名窑之一。它历史悠久,生产时间长,工艺高超,成为享誉中外的一个名窑,也是我国较早的御窑厂之一。官窑青瓷色泽沉静,柔润如玉,造型古朴典雅,线条简洁而富有节奏感,加上那别有情韵的"开片纹"和那巧夺天工的"紫口铁足",形成了自己特有的风格。它充分展示了窑工们的高超技艺，同时也再现了宋代文人的审美心理，在中国青瓷史上写下了光辉的一页。

1987年，有关部门在作坊遗迹和龙窑处建成了保护性建筑，并于1990年建立了一座中国南宋官窑博物馆，使这些罕见的遗迹得到了很好的保护，并为弘扬中华民族的优秀文化、进行爱国主义教育提供了珍贵的实物资料。

（选自《考古发掘亲历记》，中国文史出版社出版）

后渚海船发掘记

郭慕良

一

1974年4—5月泉州市政协一次学习会上，王洪涛同志兴高采烈地向与会者谈起一条重要考古新闻，说他们单位（泉州海外交通史博物馆）同有关单位在后渚港调查发现了一艘古船，船很大、船板很厚，等等。闻者莫不为之高兴。我生长在海边，父亲当过舵公，故与船有些感情牵连，听说是古船更是神往。

约两个月后，我接到组织上要我参加这艘古船发掘的通知。对此我有意外之感，因为对文物考古工作我是十足的门外汉。但我对这项工作颇有兴趣，加之少年时在海边生活过，自信受得海滩工作环境之苦，于是很乐意地接受了工作分配。

6月5日，我到后渚工地向"古船发掘领导小组"林文明副组长报到，当时发掘工作的主要专业人员——海交史著名学者庄为玑，文博专家许清泉，陶瓷史著名学者叶文程，厦大历史系副教授苏垂昌都已到位。我初时分工搞宣传，后来因为工作需要也"下海"参与专业活动，叨陪于这些专家学者的末座。

这时候史无前例的"文革"处在它的中后期，成千上万名来自全省各地的"造反派"正集中省城进行"大辩论"，派战未息；机关学校各行各业的正常秩序还未恢复。因此，我们进入工地后，一位友人曾替我们担心："人家造反还那么激烈，你们却躲在海边挖古船，难道不怕戴上'借业务抵制革命'的帽子吗？"

这位好心朋友的话不无道理。因为发掘工作的领导人曾是"靠边站的走资派"，而我们这班被领导的"人马"不是有"五七"科，起码也是"臭老九"。"造反派"一不顺心，随时可能把你揪出批斗一顿。但是，我们还是敢于冒此"大不韪"，把发掘工作进行下去。这里有两个因素：一是这项发掘工作是在我们敬爱的周恩来总理加强了对中央文博口的领导后，由国家文物局批准的，并有省、地、市三级领导的支持，这使我们消除了顾虑，坚定了信心；二是这艘古船的蕴意对我们有着巨大的诱惑力，它使我们甘心于冒点风险。

二

海湾考古发掘当时在我国考古史上尚属空白，因此，发掘后渚海船对我们来说，是一个完全陌生的任务；再者，发掘对象是个沉、埋于海滩地层的特殊环境中，埋藏时间达几百年的庞然大物，而且设备条件差、经费困难又缺乏经验，发掘工作将十分艰巨。

进驻工地后，所住的民房很简陋，时正炎夏，闷热得很，夜幕一降临，人便陷入蚊子的包围之中，睡觉时尽管紧闭了蚊帐，且在周围点燃了几圈蚊香，依然逃脱不了蚊虫的袭击，早上起床周身血点斑斑。

我们在后渚海军食堂寄膳。膳费每人每日5角，外加粮票1斤。那时干部粮食定量28斤，而寄膳全月交30斤，油2斤。膳费和米票都由寄膳者自掏腰包，没有任何补贴，1个月后才发田野补贴每天0.20元，每月加发粮票5斤。

食堂在军营内，外人不得擅入。但海军给我们以进出的方便，在用膳时间上也照顾我们。我们的工作时间和用膳时间是随着潮汐时间的变动而变动的。海潮在每日24小时内有两次涨落，从涨到落相隔时间一般为4小时，而每次涨落都要往后推迟48分钟。这艘古船的坐落所在涨潮

时为海水淹没，退潮时才显露出来，此时才是我们的工作时间。例如农历每月的初二、十六，每天两次满潮时间为早上6时和中午12时，退干时间为上午10时和下午2时。这就是说，我们的工作时间应在上午10时以后和下午2时以后，如果我们按照正常开饭时间用饭，待到上班时岂不是肚子已经饿了，所以早饭时间要改在上午10时以前，中饭时间改在下午2时以前。这不但违反了食堂制度，且给炊事人员添了不少麻烦。但是食堂总是尽量给予方便。这是人民军队对国家文物考古事业热情支持的表现，也是对我们工作的支持与鼓舞。

三

后渚海船所在的海滩地层系海泥在静水环境中缓慢地沉淀堆积而成。人来这里，一落脚就要陷入泥层中，浅至小腿，深则没及上腿部，遇到烂泥窟连臀部也没入，没有经历过的人会产生"没顶"的恐怖，而我们中绝大多数人就没有经历过。再则，赤足走在海滩泥层上，泥层里"深不可测"的玻璃碎片随时可能把人扎得皮破血流。但面对种种艰难，我们没有败退下来。庄为玑教授时已68岁了，并不要求他"下海"，可古船的诱惑力使他闲不住，常和青壮年一样下到海滩来。但毕竟年事大了加之缺乏经历，他每次下海都因行走不稳，最后总是手足着地爬行，弄得满身泥巴。但他的这种精神是一股无形的力量，教育、鼓舞了后辈。

许清泉以其重量级的体重，涉海泥时两足下陷总要比别人深，跋涉也就较艰难。我们常和他开玩笑，要他服减肥药，以提高效率。

天气本已炎热，加上劳作时上身一直暴露在烈日之下，下肢又深陷海泥中不易移动，益感燠热难受。由于太阳曝晒，满身大汗往往结成盐霜，它混合着身上溅染的海泥和海水，散发出一种难闻的气味。因此收工上岸后，我们这些过惯城市生活的同人，当务之急就是痛痛快快地洗个澡。可是那时后渚还没有自来水，居民的生活用水来之不易，洗澡的去处是远在村外淡咸参半的水池，要是嫌远不去，就得强忍着一身恶臭，待海水上潮后再做"海水浴"。我和一位同人还常乘海水浴之机来一下蛙泳或仰泳，以检验一下昔日学来的游泳技术。1个月后我们的皮肤因太阳曝晒都呈现古铜色，几乎成了"非洲黑人"。几件换洗的劳动衣裤因海水腐蚀一撕就破。

说实在话，那时我们是很受了些苦的（一天辛苦下来，浑身骨骼像散了架似的，感到非常疲惫），但大家在工作中一直保持着旺盛的热情，迎难而上，以苦为乐。我们能吃苦，也善于劳逸调节。比如夜幕降临后，沽点白酒，烹几尾后渚特产的"蟳厝蟳"（因捕捉法而得名：在海滩上用砖头砌成厝状小洞，诱随海水而来的蟳"定居"于此，退潮时捕之），约同好席石而坐，在月白风清之下，边举杯咀嚼，边谈今日发掘，多么悠闲惬意。对此陈泗东颇为钟情，许清泉和我亦皆向往，我们常是"座上宾"。

四

发掘工作参照陆上考古发掘挖探方的方法，以船体为中心划定5米×5米的发掘坑位24个，总面积600平方米，并以船体范围内的15米探方（T-15）作为重点发掘区。同时根据海滩烂泥和潮水涨落的特点与工作需要，将发掘区分为5个工作段，各工作段发掘时间先后错开，以防止塌方和便于观察地层堆积情况，以第三工作段为重点先行发掘，为各发掘坑提供参考资料。步骤是：先按工作段揭去海泥，迨至整个船体暴露后即以船舱为单位逐一细致地进行发掘清理，接着处理船体出土上岸，最后对船体以下堆积层进行部分发掘。

约费时一周，完成了第一个步骤的任务，揭去了船体上部的土方。此前发掘古船只有少数群众知道，现在古船露出它的轮廓，并且由于它的坐落位置仅距居民点百米左右，站在海岸上举目一看，全貌了然，于是发现古船的事不胫而走，很快地在社会上引起轰动，不少人特地来后

289

渚参观，而且人数不断增多。随着发掘工作的进展，船舱遗物陆续出土，有些人看到了出土物，不知是出于错觉还是有意夸大事实，说出些耸人听闻的话来。如有人看到一块还保留着口部和肩部的瓮缸残片，竟说成是"一瓮酒，酒还很香"。还有人无中生有地说"掘出好多个人头"，这就与造谣无异了。随着古船的影响不断增大，参观的人越来越多，我们常感应接不暇，但有时吃力不讨好。如一学生"造反派"头目要看正在保湿处理中的文物，陈泗东同志拒绝了这一无理要求，竟受对方侮辱："你这个右派，不久前在学校还是我捏在手里的，现在你敢不！"但像这样的人毕竟是个别的。广大群众出于好奇或求知心理，确有强烈的参观愿望（其中不少人还是通过组织介绍前来的），可以说是送上门的宣传对象，向群众宣传古船出土的重大意义和文物政策，这是个很好的机会。于是我们借用刚放假的后渚小学作为展览场所，临时招聘五六位青年学生经短期培训后作为讲解员，办起古船出土物现场展览会，满足了群众的愿望。

五

7月20日，发掘进入第二步骤，即以船舱为单位逐一清理。

这时候由于上阶段的辛劳，体力有较大消耗，加上天气酷热，4位专业骨干先后有3人中暑病倒，连身体最棒的苏垂昌同志也难幸免。这使发掘工作受了影响。我为此几次进城"告急"。后来领导组通过组织部门从史学界抽调了李登俊、张克奏、李再明、王世战、刘衍坤等同志前来支援，从而充实了发掘专业力量。

由于上阶段揭去船体上部的堆积层并往船舱深处下挖，古船坐落的海滩形成了一个大深坑，海水涨落破坏了发掘现场，而且每次退干后，深坑和船舱里又总是积满了水，因此，在这个阶段我们每次下海发掘都要先用抽水机抽出坑内舱内的水，然后才能继续工作。每次抽水需用两部抽水机，用1小时以上的时间才能将水抽干。往往水刚抽完，潮水又要涨来了，未待动手发掘，就不得不撤场，真叫人哭笑不得。

船舱发掘开始后，船中遗物陆续出现。先是发现大面积的竹篾编织物，伴随出土的有箬叶和藤皮残迹，它们分布在第二、第三、第五、第六、第七、第九各舱，有"人"字形、六角形等编织形式。很明显，这是船篷遗物，是宝贵的古代舟帆的实物见证。可是由于长久埋在海滩底层，其质性已经消失，用手一动就解体了。为使这些国内尚属空白的珍贵文物能不受损坏地出土上岸，我们想方设法，费尽心思，终于想出了一个土办法，用这个办法成功地取了10多件样品，为船史研究和陈列展览提供了宝贵的实物资料。

紧接着是大量香料药物及木牌签等其他遗物的出现。其中香料药物数量最多，它们出自全船各舱，以第二和第五舱为最。出土时它们与烂泥和绳索、笼篓残迹等沉积物混在一起，长短粗细不一，一般长20—168厘米，圆径2.5—5厘米。

此后，除一般香料药物继续出土外，一些体积小的遗物如铜钱、胡椒子、水银、货贝和一些像是矿物但又不知究竟的东西出现了。这些遗物除陶瓷器、铜钱、贝壳等外，多数属于有机物质。它们久埋地层深处，而今离开了地层，接触了日光和空气之后，很快地就变色变形，甚至腐朽粉碎。如香料木刚出土时有深红、土黄和紫色等几种不同的颜色，而且色泽明亮如新，可出土后不到3小时都褪成像柴火一样的颜色，而且收缩干裂。因此及时采取有效措施，控制出土物，使其不致变色变形，对于我们来说是燃眉之急。但当时国内在这类质地文物的科学保护方面还是空白，我们怎有可能解此倒悬？再说船舱遗物又是如此之多。因此当时我们只能根据出土物的体积和数量情况分别采取暂时性的措施。即将大量的香料木经清洗后装入塑料袋，并即运到市里置于不通风的暗室做暂时性的封闭；对于体积小、数量也少的出土物，则采取保湿、密封等方法予以处理。

六

　　清理完船舱遗物，即面临如何使船体这个庞然大物出土上岸并将其运至开元寺的难题（已预先计划将开元寺作为置放古船的地点）。

　　对这个问题，有人认为，船体必须完整出土，这样才不损这场发掘的重大意义，并主张出水后用拖船通过水路将古船拖入新桥溪，然后吊上岸搬运到开元寺。也有人主张利用后渚至市区的公路运输。前一方案只从主观愿望出发，没有考虑到古船以其重量与体积之大能否浮水，也未想到起重和运输条件是否具备，是个脱离实际的方案。一则，船体这么重，再大的拖船也无法拖动。二则，用以板连的船钉已全部腐烂，密封材料亦早已脱落，一拖船体就会散开。三则，即使可以用拖的办法，当把古船拖到新桥溪后，要把它吊上岸，有那么大型的起重机吗？吊上岸后又将用什么样的运输工具把它运入开元寺？利用公路运输的主张，也同样不可行。别的不说，单是公路的宽度就不够。那时后渚段公路才6米宽，而古船宽9.15米，除非是拓宽公路，不然就办不到。

　　经多次开会反复研究，最后议定采用"化整为零"的办法，即将船板拆开搬运上岸，俟再装车运至市区。这个办法虽然不能做到"整体出土"，但在当时条件下只好如此，领导上也认为可行。于是我们做了拆船及其后安装复原的准备：对船体各部实况进行拍摄；并按船板的板连次序逐一编号；还从造船厂调来造船技术人员，从搬运公司调来起重队。

　　船板拆下后要运上岸是个大难题（船板一般厚6—8厘米、宽30厘米左右、长10—14米，一条船板要八个彪形大汉才扛得动），搬运人员肩扛重负走在海滩上，个个足陷泥中，没及大腿，走动不得。搬运工作不得不停了下来。鉴于此，领导组不得不从有限的经费中拨款买了些十多米长的杉木，每三根并排捆扎在一起，从海船出土处连接着排列到海岸边，上铺稻草防滑，作为扛运栈道。就这样，两三天后，古船所有船板、隔舱板和桅座、舵座及其他属具全部顺利地拆运上岸。

　　船板上岸后难题犹未了，因为还要将其运入市区，而一般汽车车厢长不过4—5米，大不及船板之长，船板装上车后有2／3伸出车外，汽车一动，船板就可能断折。于是，向物资部门请购大型汽车底盘，由搬运公司出资配装了一部大型汽车，从而解决了船板由后渚至市区的运输问题。

　　船板拆运完毕后，才舒了一口气，另一难题又来了：全船最大最粗的属具——龙骨还待在发掘坑的最深处——离地表3.50米深的地层中。它由主龙骨、尾龙骨、船柱三部分榫接而成，总长22.15米，宽42厘米，厚27厘米，其重量是一条船板的一二十倍，显然不是人力能够扛得动的。

　　怎么办呢——同此前遇到的问题相比，这个问题在整个发掘工作中最大也最难解决。我们为此过了好几个"失眠之夜"，后来同起重队的陈荣反师傅（陈系泉州市劳动模范，据云他很会动脑筋。他们单位在搬运起重中遇有问题，不少是他出点子解决的）一起反复探讨，终于想出一个土办法来。这个办法叫水浮法，就是将密封的汽油桶绑在古船龙骨上，借助汽油桶在水中产生的浮力带动龙骨上浮。

　　决定采用这个办法后，当即从后渚海军处借来二三十个空油桶，密封后在海水退干时将它们捆绑在龙骨上。一切准备工作就绪后，就等着潮水上涨了——既怀着希望，又有些担忧。

　　是日正是大潮期，满潮时间在下午2时左右。我们站在海岸上，目不转睛地盯着古船所在的位置，但见海水一片苍茫，未见油桶浮上来。正焦急间，一转眼忽见一排油桶齐刷刷地浮出海面来，大家不禁欢呼起来，喜悦之情难以言表。

　　就这样，起运龙骨这一大困难也克服了。实践证明土办法是科学的，是行之有效的。

　　泉州湾古船的发掘自1974年6月9日开始，至8月25日基本结束田野工作，历时两个半月，计用3812个工作日，发掘土方1314立方米。中央新闻纪录电影制片厂和福建新闻纪录电影制片厂都派摄影师驻在工地跟踪拍摄现场实况。

田野工作结束后随即转入船体安装复原和其他出土物的整理研究及发掘报告的编写等工作。根据船体造型、结构、船舱遗物和船体周围堆积层，并结合文献记载资料分析，推断它是我国南宋末年的一艘远洋货船。复原后全船总长34.55米，最大船宽9.9米，型深3.27米；船底尖、舷侧板用三重板榫合，有13个舱，3根桅杆，具有宋代海船和中国古代四大船型之一——福船的特征。这是一艘载重量达250吨上下，运载香料药物由东南亚返航的商船，因此船中遗物以香料药物为最多，达2300多公斤。此外有陶瓷器、铜铁钱、木牌签、铜铁器及文化用品等共13类遗物。它是迄今我国发现年代最早、规模较大、保护最好的古代帆船。它的发现发掘为我国宋代海外交通和造船业的历史提供了弥足珍贵的实物见证，被称为中华人民共和国成立以来重大考古发现之一（著名英国学者李约瑟博士于1979年为此专程来泉州做了3天的专题访问，认为这是中国科技史的重大发现）。

1998 年 5 月

（选自《考古发掘亲历记》，中国文史出版社出版）

龙兴寺"佛光再现"记

夏名采

1996年10月7—15日，在山东省青州市博物馆南土建施工工地抢救发掘了一处龙兴寺佛教造像窖藏，参加现场评鉴的国家及省文物局、北京大学、山东大学等专家认为，造像出土数量之大、跨越年限之长、造像品种之多、雕刻技法之精、贴金彩绘保存之好，在我国佛教考古史上实属罕见，应为我国佛教考古工作的重大发现。随后不久，此发掘被评为1996年十大考古发现之一。

作为业务主持人，我自始至终参加了这次考古发掘。

我是1966年北京大学历史系考古专业毕业的，开始分配到山东省博物馆工作，参加过济南无影山西汉墓群、曲阜九龙山汉墓、临淄齐国古城殉马坑、日照东海峪等多次重大考古发掘。为了更好地施展和提高自己的专业特长，后来请调到历史上的名城重镇、文物古迹极为丰富的青州，先后参加和主持了几十次考古发掘，调查出近500处古文化遗址。这次抢救发掘的龙兴寺佛教窖藏，更使我惊喜异常。

1996年10月6日，在青州市博物馆南土建工地发现一可疑盗洞。经请示上级业务部门同意，由我为现场考古发掘业务主持人，组织了十余人的精干队伍，第二天即进入工地，正式进行抢救性考古发掘。清理完盗洞，惊奇地发现离地表3.5米左右处有为数众多的石佛造像，职业敏感使我意识到，这是个重要发现。为了搞清情况，我们立即请山东省考古钻探队进行钻探，查明石佛造像分布范围。结果让我大吃一惊，这里竟是一个东西近9米、南北近7米的大型窖藏。按照考古发掘程序，应将表土、窖藏的填土一层层地去掉后，再逐层清理出石佛造像，然后进行电视录像、照相、绘图、编号、提取出文物……但是，这次是在土建工地应急抢救发掘。为了确保佛教造像文物的安全，我毅然决定：打破常规，分块发掘。造像清理后，立即进行必要的资料记录并临时编号，博物馆库房工作人员现场接收，马上装车运往专用库房。

窖藏上部地层因土建机械施工已被铲平，从残留的局部观察，叠压窖藏的地层共分三层：第一层，现代耕土，厚30厘米；第二层，黄土，厚50厘米，为明朝初年增筑青州城墙所留；第三层，浅灰土，厚15—45厘米，为金元时所遗留。该窖藏开挖于生土中，东西长8.7米，南北宽6.8米，坑底距地表深3.45米，坑内偏东部有一宽0.9米、长6.3米的南北向斜坡。窖藏四壁垂直，拐角明显。其西半部偏南有一直径1米的盗洞，盗洞直达窖藏底部，洞内填土较乱，有淤泥。窖藏西南角有一直径2.5米的废井，井底上距窖藏底4米，井内填土松散，内含部分造像残件和明代砖瓦残件。

窖藏内埋藏的造像中，以石灰石造像为主，并有少量的汉白玉、花岗岩造像。这些石造像，特别是石灰石造像，绝大部分有当时的颜色保留，并有不少贴金残件出土。众所周知，我国佛教寺院中的造像都有颜色，是各种颜色将那些本无生命的造像变得栩栩如生，让那些虔诚的信徒拜倒在它们的脚下。我国石质造像中带颜色的已不多见，有少数的也是后期人们重新施的彩。在出土的石造像中，保留颜色的更为罕见，1987年和1994年，青州曾出土过几尊带色造像，我们想尽一切办法将颜色保留下来而成为无价之宝，这么大批量地出土带颜色的石造像，在我国实属罕见。我们当即决定：造像入库以后不急于清洗，待泥土干后再行处理。青州地区土质为带碱性的黑土，造像通体紧紧附着这种黑土，刚刚挖出时如果立即刷洗，颜色就会被刷下来，只能待土干后，用水慢慢冲洗，让土溶于水中变成泥浆下来，造像的颜色才不会脱落，对此，我们已有成功的经验。所以，我们在发掘清理时，有意在造像上保留一层泥土，便于以后保住这些珍贵的颜色。

除石质造像以外，还清理出几尊铁造像，部分陶造像，并有木质造像和一批泥胎彩塑。我们根据不同情况分别进行处理：铁造像用密封容器保存，并用干燥剂进行吸水处理；陶造像烧制火候极低，我们将其阴干，然后再进行除土处理；木质造像因长期埋于地下，木质已朽，仅油漆保留，我们做好记录，采集标本；彩塑出土量较大，但掩埋时间太长，又加上存放时置于最底层而被石质造像挤压，仅有部分能清出一点眉目，且这种泥胎彩塑无法取出。我们根据这一特征，仔细清理这些残部。有一尊彩塑佛头像，发髻保留较好，该发髻为宝蓝色彩绘，发髻中的螺髻饰件系制作成型以后，用火简单烧过，然后根据要求一个一个地安于未干的头上。我们清理时，发现这些螺髻大、小有别，即外层为小螺髻，内层为大螺髻。这一现象引起我们的注意，经仔细观察，发现此彩塑的面部也分两层，说明这尊彩塑在经过一段时间后可能因局部有破损而重新整塑过。在窖藏的东北部，我们发现一个陶盆，仔细清理，又发现有一处高约30厘米的硬土质，我们将其进行特殊的处理，原来是一尊小型泥塑的佛像，再往下清，发现这尊泥塑的胎内存放有用火烧过的骨灰，看来，这尊泥塑佛像是用僧侣的"灵骨"做胎制成，下部还用陶盆承托。这种现象，以往十分少见，为什么这位僧侣的骨灰不去掩埋而做成泥塑？这尊泥塑为什么用陶盆承托而不直接搬来置于窖藏之中？一时我们很难弄清，还有待进行深入而细致的研究才会有结论。

窖藏内，造像分三层排列，且有一定的规律：残头像置于窖藏边缘，面部向内；残身呈东西向排列；造像残块上面用较大的造像碑残件覆盖，到这些残块清理出土时，上面未粘上泥土。在三排造像的顶部，造像上有席纹的痕迹，部分造像上有烧过纸张后留下的灰烬和熏迹，造像之间发现一批不规则的铜、铁货币，这些现象引起了我们的关注和思考：第一，这处窖藏的位置应该在《益都县图志》记载的龙兴寺内（这一点，为以后的钻探所证实），是龙兴寺的僧侣们开挖了这一窖藏，在开挖时，有意在中间留下一个斜坡通道，然后将被砸毁的造像小心翼翼

地抬到窖藏内；第二，在造像排放上，事先有周密的安排，先放彩塑、木质、铁质造像，然后再放石质造像，最后将各种残头像放置坑壁边缘，这样一层层地排列，使其井然有序；第三，待造像全部进入窖藏之后，由龙兴寺的住持方丈出面，在窖藏周围举行法事祭祀活动，并在造像上燃香烧纸，向窖藏内撒放钱币，而后盖上苇席进行掩埋。从此，这批瑰宝就在窖藏内沉睡，直至发掘出土才又重现"佛光"。

10月15日，清理工作正式结束，9天9夜的连续工作既劳累又兴奋。我拖着疲惫的身子，走进了库房（一个用展厅临时改造的面积200平方米的房间），又使我惊叹不已！这么大的库房，竟被发掘出的文物摆得密密麻麻，连下脚的地方都没有，有很多因无处单排，只好暂时堆放起来，虽然这种存放办法不符合规范要求，也只好暂时这样，待以后另作安排。这次发掘出土造像数量实为可观，计有：佛头像144尊，菩萨头像46尊，带残身的头像36尊，其他头像10尊，还有一批被砸毁的头像、造像残身在200尊以上。

此次出土的这批造像，品种较多。从造像的质地分类，除铜造像未出土外，石灰石、汉白玉花岗岩、铁、陶、木、泥塑7种质地的造像均有出土；从造像的形制分析，造像碑、单体造像均有大量出土，造像碑有大有小，单体造像有立姿、坐姿，它们中有佛像，也有菩萨像，还有罗汉像，其大小差异较大；从造像的年代分析，这批造像有北魏时期的大型造像碑，也有北宋时期的罗汉像，其年代包括了北魏、东魏、北齐、隋、唐、北宋共500余年。可以认为，这批造像是青州乃至今山东地区这一时期佛教艺术的缩影。

这批造像，雕刻技法极为高超，线条极为流畅，其雕刻刀法为平直刀和圆润刀。造像碑中不论作品大小，均以三尊像为主，也有除三尊外另加二弟子的造像碑，二胁侍脚踩莲蕊，莲蕊之下刻出极细微的莲茎、莲花、荷叶等，再与本尊之间刻出栩栩如生的飞龙，飞天雕刻得更为精美，有几尊的飞天雕刻成镂空式，使其形象更加生动活泼。单体造像雕刻得更为生动，无论是佛像还是菩萨像，其面部加工都很细微，栩栩如生。这些造像中，有些身上不出现衣纹，仅用身躯现其丰满；有些则衣纹重叠，飘逸自然；有的饰品遍身，更显雍容华贵；有些仅用线刻，使其简洁明快。这些，均充分显示了当时雕刻技艺的丰富多彩，也充分证明了当时雕刻技法之精细，更为珍贵的是，这批造像大部分还保留彩绘和贴金。彩绘用朱砂、宝蓝、孔雀绿、赭石、黑色等天然矿物质色料。贴金主要在佛像皮肤裸露部分，另外，菩萨、供养人、飞天、火焰纹、龙体等也部分装饰贴金，其中有几件小型造像碑本尊的面部、胸部贴金完整地保存至今，实属少见。

此窖藏出土的这批造像，因掩埋前均被程度不同地砸毁，仅有部分造像保存大体完整，列举如下：

1.永安二年韩小华造像碑：高55厘米，宽51厘米，顶部为方形圆角，碑下为长条形基座，基座上左右刻"乐醜儿供养""韩小花（华）供养"，并各有一线刻跪姿供养人。供养人中为二尊护法狮子，二尊狮子中间为人托式转经轮浅线刻，造像为三尊像，均立于莲蕊之上，本尊螺形高髻，面相清瘦，袈裟下摆外侈，二胁侍头戴高冠，面相清瘦，长裙曳地，三尊头饰黑发，唇涂朱红，三尊像后有略向前倾的背光，使其与造像碑形成两层的三角形空间，此空间雕日、月天神，造像左侧有题记四行，"永安二年（529年）二月四日清信女韩小华／敬造弥勒佛一躯为亡夫乐醜儿雨／亡息佑兴回奴等后己身并息何虎愿／使过度恶世后生生尊贵世世侍佛"。此造像时代、造像人准确，保存完整。

2.天平三年智明造像碑：残高83厘米，宽66厘米，下有高17厘米的长条形基。造像为三尊像，均立于覆莲基座上，造像上部残，本尊宝衣博带袈裟，袈裟下摆多折且微外侈，胸、足部贴金，袈裟看朱砂红，背光、头光为朱红、赭石、深红、宝蓝、孔雀绿、金六色，头光外侧为忍冬花环；右胁侍面部已亡残，其头号部清瘦，冠带垂直肩部，宽博的披帛，左手执瓶，右手执莲蕊，裙下摆外侈；左胁侍与右胁侍基本相同；造像两侧彩绘僧侣像，僧侣像均面向三尊。在基座上有题记十五行："大魏天平／三年（536年）六月／三日张河／间寺尼智／明为亡父／

母亡兄弟／亡姊敬造／尊象一区／愿令亡者／托生净土／见在蒙福／又为一切／咸同斯庆／敦达郭明／侍佛日广。"此造像人时代、造像准确，且能修复。

3.北齐彩绘造像：残高112厘米，头、左手、足残。造像身无衣纹线条，而以躯体体现身材，为标准的北齐造像风格。造像袈裟彩绘精细，用朱砂绘出袈裟大体图案后，在大框之间精心绘出各种人物图画。胸上部12厘米×15厘米的方格内，用浅绿底色，上绘结迦趺坐的佛像。该佛像蓝发髻、赭石线条的头部、朱砂袈裟；右肩部5厘米×6厘米的地方，在朱砂底色上绘制三人，他们有的黑发上卷，均为深目高鼻，有较浓的黑胡须，穿对襟长衫，长衫分别为绿、蓝、黄色，脚穿长筒黑皮靴，其线条流畅，构图准确，人物形象逼真，为一件文物"极品"。

4.菩萨像：高1.36米，榫高28厘米。菩萨头戴透雕花冠，冠微残，冠中有一化佛（佛头残），该佛双手握佛珠一串。菩萨面相较丰满，眉清目秀，双耳垂肩（耳垂下部略残），颈佩连珠状圆形项链，链下饰一嘴含五个花蕊的兽头，兽头嘴两侧有连珠细链。极为精美的缨络从两肩垂至膝间，宽博的披帛饰于双肩后衬托缨络下垂膝间，与缨络同时交叉上卷至胁间用手握住后，再飘然下垂。宽博的裙带从胸间下垂至脚面，裙带上有浮雕立体佛像、忍冬花等图案，腰间两侧有连珠串饰垂于脚部。菩萨左手自然下垂握住披帛，右手半举（手残），赤足立于莲蕊上，莲蕊上有红、绿等彩绘。造像宽博的裙带、丰秀的面相等，为青州地区北齐时期的特征，故此件应为北齐的观音菩萨像。

5.坐姿造像：高1米，头残，花岗岩质地，造像颈部有圆弧状横线，乳肩和下腹部突出，着宝衣博带袈裟，博带结于心口部，左侧肩部有一精美的袈裟系带结，造像端坐于坛基上，袈裟从双腿和腿间自然下垂，呈现出水芙蓉式纹饰。造像左手置于大腿和坛基上，手心向下，双足踩双莲上。造像坛基两侧有扛托式力士，力士肌肉极为发达，面部呈用力状神态。从造像风格、力士及圆润刀法分析，此造像为唐代所刻。

根据这处窖藏提供的线索，我们请来山东省考古研究所钻探队。对窖藏周围地片进行普探。随着一个个探孔的打出和图纸上标出的数据及现象，一个寺院遗址的面貌完整地展现面前：在南北长200米、东西宽150米的范围，最南端有从东到西、宽30米的砖铺地面，应属于大门内的某种建筑遗迹；往北有南北向的三条轴线，中间和东侧的两条轴线由三座大殿组成，大殿基础有30×25（平方米）、30×12.5（平方米）和25×20（平方米）三种规模。西轴线则由东西宽20米、从北到南的大型僧舍根基组成，与中轴线之间还有部分较大的建筑基础，估算这处遗址的建筑面积近1万平方米。我们清理发掘的窖藏，就在中轴线北部大殿后7米处。从钻探出的结果分析，殿基有深有浅、有大有小，这应该是建造有早有晚的缘故。但奇怪的是，六座主殿前均无东西配殿，而目前中国现存寺院均有配殿。我跑到北京，请教宿白先生，宿白先生一听特别高兴，他说："没有配殿就对了，证明这个龙兴寺遗址是唐和唐以前的，中国的寺院北宋以后才出现配殿。"听完宿白先生的话，我非常激动，也为没带钻探图纸来给宿白先生看而内疚。

经过初步整理，我们即将此次抢救发掘龙兴寺窖藏佛教造像的情况上报国家文物局等主管部门。国家文物局张柏副局长等立即批示文物要上报中央领导。11月16日，也就是龙兴寺窖藏佛教造像出土后一个月，专家评鉴会在青州举行。专家们实地考察了龙兴寺遗址，观看了出土的造像以后，作出了如下的评价：龙兴寺窖藏出土的佛教造像数量之大，在我国佛教考古史上罕见；造像品种之多，在我国佛教考古史上罕见；造像雕刻技法之精，在我国佛教考古史上罕见；造像贴金彩绘保存之完好，在我国佛教考古史上罕见。应是我国1996年考古的重要发现。

根据《益都县图志》记载："龙兴寺在（青州）府城西北隅。寺中旧有宋碑，金人刻其阴曰：（南朝）宋元嘉二年（425年）但呼佛堂。该寺北齐武平四年（573年）赐额南阳。隋开皇元年（581年）改曰长乐，又曰道藏。则天天授二年（691年）改名大云。开元十八年（730年）始号龙兴。宋元以来，代为名刹。明洪武初拓地建齐藩，而寺址遂淹。"从此记载可以看出龙兴寺存在近千年。现在，龙兴寺遗址的发掘工作正在积极的准备阶段。相信该遗址的发掘，一定会有许多新资料和更多的珍贵文物出土。该窖藏佛教造像埋藏的年代和砸毁这批佛教造像的原因，从出土的造像和其他文物确定，窖藏埋于北宋末年宋徽宗以后，或金朝初年，但毁坏这批造像的原因，还在研究之中，现在还没有定论。我们相信，随着整理工作的不断深入，随着研究工作的不断加强，这一历史疑问一定能得到解决。这批出土的佛教造像和原有的驼山、云门山石窟佛教造像，以及新近论证的北朝青州山体巨佛，说明青州历史上曾经是齐鲁大地的一个佛教文化中心。所以，龙兴寺窖藏佛教造像的出土和龙兴寺遗址的发现，具有重要的意义，它不仅有助于我国佛教文化的研究，也将在我国古代雕塑、美术等研究领域起到重要作用。

（选自《考古发掘亲历记》，中国文史出版社出版）

明玉珍墓发掘及保护

吴德智

明玉珍，随州随县梅丘人（今湖北随县西南柳林乡古城畈）。自幼有大志，在乡人中威望颇高，常赖以依托。时至元末天下大乱，各路英雄纷起，以推翻元朝的暴力统治为己任。随州乡绅父老为保乡里，共推明玉珍为屯长，集乡兵千余于青山，修栅治寨共保乡里。1351年冬，徐寿辉致书明玉珍邀其共图大事，驱逐元人。明玉珍应邀参加徐寿辉部，屡建战功，官至奉国上将军统军都元帅。1358年徐寿辉令明玉珍率部入川平定西南。明玉珍入川后很快平定了西南。1363年明玉珍在重庆即皇帝位，国号大夏，年号天统。1366年病死重庆。葬于何地，不得而知。据史书记载，明人杨学可的《明氏实录》："葬江北永昌陵。"《明史·明玉珍传》说："葬玉珍江水之北，号永昌陵。"《巴县志》采用《明氏实录》的说法，未作任何说明。不知何故后来以讹传讹，认定明玉珍的永昌陵在江北凤居沱。

1982年3月30日，当时我在江北区文化馆工作，兼管文物工作（当时江北区无文物管理部门）。当天上午上班，邓馆长告诉我，重庆织布厂扩建工程施工中发现一古墓，有很多人在围观。我立即赶到现场。现场已由江北区公安分局治安科李科长及重织厂保卫科秦科长等人保护起来了。当时墓穴上封土层被打开，外椁盖板已露出，盖板被民工用钢钎掰烂了约一平方米的大洞，椁内的物品未被动过。我问李科长向市博报告没有，他们回答已报告。我告诉他们墓不能再动，等市博的同志来处

理。跟着我又与市博联系，市博回答他们的人已到江北来了。可等到中午尚不见市博的人到现场。为了不影响工程的施工进度，由在场的各方负责人共同商定，由我继续与市博联系，请他们派人来清理该墓。如下午3点后人还不到，就开棺清理。

下午我再到现场时，外椁盖板已被打开，椁内积有很多污水，水呈淡绿色，略有臭味（由于外椁盖板被掰烂，外界的污水流入）；内棺盖板上覆以一件青缎衮龙袍，圆领右衽，胸、背上绣有"衮龙"纹，它是古代帝王的礼服；其下有两幅织品，一幅为赤黄斜纹绫铭旌，长有2米左右，一端卷边缝成孔道，内有竹片残节数段，上端书"太祖"二字；一幅为淡黄云凤纹缎画幅，长有2米多，上画有"祥云捧日月"图案。打开内棺，棺内集有大约十厘米的液体，清澈透亮，略有一股香味，棺内平铺着一些丹黄色的丝织品，这些丝织品中有：淡黄缠枝花缎明被，上织缠枝莲纹，边镶丹黄缠枝花绫边，四角斜封，里为素色纱衬底，中有少许丝绵絮；丹黄云凤万宝纹锦缎被，幅面织云凤、万字、元宝、星斗等纹饰；丹黄勾连万字锦缎枕，织勾连底纹，内套万字几何图；丹黄缎褥四件，其形状像一个四周封闭的布袋，颜色、质地基本相同，表面为丹黄或淡黄花缎，里衬素色细纱绸、中实丝绵絮。并在明被下清出金杯一只，平沿外折，内弧壁，浅腹平底，外底刻有"连盘四两七钱半，元"等字样；银锭两枚，一大一小，均系铤形，首尾较宽，束腰，铤面稍粗糙，背面较为平整，有许多细小泡孔。金银器下有丹黄素缎衮龙袍和赤黄缎衮龙袍各一件，都是圆领右衽，胸背各绣有"衮龙"图案。淡黄云龙纹缎褶衣一件，交领大袖下施横栏，腰部收褶。丹黄素缎襦裙两件，上襦下裳，交领右衽，腰部褶。丹黄素缎蔽膝一件，面为丹黄素缎，里为绯色衬底、中实丝绵絮，细针密行，直领，前襟正面开衩、腰部后襟有收褶。见了这些出土物后，我对在场的几位负责人说，该墓不是平常的墓葬，可能与在重庆建立大夏国的元末农民起义军领袖明玉珍有关。墓必须等市博的人来清理发掘。已出土的文物由我和治安科李科长共同清理后，把它们锁在重织厂的消防室内。

我又与市博取得联系，请他们派人来看。下午4点多，市博的一位同志才到了现场（上午因他把地点搞错了，所以现在才来）。我带他看了出土现场和出土的文物后，提出了我的看法。他认为无此可能，一是墓制太小；二是出土文物太少，与一个帝王的身份不相称。然后由市博的同志组织继续发掘。将内棺起了出来。内棺用柏木制成，棺形口窄底宽，前大后小，棺口与盖板由子母榫扣合，四周另加铁钉固定，其余五面棺板衔接处用木楔暗榫拼合而成，置于椁内一个略大于棺底的矩形框架式棺座上。棺长266厘米，前宽86厘米，后宽24厘米，棺前高84厘米，后高70厘米。棺下边厢随葬有十多幅整幅的丝织品，大约是赤黄斜纹素缎袍料七段，幅阔58.5厘米，长度不一；青色软缎袍料六段，幅阔57厘米，长度不等；赤黄云纹缎袍料数段，幅阔53厘米。但从整个棺内的发掘中，未发现骨骸和冠、履、裤、袜等物。清理完后，在重织厂办公室召开了一个由市博、区公安分局、重织厂党政领导、施工单位负责人及我参加的关于如何处理该墓的意见会。在会上有的同志指出："小吴同志认为该墓与明玉珍有关，有此可能没有？"市博同志当场否定了：绝无此可能，该墓的形制和规模都不够一个帝王之陵。最后，由市博同志作出处理意见："1.该墓为一般明、清墓葬。现已清理完毕了，无保留的价值，工程施工可继续进行了。在施工中若有其他发现，请再报告。2.墓内出土的金银器暂由公安部门保管，其他出土物由重织厂和施工单位自行处理。"会后，我对重织厂保卫科秦科长和施工队队长说："请他们多注意一下该墓范围的施工，在施工中慢一点，不要把外椁打烂了（当时外椁尚未起出）。若有任何异常发现，请马上通知我。"

4月7日我接到重织厂秦科长的电话，说发现了一块墓碑。我立即赶到现场，见碑已起出，碑额上书"玄宫之碑"四字，篆书。其左右两侧各阴刻一盘龙。碑文二十四行，正文每行四十七字。全碑文共1004字，正书。上题：

大夏太祖钦文昭武皇帝玄宫碑

金紫光禄大夫太傅中书左丞相录军国重事臣戴寿填讳

金紫光禄大夫少傅中书右丞相录军国重事监修国史臣刘桢撰文书丹

荣禄大夫知枢密院事臣向大亨篆额

太祖随州随县梅丘人，姓明氏，御讳玉珍。为人英武有大志，不嗜声色货利，善射骑。元末天下大乱，英雄崛起，生民无所依赖。岁庚寅，淮人立徐主称皇帝于蕲阳，颁万寿历，建元治平，国号宋。明年，太祖仗剑从之，战功懋甚，越八年，官至奉国上将军统军都元帅。天启三年二月，宋主命平西。时西土劲敌暴横、群生涂炭。太祖既入蜀，军律严整，所至不独用武，惟以拯救为尚。远迩闻风，相继款附，如赤子之慕父母。其年定夔、万，四月抵渝。其城蜀根本也，故元攻入四十三年，因其内变而始附。太祖一鼓而下，擒参政哈林都，送之朝，泸州降，冬，克叙南，拜广西两江道宣慰使。明年六月，击亳人李仲贤于普州，败还成都。班师，拜陇蜀四川行省参政。值友谅谋为不轨，驱除异己，上表斥其罪状。已而，友谅遣刺客陈亨等潜谋图害，卒不得近。乘太祖征广安，亨杀员外鲍玉等七人而遁。明年春，李仲贤、王虎、郭成奔平元，数十万兵一朝解散。友谅又要致王爵，即封还其诏书；请皇太子监国，皆不报。拜骠骑卫士将军陇蜀行省左丞相。夏，擒李君诚于五面山、袭舒家寨，田成、傅德错愕败走。友谅使来，宋主崩弑外闻，乃斩使焚书，三军缟素，为宋主发丧，拊膺哀悼，殆不堪忍。冬十一月，进围九顶山，至明年夏四月，擒完者秃、赵成以归。平成都、大庆、潼川，克向寿福于铁鞕城。自是议讨友谅，移檄四方，会兵三峡。父老豪杰告留曰："生民无主，欲将何之？"峻辞固让者再四。诸将遂立誓推戴曰："臣等不肱王室，鬼神殛之。"始允众志，以其年十月望日即国王位于重庆之行邸，不易国号，不改元，谥宋主曰应天启运献武皇帝，庙号世宗，犹舜之宗尧也。逾月，平播南，克巴州，俘熊文弼于牛头寨，克长宁州。十一月，郊望。癸卯岁正月朔旦，受皇帝玺绶，国号大夏，改元天统，历日先天，礼乐刑政，纪纲法度，卓然有绪。立太庙、追谥显考郎曰钦宪，显考姚鲁氏曰衍庆；皇考子成曰庄惠，皇考姚郭氏曰恭懿；王考如海曰昭顺，王考姚朱氏曰慈宁；考学文曰宣武，姚赵氏曰贞淑；皆追王曰皇帝、皇后，祀以天子礼乐，与郊社并隆。仁孝诚敬，盖天性也。越明年，典后，立东宫。盖仁心爱人而人慕之，人心所归即天命所在，故四年而西土悉平。惜乎大统垂集，一旦疾革！传位皇太子，诏皇后同处分，俾维持以正大统，亦天下之大义也，可谓烈主矣。生于己巳九月九日，崩于丙年二月六日。谥曰钦文昭武皇帝，庙号太祖。寿三十八岁，在位六年。以九月初六日葬睿陵。爰命词臣述功德而碑刻之玄宫云。

大夏天统四年月日

中书省左丞臣孙天祐，右丞臣刘仁，参知政事臣江俨、徐汪，臣明从叡、明从哲，臣马文敬。

枢密院同知臣王元泰、朱辅，副使臣邓立、沈友才、刘铭、明从政、明从德，签院臣李聚、窦文秀、周景荣、田继坤立石。

看了碑文后，我问通知过市博没有。他们说在碑文现出五排文字时就通知了市博，市博那位同志来看了一下就走了。我马上又通知市博，墓碑已经出土，可以肯定为大夏国皇帝明玉珍的墓葬。市博接到通知后，几位同志马上赶来重织厂，看了出土现场和墓碑后。立刻又通知了市文化局和市博的领导来到重织厂。下午5点在重织厂保卫科召开了由市文化局局长、社文科科长、市博馆长、重织厂领导、区文化馆馆长及工作人员等参加的"明玉珍墓的抢救和处理工作会"。落实了发掘工作人员（由市博的工作人员组成，我也参加协助工作），研究制定了抢救方案。

4月8日至11日，由市博负责对明玉珍墓一面抢救回收已散失的出土

文物，一面按正规要求对该墓余存部分进行发掘。当时出土文物，除金杯、银锭由区公安分局保管起来外，丝织品已随着施工弃土倒入了除渣场，棺木由施工队收走（准备改做模板）。市博组派人员到渣场从数百吨的施工弃土中一点一点地翻找，终于基本完全地找回了那些被倒掉的丝织品。但找回的是一些破烂、碎片，市博又组织专业人员通过三个多月的紧张工作，基本完整地复原了青缎绣衮龙袍一件，黄缎绣衮龙袍三件，黄缎云龙纹褶衣一件，黄缎襦裙两件，黄绫铭绫一件，黄色八宝云龙纹菲衣一件，赤黄斜纹绫铭旌一件，黄缎缠枝花被一床，黄缎垫褥四床，黄绢曲柄伞一件，青、黄色缎袍料四匹。

同时，该墓余存部分的发掘也紧张进行着。明玉珍墓位于重庆江北区江北城洗布塘与重庆织布厂内，墓呈西北—东南向，南偏东41°，为长方形竖穴石坑墓，墓坑东西长5.4米，南北宽3.5米。坑之上部为泥沙石层，下部为原生沙岩层，岩质坚硬，因山势倾斜，墓坑岩石层呈前浅后深状，前壁高2米，后壁高3.2米。未发现墓道。墓坑内的填土，从下向上依次可分为九层，第一层为粗木炭层，厚约10厘米，用圆木炭棒平铺于墓底；第二层为三合土层，此层包裹着外椁的大部分，厚110厘米，紧密坚硬如石；第三层亦为三合土层，厚60厘米，石灰明显减少，沙和石比例大量增加，质地不如第二层坚硬；第四层为碎木炭层，厚5厘米；第五层为沙土卵石层，厚50厘米，以沙土拌卵石铺成；第六层与第四层相同；第七层与第五层相同，但厚仅20厘米；第八层与第一层相同；墓坑顶部第九层为五花土层，厚约50厘米。

挖开坑内仍填土，椁完全亮出。椁是用香榧木制成，木质耐腐蚀，出土后仍有香气。椁形口窄底宽，前大后小，椁口与盖板由子母榫扣合，四周另加铁钉固定，其余五面椁板衔接处用木楔暗榫拼合。左右墙板用整木制作，厚8—10—8厘米，外侧略呈内弧形，两端凿成凹槽，下端两边各有两个铁环，直径10厘米，供抬椁入土时系绳用。前后挡板揣入墙板的册槽内，墙板两头微出挡板外。底板平整，长284厘米，前端宽127厘米，后端宽110厘米。盖板微呈弧形，厚13厘米。椁前高135

厘米，后高115厘米。椁板表面髹饰朱砂红漆，盖板前端雕为花瓣形。在椁前36厘米处有一长方形石坑，坑深25厘米、长47厘米、宽41厘米，用以竖"玄宫之碑"。紧贴碑文一侧，有一护碑石与碑并立。"玄宫之碑"砂质，青色，用独石制石。通高145厘米、宽57厘米、厚23.5厘米。其下榫长21厘米、宽39厘米、厚23.5厘米。通过努力终于基本完整地收回了明玉珍墓的出土文物，使这目前唯一发现并发掘的农民起义军领袖的墓葬，较为完整地保存下来。

4月8日又在重织厂召开了"明玉珍墓葬处理工作会"。市府办公厅秘书长也参加了。在会上明确了发掘保护任务。确定了由市人民政府拨款20余万元，将重织厂现建设中的车间面积缩小，另选地址修建车间。后墓地保存下来，准备修建陈列馆。经过两年的准备工作后，于1984年开始至1987年在明玉珍墓后地上，修建了一座为仿古建筑的陈列馆。陈列馆占地200平方米，建筑面积为244平方米，红墙绿瓦，飞檐翘脊，总体布局按明清四合院布局。内陈列有明玉珍墓出土的文物及有关明玉珍的史料。为人们提供了一处探讨四川地方史和元末农民战争史，研究四川地区元代纺织工艺的发展和生产技术状况的场所。

明玉珍墓陈列馆修建在重织厂的厂区内，给前来参观的人们造成诸多的不便，致使参观的人数有减无增，没有很好地起到它的价值。近年，明玉珍在韩国的后裔到中国寻根访祖，找到了明玉珍墓。现在每年由韩国明氏宗亲会组织他们亲友到明玉珍陈列馆祭祖（一年两次），并与我区政府进行商务活动。明玉珍墓陈列馆环境氛围的问题，有望得以解决。

（选自《考古发掘亲历记》，中国文史出版社出版）

南京明故宫出土的时代遗物

萃霍华

南京古称金陵。南京是六朝时期的都城，东吴时称建业（邺），东晋时称建康。元代，南京为集庆路。元朝至正十五年（1355年），明代开国皇帝朱元璋率部打过长江，改集庆路为应天府，在此建立了号令东南的根据地。1368年，朱元璋称皇帝，年号洪武。这一年，他下诏书，大梁（现开封）为北京，应天府为南京，并在南京修建了明故宫。明故宫有皇宫和皇城两重城阙。皇城是洪武十年以后扩建的。

600多年过去了，20世纪60年代至今，南京明故宫遗址共出土了四批重要的时代遗物。

一、朱元璋令刘基择址修紫禁城

朱元璋在应天府先后称吴国公（1357年）和吴王（1367年）。他当时的宫殿先是借用城南富户王彩帛的府第，后搬至元代江南御史台衙门的旧址（在今内桥附近的王府园）。随着战势的发展，他感到全国政权即将在握，自己就要登上皇帝宝座，要慎重选择皇宫的地址。他把这个任务交给了刘基。

刘基，字伯温，比朱元璋大17岁，是北宋扬国公刘光世的后人，世代书香门第，幼时有"神童"之称。他14岁中秀才，16岁中举人，17岁到石门书院刻苦攻读，钻研经史诗赋医卜星历等当时中国的所有学问，尤其潜心于兵书的研习，是文武全才。22岁，考中进士。关于刘基超凡的记忆力，有这样一个传说：一天，刘基在一个书铺里发现一部从未见过的天文兵法书籍，征得老板同意，租借回寓所。经过一个不眠之夜，第二天，他将书还给老板时，老板问起刘基对这本书的见解，他引证背诵原文，侃侃而谈，老板十分惊讶佩服，并情愿将书奉送。刘基婉言道："感谢厚意，此书已在我心中了。"老板逢人就宣传他的奇遇，使刘基更带传奇色彩。1360年，在李善长（最早投奔朱元璋的文人）的引荐下，朱元璋礼聘刘基佐其大业。虽然日后朱元璋要置刘基于死地，但此创业用人之时，十分敬重刘基，从不直呼他的名字，而尊称其为"老先生"。

应天府，虎踞龙盘，自古以来多有王朝在此建都。堪舆风水家认为，历朝以来，宫阙皇城迁徙无常，城隍河沟开挖填塞不定，因此，地脉泄尽，王气难收。六朝一个个短命，原因皆出于此。但如果另寻新址做首都（当初，在建都问题上，朱元璋一度在大梁、凤阳、南京三处举棋不定），又舍不得这江南重镇的繁华之势。刘基考虑，如果在元代江南行御史台衙门的旧址上做新宫城，皇城夹在应天府中部，则显得宫阙矮、道路窄，且不符堪舆惯例。他曾在《披肝露胆经》中写道："有紫色如烟雾之象乃天降帝王之府。"（此府为百姓禁地，故又称"紫禁城"）刘基认为钟山南麓即为此象。所以，他建议将靠近西部长江的应天城向东扩展，延伸到钟山脚下，并填钟山之南的燕雀湖建新皇宫。由于该地为新址，故它承受完胎而无泄漏，可保王气。

明代建国前的13个月，即1366年12月17日，朱元璋自祭祀山川之神，建造皇宫的工程破土动工。传说，正殿基址选好后，朱元璋嫌前方地势不够开阔，便将桩子向后稍作移动，并问刘基："使得吗？"刘基无可奈何地一笑，说："也好，只是不免迁都。"宫城修好后，刘基陪朱元璋巡视，朱元璋见工程坚固，十分高兴，夸口道："这墙谁能越过？"刘基随口回答："除非燕子飞过。"这个传说，也许是燕王朱棣做皇帝后对自己所作所为的开脱，但也可从中看到当时人们对风水的

重视。

第二年（1367年），明故宫落成。明故宫的主体建筑群总分为外朝与内廷。最初的外朝由三大殿和二楼组成。它们是奉天殿、华盖殿、谨身殿和文楼、武楼。奉天殿，相当于北京故宫的太和殿，即民间所称的"金銮殿"，它的遗址在今中山东路午朝门公园对面的马路北侧。这里是皇帝进行政治活动的中心。其后为华盖殿，相当于现北京故宫的中和殿，这里是皇帝亲临太和殿举行大典之前的临时休息处，在此，皇帝接受内阁、内务府、礼部官员的跪拜行礼；再后是谨身殿，相当于北京故宫的保和殿，是殿试录取状元的地方。奉天殿的东面是文楼，西面是武楼。外朝的后面是内廷。内迁的前部是乾清宫，后部是坤宁宫，东西六宫按次序列于两宫之侧。皇城的城门，南门称午门，东门称东华门，西门称西华门，北门称玄武门。兴建之初的明故宫形制朴素，不见雕饰之物。

明故宫落成后数月，刘基为朱元璋选择了正月初四（戊申年，1368年），一个冬日雨雪后初晴的吉日作为朱元璋的登基日。这一天，朱元璋先往南郊的天坛祭拜天地，而后驾临奉天殿正式接受百官的朝贺，登上皇帝宝座，标志着元代的彻底灭亡。华夏民族的历史翻到大明洪武这一页。

二、20世纪60年代以来，明故宫有四批文物出土

永乐十八年，明代永乐皇帝朱棣迁址北京，南京作为留都，明故宫寂寞了300年。但在清代初年，咸丰年间和太平天国时期屡遭战火，至今只留下午门等几座城楼石桥及围绕皇宫的一段金水河。这段金水河作为现南京市城东的排水系统的一部分，发挥着作用，其余地上建筑皆如黄鹤西去，杳无踪迹。人们在中山东路明故宫公共汽车站南侧，午朝门北侧的明故宫公园内看见的石柱础、雕龙石照壁、石花盆等遗物，是从原奉天殿前移来此处的。20世纪60年代后，明故宫遗址共有四次较重要

的地下文物出土。

1. 1964年春的第一次出土

1964年初春的一天上午，南京博物院古陶瓷专家张浦先生路过明故宫，看见从环绕明故宫皇宫围墙的金水河西侧（又称西玉带河）中挖上来许多淤泥，里面还夹杂着许多明代瓷片。一打听，才知道此处正在拓宽浚深河道，以疏通城东排水系统。南京博物院立即组织了这段河床淤泥中瓷片的采集、整理工作。在位于黄浦路东侧的玉河机器厂内的河床淤泥中（距地表下深1.4—1.7米）发现了大量的明代残瓷，其中大部分是景德镇青花瓷餐具残片，不少碗盘在出土时，叠置得十分规整。年代从元末明初开始，一直到晚明崇祯，几乎代代皆有，其中成化以前较多，质量较高，有许多官窑瓷。已故古陶瓷老专家王志敏先生通过对这批残瓷的研究，获得了四点重要认识。

首先，认清了洪武瓷的真面目。在此之前，人们不认识洪武瓷，将其中粗笨之类上推至元代，精细之列下降到永乐、宣德。王先生经过对残片的排比研究指出，圈足平切，外斜削一刀，底部刷胎浆水，泛红色是洪武瓷的重要特征。出土的白地红彩龙纹残盘，高3.5厘米，复原口径15.6厘米、足径9厘米，内心排列三朵品字云，盘壁内外各绘两条相重叠的行龙，圈足平切，底部刷胎浆水，泛红色。至今未见洪武瓷中有同类品种完整器传世，残器也仅此一件。

在采集到大量明代瓷片的同时，挖河工人吴贵钦还在距老河岸5米、距地表3米深的淤泥中挖出一颗银印。它的表面覆盖着一层泥炭，所以保存完好，颜色簇新。吴贵钦同另一位挖河工人顾金宝商量后，都认为这是一件重要文物，应当捐献给国家。他们于1964年1月14日将银印捐献给南京博物院保存。

《明史》"官职制"中规定，武将受命出征，称为挂印将军，出征时，授予银印，并规定银印方3寸3分，厚9分，柳叶篆纹，虎钮。出土的这颗银印按明代进行规定的百官信印制度铸成。银印重3.2千克，

印面方10.4厘米，通高7.5厘米，匍匐状虎钮，印面柳叶篆阳文刻"荡寇将军印"两行5字，印台左侧刻"崇字八百柒拾号"一行7字，台面右边刻"荡寇将军印"一行5字，左边刻"礼部造"和"崇祯拾陆年拾月口字"两行共11字，边跃均为阴刻正书。明代百官的信印皆用直钮，唯独将军印用虎钮，以示威武。印文用柳叶篆，也称风字篆，据说是取兵贵神速之意。

2. 1985年夏的第二次出土

明故宫遗物的第二次出土是在1985年夏天。当时，城建部门在原奉天殿以东的文楼处动土，拓建马路（现明故宫会堂前）。在距地表1.6米深的土层中出土了大批永乐时期的甜白釉瓷片，还有少量洪武、永乐时期的米黄釉、翠青釉、豆青釉、蓝釉、黄釉和磁州窑白地黑花彩瓷残片。这批瓷片破碎程度比较厉害，而且部分瓷片上还留有火烧痕迹，很可能是清初、咸丰及后来的战火所致。

这批永乐时期的甜白釉瓷片，有玉壶春瓶、僧帽壶、盂、高足靶杯、深腹碗、折腰盘、爵等造型。少数瓷片胎薄如纸，仅1—2毫米厚，内壁上有模印或镌刻的龙凤纹，十分精巧。这样薄的完整器绝少流传至今。清代人蓝浦在《景德镇陶录》中写道："脱胎器薄，起于永窑。"意思是说，从明永乐年间开始，有很薄的脱胎器。脱胎器的制作工艺是，器物做好坯后，先在一面上釉，然后在不上釉的那一面刮去胎子，再上釉，器物基本由两层釉相叠而成。可能是胎子太薄、极难保存的原因，永乐脱胎器未见完整器。

3. 1989年秋的第三次出土

明故宫遗址地下遗物的第三次出土是在1989年秋。当时，城建部门在原明故宫内宫西掖门围墙外（今午朝门西侧马路）挖地下水管道，在距地表1.6米深处出土了八件洪武时期的釉里红龙、凤纹瓦当、滴水、白瓷筒瓦。釉里红是元代后期景德镇制瓷工匠新创的一种以铜作着色剂的釉下彩瓷。传说朱元璋出生时，他父亲到河中汲水洗儿，忽然，水中飘来一段红，也许是这个原因，这位"红儿"长大做了皇帝以后，特别喜欢红色的瓷器，因此釉里红瓷在洪武时期得到较大的发展，是当朝瓷器的精品之一。但是，用铜红釉瓷做建筑构件，在中国建筑史上是极少见的。虽然这批瓦当、滴水是灰渣胎，质地较粗，烧成温度不超过1200℃，瓷化程度不高，但是同样的残件也只是凤阳中都遗址有出土，说明其在当时是十分珍贵的。瓦当、滴水是中国古代建筑屋顶上用的构件。屋顶上，筒瓦和板（底）瓦一仰一俯，串排成列，最外一块的缘面下折。板（底）瓦排列，形成一道道的沟槽，以顺雨水，所以板（底）瓦最外端的一块称滴水，下折面形似如意头，筒瓦最外端一块称瓦当（明清两代称为勾头），下折面为圆形。这种釉里红滴水、瓦当的产地是景德镇。

4. 1995年秋的第五次出土

1995年金秋十月，江苏省金大地房地产开发公司和玉河机械厂在黄浦路东侧（原玉河机械厂内）联合修建黄浦广场。基建工程中，挖地基打桩时，在位于西玉带河80米处，一个桩子打下去，感觉是空的，经查看，此处原来是一口直径约3米的大井，开发公司组织人力掏清了水井，重新填入石块，灌水泥浆加固。从井中出土了红釉"赏赐"铭白釉梅瓶（颈部已残），白釉瓷酒盏，白釉瓷爵，黑釉琉璃瓦当，白釉瓷筒瓦，陶合角吻（一种瑞兽形的建筑构件），龙纹、凤纹陶瓦当、滴水，银质涂金盖，石日晷残件和井栏、井台垫石，还有两根3米多长的木柱，已朽。

井用楔形灰砖砌成，深11米，最下是一层木板。井栏、井台垫石运至南京博物院复原，供游人观赏。井栏、井台垫石各八块。形成八角形井台，井圈内口沿有很深的绳子拉出的沟漕，是当年的使用痕迹。

红釉"赏赐"铭白釉梅瓶，残高34厘米、残颈5厘米、底径10.5厘米，是元末明初（朱元璋建国前后十年之间）的遗物。《明实物》中多

次记载，创业时期，开国元勋们每次南征北战凯旋时，朱元璋都要赏赐他们。洪武元年正月，朱元璋曾在奉天殿大宴群臣。这件"赏赐"铭梅瓶是特别烧制的赏赐品——盛满酒的酒瓶，应是一对（另还有一块"赏赐"铭残片同时出土），以酒犒劳豪气勃勃的武士，最好不过了。

出土的瓷爵，高9.7厘米、口纵15.4厘米、最阔7厘米，酒盏，高5.7厘米、口径11厘米左右。祭祀时，皇帝用瓷爵祭拜、饮酒，大臣们用酒盏饮酒。洪武元年二月和三月，朱元璋分别祭太庙和社稷坛，祭祀的程序是：皇帝先到盥洗位，涤爵、拭爵，将爵授予执事官；然后皇帝再到放酒樽的地方，将爵授予执事官；最后皇帝到饮福（酒）的位置，跪拜，执事官将爵内斟满酒，跪姿上前捧于皇帝，皇帝接过盛满酒的爵，祭酒、饮酒。饮毕，将爵至于爵托上。这时，执事官捧着祭祀的肉跪进，皇帝接过肉，并接它分给左右的臣子。大臣们接着吃肉饮酒。明初皇帝祭祀有大祀、中祀、小祀之分，每次都按这样的程序祭拜，直至洪武七年"礼部奏其烦，悉删去"。

使人感到不解的是，从淤泥中出土的瓷爵、瓷盏，有一些是完整器，应是特意放置于井中的。为什么这样做，只能是千古之谜了。

20世纪以来，在明故宫范围，不断有零星的琉璃瓦当、滴水出土。但对陶质建筑构件，人们往往不屑一顾，所以收集甚少。然而，在明故宫建成之初，外朝、内廷都是用陶建筑物件建成。

元至正二十六年（1366年）十二月，当臣下捧着宫室图送给朱元璋审批时，图上所有雕琢绮丽的地方都被朱元璋勾去。他对中书省下令道："宫室取其完备就可以了，不必十分雕琢。以前，尧用茅草、芦苇和不经推刨加工的树干盖自己的宫室，可以说是十分简陋了，但是在千百年来被推为盛德的人中，尧为首位。"足见朱元璋创业之时的谨慎节俭。当时，在朱元璋看来"国之所重，莫先社稷"。洪武元年前一年，修天坛、地坛、社稷坛、太庙时，不仅用了琉璃构件而且十分考究。社稷坛所用的琉璃砖，东面用青色，西面用白色，南面用赤色，北面用黑色，以符合阴阳五行中色彩与方向的匹配。

明故宫基本建成后，修缮与改建工作从未停过，在洪武十年、二十五年有两次大的改建、扩建工程，陶建筑构件逐渐被琉璃代替。洪武二十六年，在南京聚宝山设置琉璃窑，专门为明故宫烧制琉璃建筑构件。

这次出土的陶建筑构件的形制与琉璃的形制完全相同。比如，两件合角吻，对称的夹角成120°，应用于六角亭上。它与建于永乐十八年的北京明故宫太庙（今劳动人民文化宫）内井亭上的琉璃合角吻的形制基本一致，仅质地不同。梁思成先生所著《清式营造则例》，虽名为清式，实际上清承明制。明故宫出土的合角吻的形制与书中"琉璃瓦各件分图"中所绘的合角吻基本一致。合角吻用于"庑殿琉璃作"——亭台（而不是大殿）的屋脊上。清代合角吻二方合为一体，而明代是两方分置，角度相对。此合角吻出于井的淤泥之中，同时有木柱出土，它们极可能是井亭的建筑构件。其他陶建筑构件的情况，与合角吻相类似。

出土的石日晷，是赤道式日晷，虽然仅存3/5，但仍可复原。复原后直径37厘米。日晷中心有一个直径为5毫米的小圆孔，用来插针。它的正、反面都刻有相同的纹饰。中心是天池；第二层刻四维八干，依次为甲、乙、巽、丙、丁、坤、庚、辛、乾、壬、癸、艮；第三层是十二地支，依次为子、丑、寅、卯、辰、巳、午、未、申、酉、戌、亥；第四层刻12组初正；第五层是刻度，将圆周分为100等份。日晷的下部有新月形托，托上刻如意云，其反面有一豁口，为日晷的支撑面。《明实录》第二十五卷记载："洪武元年正月，在各处水马站设递铺，以递运所急。""每铺设十二时日晷，以验时刻。""递送公文，依古法一昼夜通一百刻，每刻行一铺，昼夜行三百里。凡遇公文至铺，随即递送，无分昼夜。"但是，这种一百刻的日晷以前从未有实物面世。

关于赤道式日晷最早的记载，见于宋人敏行的《独醒杂志》，所记的日晷是木质的。《明史·志》明确规定，晷为五种定时方法之一；它的制作和使用方法是，把圆石磨成平面，倾斜置放于高台之上，倾斜度由子午线校定，春分以后看正面的针影，秋分以后看背面的针影。永乐

十八年迁都北京后，由于北京、南京的子午线不同，置放日晷的倾斜度亦应不同。所以南京官府内计时器"皆南京旧式，不可用"，皇帝有旨，另做。

现北京太和殿（明代奉天殿）前的日晷，是明代之物。它外周的刻度是96格，每格表示15分钟，已与西方记时法相吻合。西洋记时法传入我国，与传教士有关，应在16世纪；且太和殿在迁都的第二年（永乐十九年）和万历年间都曾遭火灾，宫殿曾化为灰烬，鉴于这两点，现在太和殿前的日晷应是明代中晚期所置。有钟表后，它已不具计时功能，而是与置放在大殿平台另一侧的"嘉量"一起，作为"天地公正"的象征。明故宫出土的日晷，每一小格表示13.9分钟，正是依古法，一昼夜通一百刻的写照。

明代的日晷，包括现太和殿前的日晷，第二、第三两层合称为二十四山，它是风水术中的重要概念，主要用来测定方位，在历代的地盘、罗盘中占着重要的一层或两层的位置。最早的二十四山见于汉代的漆式盘的地盘上。巽、坤、乾、艮是四维，分别表示东南、西南、西北、东北四隅；甲、乙、丙、丁、庚、辛、壬、癸八干分别铺于四维两侧，十天干中的戊、己不列于其中，暗列于中央的天池，属土。十二地支中，根据阴阳五行，卯位藏八卦（后天八卦）中的震卦，示东方，属木；午位藏离卦，示南方，属火；酉位藏兑卦，示西方，属金；子位藏坎卦，示北方，属水，刘基曾有"金木火属阳，土水二阴曜"的歌诀。十二地支还对应二十四节气，以八卦次序定方位，说明四时冷暖阴阳的消长周流。二十四节气与西元的十二月份相对固定，这是华夏古老文化与西方文化的惊人相似之处。将明故宫出土的日晷与北京故宫太和殿前及养心殿前、宁寿全宫的日晷对比（上面已不见二十四山），再结合文献可以看出，太和殿前日晷是明都北移后承南京明故宫日晷而制；清代宫廷日晷的形制都源于明初宫廷日晷。明故宫出土的这件日晷是刘基通晓天文、术数、八卦、阴阳五行，辅佐朱元璋立国的旁证。

根据江苏省政府的规划，明故宫遗址上将盖起现代化的大剧院。在此之前，将由南京博物院组织对明故宫遗址的发掘。我们期待着发掘工作顺利进展，完满成功。到那时，这座600多年前的宏伟古建筑群将揭开它神秘的面纱。

1997年5月于钟山南麓

（选自《考古发掘亲历记》，中国文史出版社出版）

定陵发掘简记

赵其昌

一、缘起

1955年秋，北京市副市长、历史学家吴晗，邀请了郭沫若（中国科学院院长）、沈雁冰（文化部部长）、邓拓（《人民日报》社长兼总编辑）、范文澜（中国科学院中国近代史研究所所长）、张苏（全国人大常委会副秘书长）联名上书政务院，请求发掘明十三陵中埋葬永乐皇帝的长陵。目的是发掘完成之后，利用出土文物，就地建立博物馆，促进历史研究，并为北京开辟一个新型的文化场所，向广大群众传播历史知识，进行历史唯物主义与爱国主义教育。这一请求，很快得到周总理批准，遂组织长陵发掘委员会，领导发掘工作。委员人选，除原发起人外，又增聘文化部副部长兼文物局局长郑振铎、北京市副市长王昆仑、中国科学院考古研究所副所长夏鼐等人。委员会下设工作队，由北京市文物调查研究组与中科院考古所联合组成。队长赵其昌（北京市文物组），副队长白万玉（考古所），队员有刘精义、李树兴、冼自强、曹国鉴、王杰、庞中威、时桂山等。从调查到发掘全部工作在夏鼐指导下进行。

二、调查与发掘

明十三陵在北京北面原昌平县境内，因埋葬从永乐到崇祯十三个皇帝而得名。在对十三陵调查之后，工作队提出意见，认为长陵是主陵，应该选点试掘，积累经验，再掘长陵，避免失误。试点有两处可供选择：（一）献陵葬洪熙朱高炽，陵墓规模小，距长陵埋葬时间近、地域近，发掘献陵后再掘长陵借鉴意义大，且工作方便。（二）埋葬万历皇帝的定陵规模大，但线索明确，工作比较有把握，对利用地下建筑、出土文物建成博物馆与长陵做对比研究更有意义。长陵发掘委员会经过反复考虑，认为试掘可行，并选择定陵作为试掘对象。经上报批准，于1954年5月开始试掘。

定陵埋葬的是明代第十三帝朱翊钧，年号万历，在位48年，祔葬孝端皇后王氏与孝靖皇后王氏。陵墓为生前预建，规模较大。陵墓在大峪山下，坐西朝东，陵墓建筑自前而后依次是祾恩门、祾恩殿、棂星门、石五供、明楼、宝城。明楼建在宝城之上，宝城为圆形，内堆满封土，封土之下为地下玄宫，是帝后埋葬尸骨的寝宫。

试掘定陵，是中华人民共和国成立后首次主动有计划地用复学的考古方法发掘的帝王陵陵墓，虽称试掘，其发掘的方式与原则并无二致，即不仅要完整地发掘出地下建筑和随葬器物等，还必须令一切可能发现、保存、记录一切与埋葬有关各种现象、痕迹，以为历史研究之根据和建立博物馆之需。因此，追循原来埋葬之道路进入地下寝宫，便成为最理想的方式。

在调查期间，发现定陵宝城外侧东南方，有一点二次砌过的痕迹，宝城内侧石条上，又浅刻有"隧道门"三字，可以认定，此处应是当年帝后入葬时进入玄宫之起点，发掘工作便由此开始。首先发现了"砖隧道"，数月之后，又发现了刻字石碑，文字是"此石至金刚墙前皮十六丈深三丈五尺"。这应是昔日工部匠作为工作方便预留的记号，为今日

发掘提供了方便，为进入地下提供了明确的方向、丈尺。工作进展顺利，很快发现了斜坡下的"石隧道"，并在隧道尽头发现了金刚墙。金刚墙实际是一座高大厚实的砖砌大墙，墙上有一道上窄下宽的门，门是用砖封砌结实的。发掘至此，整整用了一年时间。

三、地下玄宫

打开金刚墙的封门砌砖，便进入"隧道券"，这是玄宫的前导建筑，是一个方形室，长宽各7.9米，南北两壁砖石墙起券，由地面至券顶7.3米。隧道券的东壁接金刚墙，西壁便是玄宫的第一道石门，入门便是玄宫前殿。

玄宫第一道门的两扇石门，是整块汉白玉做成，洁白光润，上有乳状门钉纵横各9排，共81枚，两门相对处有铺首衔环，门楼从墙基至顶，全部为汉白玉垒砌雕作的檐枋走兽，也全部依照木作。曾传说石门内设有各种"暗道机关"，足以致人死命，对此考古队也曾做了认真考虑与仔细调查，发现顶在门后的是一条上下略宽中间稍窄的顶门石条，由里面将门顶住，仅此而已，并无任何可疑之处。于是针对顶门石的形状、作用，设计了一个用铁条制成的弯形套环，由门缝中伸入，顶门石套住，然后慢慢地将它推起、立直，这座幽闭了300多年的地下玄宫的两扇巨大石门带着"嗡嗡"的金石之声被打开了。这种套住顶门石的工具，在文献中曾有记载：明朝末年，李自成的农民起义军打进北京时，崇祯皇帝吊死煤山，人们为埋葬这位亡国之君，曾打开比他先死的田贵妃的地宫石门，用的是"拐钉钥匙"。虽然我们已无法知道它的形状，但推开顶门石的作用是一样的。这种弯形套环，也可以称为"拐钉钥匙"了。这种顶门石有墨笔字写着"玄宫七座门自来石俱未验"，原来顶门石本名"自来石"，这自然是由于地宫封门时把它斜立置于石门内侧，随着石门的逐渐关闭它就最终把石门顶住，因它能自动顶门而得名了。

第一道石门推开之后，便进入地下玄宫。玄宫是全部用石头砌成的石室殿堂，共五座。前、中、后三殿，门楼、石门结构形式一样，左、右配殿有石门无门楼。五殿全部石材起券，无梁柱。前殿为长方形石室，东西长20米，宽6米，高7.2米。地面铺方形澄浆砖，砖上面铺有很厚的黄松木板，已腐朽，有车辙痕迹，当是用车（所谓龙）拽运棺椁入葬时防止轧坏地面而设置。中殿也是长方形石室，长32米，高宽与前殿同。殿内放置石制供案，琉璃五供和长明灯（青泥瓷缸，内放油脂，点燃），两侧有券洞洞甬道通向左中配殿。后殿是玄宫的主要建筑，皇帝和皇后的棺椁放在后殿。所以比前、中蓼更为高大。它横于中殿西端，南北长30.1米，东西宽9.1米，地面至券顶高9.5米，地面铺花斑石，细腻、光滑、磨制平整。玄宫联通隧道券，前后通长87.34米，左右横跨47.28米，总面积1195平方米，五室连为一体，全部砌石起券。这一石构的再现，为研究明代帝王陵墓的地下建筑布局形式提供了实物，同时，作为独特的历史文物遗产，得以完整地再现，更属难能可贵。

四、帝后棺椁及随葬品

玄宫后殿西侧设棺床，上置朱漆棺椁三具，内棺外椁。万历皇帝居中，左为孝端皇后王氏，右为孝靖皇后王氏。万历与孝端棺木完好，椁已腐朽，孝靖以先死，葬于别处，又经迁葬祔来，所以棺椁都腐朽。

万历帝棺内最上层覆盖织锦被，被下放置折叠的袍服及织锦匹料。尸体放置在一条锦褥上，褥下有垫褥、毡褥共9层，其中一件褥上缝缀着"吉祥如意"金钱17枚。万历身着刺绣衮服，腰系玉带，头戴乌纱翼善冠，下穿黄素缎裤，足穿红素缎高筒靴。尸体前后放置金玉器物，两侧放丝织匹料、金银锭，最下层放成卷的织绵匹料和袍服。

孝端皇后棺内最上层盖有缎被，被下放置折叠的衣服、金锭和涞器等。尸体放在一条织金缎被上，下有垫褥4层，其中一件褥上缀有"消灾延寿"金钱100枚。孝端皇后头戴黑纱尖形棕帽，上插金簪、金钗，

上身着绣龙方补黄绸夹衣，下穿黄色缠枝莲花缎夹裤，腰系绣云龙纹长裙，足蹬黄缎鞋。

孝靖皇后棺内尸体铺盖和衣着情况与孝端皇后大体相同。头部有首饰两副，戴在头上的一副是死时戴的，头侧的一副是陪葬的。尸体下铺垫褥11层，褥下放置连串纸钱与"万历通宝"铜钱。尸体两侧随葬有银罐、盘、盆、盂、皂盒等。

帝后随葬品除棺内放置大量的袍服、服饰、匹料、金银器、玉瓷器、珠宝首饰等外，棺椁之间还放置有青花瓷瓶、三彩瓷炉及玉料。棺椁顶部还放明器木制仪仗模型及铭旌。棺椁以南此两侧棺床上放随葬箱子29只，内装金银器、金冠、玉带、佩饰、铜锣明器、武器谥册、谥宝、木俑等物。

五、部分出土遗物

定陵出土各类遗物近3000件，不少珍品为首见，其特点是具有浓厚的宫廷色彩，富丽豪华，工艺精美。这些遗物，对研究明代史实、探讨帝后丧葬制度提供了极为丰富的实物资料。金银玉等器不论，仅举丝织品为例。

定陵出土的丝织品在出土文物中占很大比例，各种袍服、匹料及服饰用品共计600余件，多为各种质地的提花织物，少数为平素的绫、绸、纱、罗、绢。内中匹料和龙袍料共计177匹，很多是成卷保存，中间贴有白棉纸制"腰封"，上下印有栏框，框内印云龙图案，再墨书匹料颜色、纹饰、质地、用途、长度，有的记录织品名称、产地、织造年月及各类匠作姓名、主营人员、监制官员等。

丝织匹料中，以五彩缤纷的"妆花"最具特点，计有妆花缎、妆花纱、妆花罗、妆花绸等。"妆花"是在传统的织锦基础上吸收了缂丝的通经断纬技术，采用局部挖花盘织的织造方法而形成的织品，为明代丝织工艺的新品种。妆花织品的图案丰富多彩，以云龙、云凤为主，成为帝后权力和威严的象征。龙的纹样有过肩龙、团龙、升龙、降龙、行龙等，龙上行云缭绕，下有海水波澜，气势磅礴。凤纹又多与花卉纹相伴，表现凤的雍容华贵。纹样取材除器用外，大自然的动植物的形态、果实、花卉也常出现在织品纹样中。动物方面有鹿、羊、仙鹤、蜂、蝶、蝙蝠、鱼、虫等，或取谐音寓意，或象征福寿吉祥，如用戟、磬和双鱼组成"吉庆有余"图案；用蝙蝠和寿字组成"福寿"图案；用四只海螺和五个葫芦组成"五湖四海"；江崖与卍字系带组成"万代江山"；等等。其他还有仙道宝物组成的图案，如八吉祥纹样（法螺、宝伞、天盖、莲花、宝罐、双鱼、盘长）；八宝纹样（珊瑚、犀角、金银、银锭、方胜、古钱、宝珠、如意头）等；有的则直接用吉语文字组成图案，如"喜"字、"寿"字、"万寿""百事如意""万事大吉""洪福齐天"等，各种纹饰又无不显示着皇室的特点与帝后生前的愿望。

帝后棺椁内还有皇帝大典时穿的衮服、裳、蔽膝；上朝时穿着的龙袍以及作为帝服用的绛纱袍、大袖道袍，又有皇帝穿的单、夹、棉各式上衣与裙、裤、鞋、袜等，花色品种十分丰富。

定陵出土遗物中，帝后所戴的帽子一应俱全。既有大典时皇帝戴的冕冠，皇后戴的凤冠，和视朝、降诏、降香、进表、四夷朝贡、朝觐时皇帝戴用的皮弁，又有皇帝着常服时戴用的翼善冠。这是目前全国仅见的实物，十分珍贵。

六、编写发掘报告

定陵的发掘工作，从1956年5月开始至1958年7月基本结束，历时两年又两个月。地下宫殿略作整修，建为"定陵博物馆"，于1959年国庆正式开放。

在一般人眼中发掘完工，又建为博物馆，工作算是完成了，其实，发掘工作只是把地宫打开了，文物出土了，作为考古工程的常规，这只

是完成了工作的一半，而整理、修复文物，把全部发掘过程、出土文物以及相关问题编写成为报告书，公之于世，才算最后完成。可惜，这关键性的后一半工作却拖下来了，而且一拖就是20多年。迟至20世纪70年代后期，中国社会科学院把整理定陵出土文物、编写发掘报告列入"社科六五规划"项目，1979年年底，以赵其昌（首都博物馆）、王岩（社科院考古所）为首的定陵发掘报告编写组进驻定陵整理文物编写报告时，20多年的岁月，不少文物已经面目全非了。棺椁毁于定陵建馆之初，帝后尸骨、头发、牙齿毁于"文化大革命"，原始资料有散失，照片底版有霉污，特别是那些囊括了中华精品的帝后服饰、织品等，几经翻动，残损更甚了，所幸几大册发掘工作的原始记录保存完整。

定陵出土器物品类繁多，增加了整理、修复工作的复杂性。金石陶瓷、珠金翠玉比较容易处理，只是分析化验、鉴定等项；而钢铁涞木器，则要修整复原、组合，此项工作，几乎动员了考古所技术室全体人员参与达两年之久。中国素以"丝绸之国"饮誉世界，明代是其高峰，而且珍品近乎绝迹，绝技几于失传。这些几百年前的宫廷珍品，就必须作为重点，整理、保护。腐朽的已无法恢复，残损的必须做破坏性的取样、分析、研究，如追踪颜色、染料，分析其结构，鉴定纹饰、品种，以取得原始资料。这不仅是对它作出准确的历史评价，而且具有"推陈出新"使失传绝技再生的现实意义。为此，又延聘了南京、苏州、上海、北京丝织品研究机构的专家共同工作，用多种手段进行探索。从1980年至1985年，用了五年的时间，出土文物的分析、整理、修复工作，连同地上建筑、地下宫殿的测绘、拍照等，获取了全部有关资料并建立了完整档案，发掘报告的编制工作也同时完成了。至此，定陵考古工作的后半部工作也全部告竣。

定陵发掘报告，取名《定陵》，于1985年脱稿，总计文字65万言。内容包括陵园建筑、历史概况、发掘缘起和过程、地宫结构、帝后葬式、出土文物等，各种纹饰图样墨线图、照片近400幅，附录专题12项。1990年，《定陵》由北京文物出版社出版，另有姊妹篇《定陵掇英》同时出版。

1993年秋，中国社科院评奖，《定陵》获考古学发掘研究优秀成果奖，1995年又获"夏鼐考古学基金会"考古学研究成果奖。

1997 年 6 月

（选自《考古发掘亲历记》，中国文史出版社出版）

水下考古漫忆

栗建安

一

20世纪80年代中期，一艘美国船在南中国海上徘徊了两年，暗中在打捞一只中国古代沉船。他们从沉船上捞到一大批珍贵的中国青花瓷器，并在欧洲拍卖，一时举世轰动。这一事件立即引起我国政府和文物界的极大关注，一些著名考古学家呼吁必须尽快建立中国的水下考古学，开展水下考古工作，以填补我国在这一学科领域的空白。

如同田野考古学是研究保存于地面和埋藏于地下的人类历史文化遗存一样，水下考古学的研究对象是现存于水下的人类历史文化遗存。具体地说，这类遗存可分为两类，一类是古代人类在江河、湖泊、海洋从事生产、生活等活动遗留下来的遗迹、遗物（如沉船），一类则是由于自然或人工的原因（如海洋洋面变迁、地震或修建水库等）而沉入水中的原在陆地上的古码头、古窑址等的遗迹。由于工作环境特殊，从事水下活动必须依赖专门的装备和技术。这些装备和技术中，最重要的是自携式水下呼吸器。它是1947年由法国人发明的，而将其应用于水下遗存的考古调查、发掘和研究，则是从20世纪60年代开始的。目前水下考古较先进的国家有美国、日本、英国、荷兰、瑞典、法国、澳大利亚等。

1986年，我国政府决定发展水下考古事业，确定由国家文物局牵头，成立了有国家科委、交通部、国家海洋局、外交部、总参、海军、中国社科院考古所、北京大学考古学系等部门和单位参加的中国水下考古协调小组。协调小组委托中国历史博物馆承担筹建和开展水下考古的具体业务工作。为此，中国历史博物馆专门设立了中国水下考古学研究室。国家文物局派出人员到荷、美、日等国学习水下考古，并请外国专家来中国交流和指导。我国有辽阔的海域，古代造船、航海技术堪称发达，海外贸易繁荣，因此，水下的历史遗存必很丰富，水下考古的工作量亦必然很大，而这单靠少数几个人去做是不行的，需要有一批专业人员组成专门的队伍来从事此项事业。当时，我国尚无能力自行培养水下考古专业人员。为此，中国历史博物馆与澳大利亚阿德莱德大学东南亚陶瓷研究中心于1989年年初签订了培训中国水下考古专业人员的协定。经过半年多的筹备，1989年9月，中、澳在青岛联合举办首届"水下考古专业人员培训班"。培训班有学员11人，来自全国各地，他们是：刘本安、李滨、田丰（中国历史博物馆）、崔勇、刘大强（广东省文物考古研究所）和彭全民（深圳市博物馆）、李珍（广西博物馆）、邱玉胜（青岛文物局）、吴春明（厦门大学人类学系）、林果（福州市考古队）、栗建安（福建省博物馆）。中国历史博物馆馆长俞伟超先生任班主任，澳大利亚彼得·伯恩斯博士（阿德莱德大学东南亚陶瓷研究中心主任）为副主任，张威（历史博物馆水下考古学研究室主任）、杨林（国家文物局文物二处副处长）具体负责班上事务。澳大利亚著名的水下考古学家吉米·格林先生（西澳大利亚海洋博物馆考古部主任）参加制订培训计划。澳方派潜水教练卡瑞恩女士、潜水医生大卫·米勒、教师保罗·克拉克等分别讲授潜水技术、潜水医学、水下考古学理论和方法等课程。按照原定计划，整个培训课程分为理论、技能培训和实习两部分。在培训接近尾声时，实习的地点尚未确定，因选择一个适于水下考古实习的地点并非易事，因它必须既是水下遗址的所在，同时自然条件又不太复杂、工作条件不太艰难。当时虽在青岛及其附近地区做过调查，但均不很理想。因而，培训班的决策者把目光投向了地处东南沿海的福建省连江县的定海湾。

二

定海湾位于黄岐半岛（在闽江口以北、鳌江口以东）南面，湾内岛礁众多。定海村隶属连江县筱埕镇。早在西晋太康年间，此地即定名为亭角，历代设军事卫所，为扼守由东北进出福州港的海上门户。至今尚存的明代石彻城堡上刻有"会城重镇"4个大字。村外不远处有一座明代琉球商人墓，说明当时此地是东去日本冲绳的贸易航线必经之处。现在，定海村仍是一个繁忙的渔港。

20世纪70年代以来，由于定海湾的海底堆积厚达5米的贝壳层，可用于烧制石灰，当地渔民对其进行大规模的采掘，采掘中同时捞上大批古代文物，其中瓷器数量最多，有青瓷、青白瓷、白瓷、黑（绛）釉瓷等，器形有碗、盘、盏、壶、罐、瓶等。这些文物的年代大多为宋元时期，少量为唐、五代及明清。此外，还捞起一些铜、铁、锡、木器等，并曾经发现铸有"国姓府"字样的铜铳。

定海湾水下文物的发现和打捞，引起我省文物部门的关注。他们采取了积极、有力的措施，在当地政府的支持下，收集回大部分文物，分别保存于福建省博物馆、福州市博物馆、连江县文化馆（后改为县博物馆）以及定海小学标本陈列室。1988年9月，张威、杨林来到福建，考察开展水下考古工作的地点。当时，省博物馆委派我陪同他们考察，也曾到过定海，而后还去过泉州、厦门等地。定海的情况，给他们以较深刻的印象。

1989年11月，青岛水下考古专业人员培训班的授课将近结束，实习选址问题亟待解决，遂决定由张威和保罗·克拉克前往连江定海再次考察，确定是否将其入选定点。因林果是福州市考古队的，联系工作等较方便，便由他陪同前往。

张威、保罗一行到达福州。水下考古工作引起了省、市文物管理部门及当地政府的重视。经短时间筹备，张威一行来到了定海，根据当地渔民提供的线索，乘船往海上实地调查。当渔船到达白礁一带时，由张威、保罗先后下水探摸。由于在福州、连江未借到压铅（潜水时挂在腰间以增加重量、便于下潜的铅块），临时向学校借了两个铅球，保罗等就是挂着这两个铅球潜入海底的。他们探摸、采集到两个黑釉盏，由此而确定白礁周围确有一处水下遗址，可以在此进行水下考古工作。张威等人返回青岛向培训班的领导作了汇报，培训班遂决定在定海实习，时间为1990年的春季。

1989年12月中旬，在经过了紧张、艰苦的水下考古训练和课程学习，并逐项考核后，全体学员顺利通过了第一阶段的培训。不久，经澳方推荐并交报潜水训练学习科目的计划和记录，学员们分别获得了澳大利亚水下运动协会和国际水下运动联合会的初级轻潜（scuben）潜水员证书。

三

1990年2月中旬，为筹备水下考古专业人员培训班的实习，澳大利亚水下考古专家比尔和工程师罗伯特到达福州。当时由我、林果和吴春明3个福建的学员，配合他们一道准备实习器械，制作水面潜水工作平台（置于潜水地点，供放置潜水设备、仪器、工具以及潜水员上、下和休息用），采购工作、生活用品并同当地协商解决住房、伙食等方面的问题。

2月下旬，各地学员陆续抵福州报到。27日，全体学员到达连江，在县文化馆的会议厅举行了水下考古培训班实习的开学典礼。省文化厅文物处、福州市文化局、连江县政府、县文化局的领导和澳方教师、专家以及其他有关人员参加了典礼，福州市文化局副局长曾意丹、培训班负责人张威、连江县政府领导分别讲话。之后，培训班师生们即奔赴定海村安营扎寨。定海村积极配合，腾出房屋租给培训班并提供各种方便，支持水下考古实习。

28日，中澳合作水下考古专业人员培训班的实习课程正式开始。2月底3月初，正是春寒料峭时节，海水温度和气温回升缓慢，参加潜水训练的学员们面临体力和意志的考验。实习的最初阶段，是适应性潜水。所谓"适应性潜水"，是指在两三个月的休整后重温潜水的技术，熟悉定海的水情和适应当地的水温、气候等。这时的训练，不以调查白礁遗址为目的，仅是在定海湾内渔民们曾经提供线索的地点，做些小规模的潜水调查。由于那时春潮未过，海水较浑，能见度极差，有时下水，水中漆黑一团，伸手不见五指。训练要求也仅是到达海底，抓一把海床上的泥沙上来即可。这阶段，训练较多的是学习驾驶澳方提供的机动橡皮艇，学习抽泥机、水面供气机、空气压缩机及其他水下考古工作用的仪器、设备的使用和保养；同时在澳方教师、工程师的带领、指导下，制作各种适用于当地水下条件的工具、器械等。培训班白天工作、训练，晚上开会，由学员们汇报当天工作的进展或完成情况，嗣由老师评讲，接着讨论翌日的工作计划和人员安排等。如果遇上天气不好（如大风、大潮等），就维修、清洗潜水器械，或整理已打捞上来的文物和练习绘制船线图，有时还到村里调查，了解沉船线索。

大约在3月下旬，我们开始对白礁水下遗迹开展调查。至5月底，水下考古调查工作告一段落（实习计划亦告完成）。这一调查的成果已经编写成正式的考古报告，发表于1992年的《中国历史博物馆馆刊》。

定海水下考古实习的澳方老师是保罗·克拉克，中间阶段吉米·格林先生、彼得·伯恩斯博士都曾到现场检查和指导。在此期间，俞伟超先生亦到定海检查实习情况。当时的省文化厅厅长李联明以及省博物馆副馆长郑培升、王振镛、陈龙等均先后到过定海，看望、慰问全体学员，了解实习情况。中国社科院考古所研究员李德金、省博物馆研究员曾凡等也到定海观看实习情况，并对出水文物提出鉴定意见。

水下考古培训班于6月初全部撤离定海村。7月27日，全体学员汇集北京中国历史博物馆，水下考古培训班在那里举行了简朴的结业典礼。在热烈的掌声中，国家文物局局长张德勤和澳大利亚驻中国大使沙德利先生分别讲了话，并向全体学员颁发了结业证书。从此，我国有了一支经过科学培训的、与国际水下考古学科相接轨的水下考古专业队伍，为这一学科的开创和发展奠定了基础。回顾中国水下考古事业自创建以来的10年历程，大家感到定海在水下考古专业人员培训中起到了很大作用，国家文物局局长张柏同志指出，定海是中国水下考古的诞生地之一。

培训班结束之后，这支年轻的中国水下考古专业队伍转战祖国的南北海域，先后在山东长岛、海南三亚、西沙群岛乃至三峡库区等开展水下考古调查。调查工作的部分收获，反映在不久前出版的《福建文博·纪念中国水下考古十周年专辑》中。自1992年开始，中国水下考古工作的主要力量集中于辽宁绥中三道岗元代沉船的水下调查和发掘。我省的栗建安、林果、吴春明等曾先后数次参加了此项工作。

四

虽然经过了1990年的水下考古调查和试掘，但定海白礁水下沉船遗址的情况还不是很清楚。富于水下考古工作经验的澳大利亚人对其一直有较大的兴趣。因此，到了1995年，他们再次提出联合发掘定海白礁的沉船遗址。由于我方同澳大利亚水下考古部门有着良好的合作关系，同时进一步了解白礁1号沉船遗址的文化内涵和性质以及定海湾水域其他水下遗址的埋藏情况也有利于我们今后的水下考古工作，中国历史博物馆水下考古学研究室遂与澳大利亚西澳海洋博物馆（在澳大利亚的佩斯市）考古部协商，经国家文物局批准，组织联合水下考古队，于1995年开始，继续定海湾的水下考古工作。为此，成立了一个"中澳合作定海水下考古发掘指导委员会"，中国历史博物馆馆长俞伟超先生任主任委员，澳大利亚西澳海洋博物馆考古部主任吉米·格林任副主任委员，其他委员还有：杨林、张威、吴玉贤、曾意丹等。指导委员会下设"中澳联合定海水下考古队"，由栗建安任队长，莎拉·肯德丹（Sarah Kenderdine，西澳海洋博物馆）任副队长，队员有林果、吴春明、约翰·卡奔特（John.Carpenter，西澳海洋博物馆）等。吉米·格林先生也到现场指导并参加了部分水下考古工作。此外，中方支援和配合此次水下考古工作的人员还有：楼建龙（福建省博物馆考古部）、朱滨、赵荣娣（福州市考古队）、陈恩、骆明勇（连江县博物馆）等。

1995年5月13日，中澳联合水下考古队进驻连江县筱埕镇，全体队员住在镇里的招待所——聚圆楼，得到镇党委、政府的热情欢迎和接待。镇领导时常来考古队住所了解生活工作情况，协助解决具体问题。整个发掘期间，考古队与地方保持了良好关系，未发生任何争端。

16日，联合考古队开始了对白礁1号遗址的水下调查与发掘。在地方政府的支持下，我们向当地渔民租用一艘中型机动船（木船）。招待所楼下即是筱埕镇码头，上下船很方便，虽然这里离白礁较远，但船行顺利，也仅用了20余分钟。我们将较笨重的设备放在船上，船老大是个忠厚的中年人，他认真、细心地为我们保管这些设备，免去我们搬运之苦。从5月16日至6月13日，除了因天气、潮水、风浪等因素影响而不能出海工作的日子，我们水下考古的天数为20天，累计潜水83人次，总潜水时间达3946分钟（合65小时46分钟）。此次对白礁1号遗址的水下考古调查和发掘，在1990年工作的基础上，又取得了新的重要收获，发现了白礁1号沉船主体部分的位置和一段龙骨及主要部分的遗物堆积，出水文物千余件。

1995年在定海的中澳联合水下考古工作，是我们与澳方的第二次合作。从昔日的师生到今天的合作伙伴，相互之间的关系发生了变化。但格林先生仍然没有什么变化，我们也一直把他尊为老师和老朋友。他为人坦率、性格爽朗，无论是当年在培训班讲课还是此时在定海当指导，都不摆著名专家的架子，总是十分认真地听我们的发言，诚恳地与我们探讨问题，交换意见，共同协商工作计划，并身体力行。他个头不高、身体粗壮，满脸络腮胡子，加上蓬松的头发，给人不修边幅、不拘小节的感觉。他那发自内心的真诚的笑声，颇具感染力，更使人觉得平易近人。那时他已50余岁，但工作不让后生。开始工作时，虽已暮春季节，但水温仍较低，我们都还穿着整套的厚潜水服。他每次下水只穿一件潜水上衣，戴顶潜水帽，潜入水中还能停留较长时间。莎拉年约三十，颀长削瘦的身材，看去似乎很虚弱，而且食量较少，每日似乎只吃些水果、饮几杯咖啡，但工作起来，仍能与我们不相上下。她平时文静少言，工作极认真，一丝不苟。有一次对打捞出水的瓷碗进行统计，我们见她捧出一摞摞的标本一个个测量、登记，便建议她将瓷碗分类，每类挑选几件进行统计，但她不同意，认为必须每个都要测量过，真可谓是不厌其烦。约翰既是个优秀的潜水员，也是个出色的水下摄影师，他少言寡语，然而工作细心、认真，他的摄影、录像能将单调、枯燥的水下工作场景拍得富于生活和艺术气息。

我们与澳方之间，由于在文化传统、思维方式以及生活习惯等方面存在一些差异，有时也为一些工作上的事发生争执，但总能相互让步、谅解，达成一致，终于在坦诚、友好的气氛中顺利完成了水下考古工作计划，并结下了诚挚的友谊。这两次中澳水下考古合作，为开展对外学术交流与合作留下了宝贵的经验。

五

1996年8月，接到中国历史博物馆水下考古学研究室的通知，请我和林果在福州接待前来联系的日本NHK（广播协会）的一个摄制小组。摄制小组如期到达。这个摄制小组是来此地拍摄大型电视系列片《中华文明五千年》中的第九集——《南宋时代》的（该系列片旨在向日本民众介绍中华民族灿烂的古代文化，拍摄计划已获国家文物局批准），其中计划拍摄福州南宋黄升墓和连江定海水下考古的场面。关于

定海水下考古的部分，请我和林果协助拍摄。经商议，拍摄计划定于9月底完成。而定海水下考古的水下工作场景，可由我们先期进行拍摄，摄制组将来只需补充水上部分镜头。为此，日方送来了那时最先进的水下录像机，并教会我们使用方法。经短期准备，8月底，我和林果、吴春明以及楼建龙、骆明勇等人再赴定海。但进入8月后，定海海域风向、海浪、潮水都发生了很大变化，海水浑浊、能见度很差，水下工作很难进行。我们几次下水，都无法拍到较好的效果。如此一直拖到9月初，张威等人也来到定海，仍未完成。而我那时应日本东洋陶瓷学会的邀请，前往日本佐贺县伊万里市参加东洋陶瓷第24次大会并作学术报告而先期离开定海。9月下旬我自日本返回后，知悉日本摄制小组仍在定海，我亦即赴定海，参加收尾阶段的工作。据了解，水下工作场景的拍摄因仍受天气和海水能见度的影响而未取得理想的效果。日方由于时间、经费等问题已无法再等待下去，只好撤离了。至于日方后来如何完成此集片子的镜头，我们不得而知。据后来看过此片的日本朋友说，他们在日本电视节目中看到了连江定海的水下考古镜头。

同年10月，我和林果以及楼建龙、朱滨等人，同中国历史博物馆水下考古学研究室的徐海滨、李滨等一起来到长乐县松下镇大祉村。上年我们就接到长乐县文化局的报告，在大祉村不远处的海滩上可能有一艘沉船，因退潮时海面上可看见一截铁质桅杆，推测是一艘铁壳船。我们到了大祉村后，去看了现场。地点距岸边不远，两三百米，退潮时果见一截铁质杆状物露出水面1米多。村里老人说，据前两代人口传，在当年的一次风浪中，有一艘铁船漂至此处沉没，仅一名外国妇女获救（后转运至福州回国）。当时还在岸边捞到一些布匹、人参、鸦片之类。据此推测可能是清末或近代的一艘外轮。此次我们决定对其做水下调查，调查项目仍由我领队负责，县文化局派文物干部陈子亮同志配合工作。我们向当地租了一艘渔船，来到沉船所在的位置。退潮时该船桅杆出露，我和李滨穿上潜水服下水探摸（李滨主要负责水下摄影）。当时风浪较大，海水能见度不好，我顺着桅杆下潜至海底，发现船体已没入沙土中不知其深度。因为只是初步探摸，未准备发掘，且风浪加大，只好就此返航。此后几日，风浪日见增大，无法再出海潜水，而调查目的基本上也已达到，遂撤回福州。根据此次了解到的沉船基本情况，拟在今后做较充分的技术准备，对其进行水下考古调查和发掘。

（选自《考古发掘亲历记》，中国文史出版社出版）